남북기본합의서와 한반도 비핵화 공동선언

한국외교사 구술회의 04

남북기본합의서와 한반도 비핵화 공동선언

초판 1쇄 인쇄 2023년 7월 20일
초판 1쇄 발행 2023년 7월 31일

편 자 국립외교원 외교안보연구소 외교사연구센터
구 술 박용옥·백주현·송한호·유명환·이동복·임동원·정세현

발행인 윤관백
발행처 ◯ 국립외교원 외교안보연구소 외교사연구센터 ▨선인

영 업 김현주

등 록 제5-77호(1998.11.4)
주 소 서울시 양천구 남부순환로48길 1, 1층
전 화 02)718-6252/6257
팩 스 02)718-6253
E-mail sunin72@chol.com

정 가 34,000원
ISBN 979-11-6068-830-6 93340

· 잘못된 책은 바꿔 드립니다.

한국외교사 구술회의

04

남북기본합의서와
한반도 비핵화 공동선언

국립외교원 외교안보연구소 외교사연구센터 편

박용옥·백주현·송한호·유명환·이동복·임동원·정세현 구술

국립외교원 외교안보연구소
외 교 사 연 구 센 터   선인

국립외교원 외교안보연구소는 2011년 외교사연구센터를 설립하여 한국 외교사의 체계적 연구를 진행 중이며, 과거 우리 외교사에 대한 고찰이 미래 한국외교의 방향설정에 중요한 지적 토대가 될 수 있도록 다양한 활동을 전개 중입니다.

외교사연구센터는 공식 외교문서의 연구와 병행하여 외교문서에 상세히 기록되지 못한 외교 현장의 생생한 설명과 분석을 '한국외교 구술기록 총서' 시리즈로 발간하고 있습니다. 이 시리즈는 특정 외교정책의 입안 및 실행에 관여한 인물들의 교차 구술을 통해 해당 외교정책을 객관적·입체적으로 규명하는 데 주안점을 두고 있으며, 향후 국립외교원의 다양한 한국외교사 교육과정에서 주요한 교육 자료로도 활용될 예정입니다.

2019년 '한중수교,' 2020년 '북방정책과 7·7선언,' 2021년 '남북한 UN 동시가입'에 이어, 네 번째 구술기록으로 '남북기본합의서(남북사이의 화해와 불가침 및 교류·협력에 관한 합의서)와 한반도 비핵화 공동선언(한반도의 비핵화에 관한 공동선언)'을 출간하게 되었습니다. 1991년 12월 남북한은 남북기본합의서와 한반도 비핵화 공동선언에 합의하고 1992년 2월 합의서에 서명하였습니다. 그럼에도 불구하고 북한의 계속된 핵과 미사일 개발로 인해 지난 30여 년 간 북한 핵문제는 여전히 해결되지 못한 채, 아직도 우리 외교의 중요한 과제로 남아 있습니다. 이번 출간은 탈냉전 시기 남북관계의 첫 단추였던 남북기본합의서와 한반도 비핵화 공동선언 합의과정을 통해 대북정책에 대한 교훈을 찾는 데에 기여할 것입니다.

이번 구술기록 총서에는 당시 남북기본합의서와 한반도 비핵화 공동선언에 직·간접적으로 참여한 외교부·국정원·국방부·통일부의 일곱 분의 구술이 기록되었습니다. 이 기회를 빌려 구술회의에 참여하여 주신 박용옥 차관님, 백주현 대사님, 송한호 사무총장님, 유명환 장관님, 이동복 의원님, 임동원 장관님, 정세현 장관님(가나다 순)께 감사의 말씀을 드리며, 여섯 분의 면담자분들께도 고마운 마음을 전하고자 합니다.

　　외교사연구센터에서 진행 중인 '한국외교 구술기록 총서' 작업이 한국 외교사 연구와 교육에 기여하기를 기대하면서, 앞으로도 외교사연구센터의 활동과 발간물에 대한 지속적인 관심을 부탁드립니다.

2023년 7월
국립외교원 외교안보연구소장 이문희

서문

국립외교원 외교안보연구소 외교사연구센터는 한국 외교사의 주요 사건들의 경위를 규명하고, 그 현장에서 활동한 외교관들의 회고와 증언을 남기고자 매년 구술사(oral history) 사업을 진행하여 이를 『한국외교 구술기록 총서』로 발간하고 있습니다. 이번 구술기록은 남북한이 1991년 12월 합의하고 1992년 2월 서명한 '남북기본합의서와 한반도 비핵화 공동선언'이라는 주제로 진행한 구술회의를 담았습니다.

본 센터는 탈냉전 이후 한국 외교의 대전환을 이룬 '북방정책'의 흐름에 따라 한국외교의 기록을 '북방정책과 7·7선언,' '남북한 UN 동시가입,' '한중수교'를 주제로 구술회의를 개최한 데 이어, 이번에 '남북기본합의서와 한반도 비핵화 공동선언'이라는 주제로 구술회의를 개최하였습니다.

이번 회의에서는 박용옥 전 국방부 차관님(1992년 당시 남북고위급회담 남북군사분과위원회 남측군사대표), 백주현 전 카자흐스탄 대사님(주 러시아 대사관 2등서기관), 송한호 전 민주평화통일자문회의 사무총장님(1991년 당시통일원 차관), 유명환 전 외무부 장관님(외무부 미주국 심의관), 이동복 전 국회의원님(국무총리 특별보좌관), 임동원 전 통일부 장관님(외교안보연구원장), 정세현 전 통일부 장관님(민족통일연구원 부원장)을 모시고 각각 2시간 동안 심도 있는 질의와 응답을 진행하였고 그 구술을 녹취하였습니다. 구술자들의 기억상의 오류를 최소화하기 위하여 2021년 공개된 1991년 외교문서 중 남북관계와 관련된 주요 문건과 통일부 남북회담사무국에서 편찬한 남북대화록 중 관련 문서를 사전에 제공해 드렸습니다. 또한 구술자분들이 질문에 대해 충분히 준비할 수 있도록 한미관계, 한중관계, 한러관계, 남북관계 등의 학계 전문가로 구성된 면담자(interviewer)들이 구술자별로 사전 질문지를 작성하여 전달해드렸습니다.

그동안 북방정책과 관련하여 해소되지 못한 최대의 의문은 당시 정부의 북방정책에서 남북관계에 대한 지향점이 어디였는가 하는 점이었습니다. 이 질문에 대해 이번 출간은 그 실마리를 제공할 수 있으리라 기대합니다. 이번 회의를 통해 북방정책의 결정과정에서 북한의 핵 의혹을 지속적으로 관찰·제기하였던 국정원 및 국방부와, 북방정책의 성과를 남북관계로 이어가려는 청와대 및 통일부의 입장이 일치하지 않았다는 점을 확인할 수 있었습니다. 북한 핵문제 관련 미국의 입장과 한미 간 소통에 대한 증언도 들을 수 있었습니다. 이번 회의에서는 남북관계뿐만 아니라 한미·한일·한중·한러 외교의 시각에서 남북기본합의서에 대해 입체적 접근을 시도하였다는 점을 특기해 두고자 합니다.

이번 발간은 '남북기본합의서와 한반도 비핵화 공동선언'에 대한 구술 자료를 제공하는 것을 목적으로 하며, 구술 증언을 있는 그대로 발간하는 것을 원칙으로 했습니다. 발간 과정에서 구술 녹취록에 대한 구술자와 면담자의 확인을 거쳤고, 특정 주제나 사건에 대해 구술자 간의 기억과 의견이 상이한 경우에도 그대로 기록하였음을 밝혀두고자 합니다. 이 책이 남북관계와 한국 외교의 연구자, 관련 사안을 접하는 현직 외교관, 그리고 그 외 많은 독자들에게 중요한 자료로 활용될 수 있기를 기대합니다.

이 책의 발간을 위해 코로나19 상황으로 인한 어려움에도 마다하지 않고 구술회의에 참여해주신 일곱 분의 구술자분께 이 자리를 빌어 깊은 감사의 말씀을 드립니다. 또한 연구와 교육으로 다망하신 일정 중에도 한국 외교의 역사를 기록한다는 사명감을 가지고 수 차례 구술회의부터 참여해주신 신종대(북한대학원대), 엄구호(한양대), 이동률(동덕여대), 이정철(서울대), 전재성(서울대), 조동준(서울대) 교수님께도 감사드립니다. 이 작업을 함께 해 주신 김종학(서울대) 교수, 관련 외교문서 정리를 도와준 곽성웅, 장성일 박사님, 외교사연구센터의 이상숙 연구교수와 이민진·정종혁 연구원의 노고에 대해서도 감사를 전합니다.

2023년 7월
외교사연구센터 책임교수 조양현

차례

차례

차례

차례

박용옥朴庸玉

국방부 군비통제관(육군준장)(1991~1993)
남북고위급회담 남북군사분과위원회 남측군사대표(육군소장)(1992~1993)
국방부 정책실장(육군중장)(1995~1998)
제30대 국방부 차관(1999~2000)
제15대 평안남도 도지사(2009~2013)

백주현白宙鉉

駐러시아대사관 2등서기관(1990~)
駐OECD대표부 1등서기관(1997~)
외교통상부 동구과 과장(2001~)
駐카자흐스탄대사관 대사(2007~2008)
駐휴스턴총영사관 총영사(2015~2017)

송한호宋漢虎

남북고위대표 회담대표(1982~)
제7대 통일원(전 국토통일원) 차관(1988~1992)
남북고위당국자 예비회담 수석대표(1989~)
남북고위회담 대표(1991~)
제6대 민주평화통일자문회의 사무총장(1992~1993)

유명환柳明桓

외무부 미주국 심의관(1991~)
외무부 공보관/ 공보관 대변인(1992~)
외교통상부 1차관(2005~2006)
駐일본대사관 대사(2007~2008)
제35대 외교통상부 장관(2008~2010)

이동복李東馥

국토통일원 남북대화사무국 국장(1980~1982)
삼성항공산업 대표이사 부사장(1987~1988)
국회의장 김재순 비서실 실장(1988~1990)
국가안전기획부 제1특별보좌관(1991~1993)
제15대 자유민주연합 국회의원(1996~2000)

임동원林東源

외교안보연구원 원장(1988~1992)
남북고위급회담 대표(1990~1993)
통일부 장관(1999.5~12)
국가정보원 원장(1999~2001)
대통령 외교안보통일 특보(2001~2003)

정세현丁世鉉

대통령비서실 통일비서관(1993.3~1996.12)
제3,4대 민족통일연구원 원장(1996.12~1998.3)
제11대 통일부 차관(1998.3~1999.5)
제29,30대 통일부 장관(2002.1~2004.6)
제18대 민주평화통일자문회의 수석부의장(2019.9~2021.8)

I
정세현 장관 구술

일   시 : 2022. 7. 20. 14:30-16:30
장   소 : 국립외교원 2층 세미나실
질문자 : 이동률(동덕여대), 이정철(서울대)
         전재성(서울대), 조동준(서울대)

김종학: 안녕하세요, 지금부터 국립외교원 외교안보연구소 외교사연구센터에서 주관하는 2022년 한국외교사 구술회의를 시작하겠습니다. 금년도 구술회의 주제는 "남북기본합의서와 한반도 비핵화에 관한 공동선언"입니다. 첫 번째 구술자로 정세현 장관님을 모시게 되었습니다.

김종학 교수

　　더운 날씨에 귀한 걸음을 해주신 정세현 장관님과 외부 교수님들께 진심으로 감사의 말씀 드립니다. 장관님께서 올해 연구주제인 남북관계에 대해서 귀한 말씀을 해주실 것으로 생각이 됩니다. 오늘 구술 회의는 2시간 정도 예정이 되어 있고요. 저희가 사전에 면담자 교수님들로부터 질문지를 받았습니다.

　　교수님들께서는 질문을 두세 개 정도로 요약해서 말씀해 주시고, 장관님 말씀이 끝나시면 추가 질의를 받는 형식으로 진행하겠습니다. 1번부터 7번까지 질문은 전재성 교수님께서 주셨는데요. 우선 전 교수님께서 질문을 해주시기 바랍니다.

전재성: 네 오늘 와주셔서 너무 감사드립니다 장관님. 저희들이 오늘 많이 배우고 듣고 또 기록도 하겠습니다. 1991년 상황에 대해서 말씀을 먼저 듣겠습니다. 저희가 구술사로 복원하고 정리하려고 하는 주제는 나와 있는 것처럼 남북기본합의서 체결 과정과 한반도 비핵화 공동선언 과정에서의 여러 정책 결정 과정에 관한 것인데요. 당시에 있었던 일들에 대해서 여쭈려고 합니다. 남북기본합의서 관련, 1991년 후반부 진행 과정을 중심으로 전체적으로 협상 과정에서 남북 간의 의견에 대해서 저희가 전해 듣기로는 아

전재성 교수

무래도 우리 한국의 의견이 굉장히 많이 반영된 것으로 들었는데요. 그러한 협상 과정에서 고위급회담을 거치면서 남북 간에 여러 협상들이 있었을 것 같아서요. 당시 어떤 줄다리기가 있었는지 현장감 있는 말씀을 여쭈려고 한 부분이 하나 있었고요. 동시에 비핵화 공동선언 과정에서 당시 우리 한국 쪽에서 북핵 프로그램에 대한 어떤 정보나 또는 전체적인 그림 같은 것이 있었는지도 궁금합니다. 그런 과정에서 비핵화 방안에 대한 남북 간의 서로 다른 점도 있었다고 저희가 알고 있는데, 이를 둘러싸고 남북 간 어떤 논점들이 있었는지도 궁금합니다. 그리고 1992년에 들어와서 여러 가지 과정이 악화되게 되는데 특히 92년 1월이 되면서 미국도 개입하기 시작하고요. 그렇게 될 때 그 전후 과정에서 남북미 3국간에 어떤 과정이 어떻게 진행되었는지 전체적인 내용에 대해서 항목을 나눠서 질문을 드렸습니다만 전체적인 말씀을 해 주시면 저희가 잘 정리를 해보도록 하겠습니다.

정세현: 그런데 제가 이상숙 교수님이 보내주신 26개 질문을 쭉 훑어봤는데 너무 세부적

정세현 장관

인 질문들이 많이 있어서 제가 모르는 부분들이 많더군요. 그야말로 내부자도 알기 어려운 질문들이 많이 있는데 기본합의서가 체결되는 시기의 제 지위는 당국자는 아니었죠. 그때 91년 1월에 지금의 통일연구원의 전신인 민족통일연구원이 설립이 됐고 저는 91년 1월부터 민족통일연구원 부원장으로 있다가, 93년 김영삼 정부 들어서서 북핵 문제가 불거지고 북핵 문제 때문에 급하게 사람을 충원하는 과정에서 93년 3월 말부터 청와대 비서관으로 업무를 수행했습니다. 청와대 신원조회는 일반 공무원들 신원조회보다 까다로워서 공무원이 파견 근무하다가 신원조회에 걸려서 원대복귀한 경우도 있었는데 다행히 저는 원대복귀

는 안 하고 그냥 계속 일을 했습니다. 그러니까 제가 남북기본합의서가 체결되던 시기, 91년 그 시기에 저는 민족통일연구원 부원장 자리에 있었고, 통일부, 그때 이름은 통일원이었는데, 통일원 직원도 아니었죠. 그래서 아는 데 한계가 있습니다만 어쨌든 제가 기본적으로 국제정치학을 공부한 사람이기 때문에 그 당시에 국제 정세와 관련해서 남북총리급회담이 개최되는 과정을 예의주시하고 있었습니다. 그때가 89년 여름으로 기억을 하는데 6월인지 8월인지 정확히는 모르겠어요. 하여튼 그 즈음에 북쪽에서 먼저 고위급회담을 하기 위한 실무접촉을 제안했습니다.

당시 통일원에 송한호(宋漢虎) 차관이 우리 측 수석대표가 되고 북쪽에서는 통일전선부의 부장의 명함을 들고 백남순(白南淳)이 협상 대표가 돼서 1년 반 정도 협상 끝에 90년 9월, 날짜는 지금 제가 기억을 못하겠는데 서울 강남 테헤란로에 있는 인터콘티넨탈 호텔에서 제1차 남북총리급회담이 개최가 됐습니다. 우리는 총리급 회담이라고 부르고 그쪽은 북남고위급회담이라고 부르고, 우리는 총리급이라는 걸 강조하고 싶어했고 그쪽은 고위급이라고 두루뭉술하게 표현을 하고 싶어 했죠. 그래서 꼭 발표문에도 그들은 "북남고위급회담" 우리는 "남북총리급회담" 이렇게 썼지요. 저는 사실 그 회담이 열리던 시기에는 일을 쉬고 있었어요. 90년 3월 초에 세종연구소에서 나와서 잠시 직장에 다니지 않고 있었어요. 저는 통일원에 있다가 86년에 세종연구소의 전신인 일해연구소가 출범할 때 그곳에 있다가 86년 3월부터 시작해서 90년 2월 말까지 있었으니까 만 4년 있었나요? 일해연구소는 88년 세종연구소로 명칭이 바뀌었지만, 하여튼 그러나 쉬면서도 전공은 바꾸지 않고 계속 남북관계와 국제정치를 주시해왔기 때문에 90년 당시 총리급 회담을 위한 실무접촉이 이어질 때도 뉴스를 열심히 챙기고 또 그때는 통일원에 있는 동료들이나 후배들한테도 전화를 해서 상황 체크를 해놓고 있었죠. 머릿속에 사건표를 항상 넣고 있었습니다. 제가 서울대 외교학과를 다녔는데 그때 우리는 외교사 사건표 숙제가 그렇게 많았어요. 그러면서 당시에 외교학과의 원로 교수였고 나중에 통일원 장관까지 하신 이용희(李用熙) 교수께서 하신 말씀이 구체적인 현장 정보가 없는 학자들이 국제정치에 대해서 흐름을 파악하려면, 물론 신문을 열심히 읽어야 하지만 사건표를 머릿속에 넣어야 한다는 거였어요. 가령 소련이 몇 월 며칠 몇 시에 어떤 발언이나 발표를 했더니 거기에 대해서 그 이튿날 미국에서 이런 반응이 나왔고 그것에 따라가지고 한국 정부가 어떻게 움직였다, 또 소련이 그렇게 움직이니까 중국이 또 이런 반응을 내놨다, 이런 걸 전부 사건표로 작성하면서 머릿속에 넣어놓고 있으면 나중에 소위 사건과 사건 사이에 인과관계가 분명하게 정리가 되면서 무엇이 가장 기본적인 요인이 되고, 뭐가 상수고 뭐가 종속 변수인지 이런 것들이 분명히 드러난다는 것을 누차 들었기 때문에 사건표로 항상 특정 사건을 머릿속에 정리해 놓고 있었죠. 그래서 당시 90년은 쉬던 시절이지만 90년대 1차 총리급 회담이 끝나고 나서 현장에서 스튜디오를 만들어서 해설을 상당히 오래 했어요. MBC 송도균(宋道均) 정치부장이 사회를 보고 나중에 기자로 전직한 김현경 아나운서가 옆에서 거들었던 대담 프로에서 제가 회담에 들어가지도 않고 1차 총리급 회담에 대해서 해설했던 기억이 있습니다. 그렇기 때문에 그 이후에 총리급 회담을 그야말로 아주 면밀하게 추적을 했었는데 그런 경험을 바탕으로 제가 상황을 말씀드릴게요. 여러분들께서 다 준비해 놨는데 제가 일단 기조연설 비슷하게 얘기를 하고 그 다음에 준비한 질문을 연결해서 소환을 해나갑시다.

남북고위급회담의 세계사적 배경

정세현: 89년 여름이면 동유럽이 흔들리기 시작할 때입니다. 그리고 여러분 아시겠지만 89년 11월 9일 베를린 장벽이 무너지지 않습니까? 그러니까 69년부터 시작된 서독 사회민주당 브란트(Willy Brandt) 정부의 동방정책(Ostpolitik)이 지속적으로 추진되면서 사실 동독의 민심이 서쪽으로 20년 동안 계속 넘어가고 있었어요. 왜냐하면 그 당시 서독이 동독에 경제적인 지원을 굉장히 많이 했습니다. 그리고 서독 예산으로 편성을 해서 교회 같은 곳을 통해가지고 돈을 보냈어요. 직접 주는 것보다는 받는 사람 입장을 생각해서 여러 가지 명목을 붙여서 교회를 통해 동쪽에다가 지원을 했는데, 서독에서 당시에 그렇게 했는데, 우리 식으로 말하면 퍼주기죠. 퍼주기를 하는데 별로 저항이 없었다고 하는 점이 참 특이하더군요. 제가 77년에 통일원에 들어가서 맨 처음에 한 것이 동−서독 관계 연구였었습니다. 그래서 담당이 예의주시를 했죠. 그래서 동방정책의 추진 과정도 보면, 여러분도 지켜봤겠지만 동독의 민심이 서쪽으로 넘어가고 곧 베를린 장벽이 무너지기 한 서너 달 전, 장벽이 무너지리라고 생각은 안 했겠지만 그런 정도로 당시 동독의 민심에 흔들리고 서독 쪽으로 빨려들어간다는 것을 감지한 북한 쪽에도 영향을 미쳤다고 봐야죠. 남북의 경제력 격차도 89년쯤 되면 엄청나게 벌어집니다. 60년대 초까지만 해도 남한보다 북한이 잘 살았어요. 남한이 북한을 확실하게 따돌리기 시작한 것은 70년대 중반 이후입니다. 그전에는 북한이 남한보다 잘 살았어요. 그런데 80년대에 북한 경제가 제로 성장을 하고 중국이 개방 계획을 하면서 북한을 도와주지 않고, 80년대 중반에 페레스트로이카(Perestroika)와 글라스노스트(Glasnost) 때문에 소련도 북한을 도와주지 않았습니다. 그런데다가 소련도 89년 연말에 몰타(Malta)에서 회담을 가졌어요. 12월 3~4일 이틀 동안 몰타 해안에 배를 정박시켜놓고 그 당시에 아버지 부시 대통령과 고르바초

프 서기장이 만나서 회담을 했는데 고르바초프가 결국 손을 들었죠. 더 이상 레이건 정부가 시작한 '전략방위구상(SDI: Space Defense Initiative)'이라고 하는 것을 못 따라가겠다, 우주 경쟁은 이제 못하겠다, 우주 경쟁 하다가 결국 소련의 인민경제가 주저앉아버렸기 때문에 이제 그만두고 경제 발전을 위해서 노력할 테니까 미국이 좀 도와달라는 얘기까지 했습니다. 그것을 이제 탈냉전의 시발점으로 봤어요. 하여튼 북한은 소련의 움직임이 그쪽으로 가고 있다는 걸 어렴풋이라도 알았을 거예요. 동독의 민심이 흔들리고 있다는 것도 알았고요. 이후 소련이 해체되고 나중에 91년에 독립국가연합(CIS: Commonwealth of Independent States)으로 쪼개지지만 동독은 아니, 동유럽 국가들은 이미 흔들리고 있었고 그야말로 소위 뭐라고 할까, 평화적 교체(peaceful transition)라는 말이 나중에 나왔지만 평화적 교체의 기미가 보이는 그 시기에 북한이 먼저 회담을 제안했습니다. 이유는 간단합니다. 남조선에 '먹히우지는' 말아야 된다고 생각한 거죠. 우리는 먹힌다고 그러는데 북쪽 표현은 먹히운다고 그래요. 표현이 조금 독특합니다.

정세현: 이미 89년 1월 1일 김일성 신년사에 이런 대목이 있습니다. "이제 앞으로 통일은 누가 누구를 먹거나 누가 누구에게 먹히우는 방식으로 해서는 안됩니다"하는 얘기가 나와요. 그리고 여름에 남북총리급회담을 제안을 했어요. 북한이 이렇게 회담을 먼저 제안하기가 쉽지 않아요. 잘 안 해요. 그러나 남쪽에 10.26 같은 정변이 일어나면 혹시라도 국내 정치적 필요에 의해서 남북 간의 긴장을 조성할 필요가 있고 그러다 보면 대북 군사적 행동을 할 수 있다고 생각하는 게 북한의 기본 발상입니다. 하여튼 북한이 먼저 회담 제안을 했어요. 우리는 기특하다고 생각을 했고 그 제안을 받아들여서 계속 준비회의를 한 끝에 90년 총리급 회담을 열었죠. 그러니까 89~90년 그때가 북쪽이 굉장히 몸이 달아 있었던 시점이었다고 저는 생각합니다. 처음에는 기싸움을 하기도 했지만 점점 그쪽에서 노골적으로 본심을 드러내기 시작한 게 베를린 장벽까지 무너진 뒤 아닙니까? 89년 11월

9일에 베를린 장벽이 무너지고 서독이 90년 7월에 화폐 통합을 하게되면서 빠른 속도로 동독의 민심이 서독으로 넘어가는 그런 과정을 지켜볼 수밖에 없었고 10월 3일 동서독은 통일이 됐죠. 그런 흐름을 보면서 "무슨 수를 쓰든지 우리가 동독처럼 돼서는 안 되겠다, 그러려면 보장 각서를 받아야 된다"는 생각이 바탕이 된 게 바로 기본합의서입니다.

남북한 UN 동시가입

정세현: 시간을 좀 건너뛰어서요. 이제 기본합의서가 91년 12월 13일에 채택이 되지만, 그해 91년 9월 17일(18일, 한국시간)인가 하여튼 9월에 북한이 UN 가입 신청서를 내버렸어요. 그때 한국은 몰랐어요. 원래 73년 6월 23일 박정희 대통령 시절에 6.23 선언이라고 그래서 남북한 UN 동시가입을 핵심주제로 한 성명을 발표했었죠. 당시 6.23 선언이 아침 10시에 발표됐는데 오후 1~2시에 체코의 후사크 (Gustáv Husák) 공산당 서기장이 북한을 방문하는 비행기를 타고 평양 순안공항에 도착을 하는 자리에서 행한 환영 연설에서 난데없이 김일성이 UN 동시가입 문제에 대해서 반대 의견을 내놓습니다. 그때는 제가 학부 때 사건표 훈련을 받아서 날짜를 굉장히 중시 했어요. 아까 들어오면서 전봉근 교수는 나보고 포토그래픽 메모리(photographic memory)가 있다고 그러는데, 전봉근 교수는 서울대 외교학과에서 외교사 시간에 사건표로 시달렸던 경험이 없어서 그런지 몰라도 나더러 포토그래픽 메모리라고 얘기하는데, 그때 우리는 특정 사건에 대한 날짜와 시간이 머리에 와서 박히는 버릇이 생겼어요. 왜냐하면 미국에서 오전에 얘기를 했는데 오후에 소련에서 반응이 나오거든요, 그게 굉장히 중요하다는 겁니다. 그리고 거기에 대한 비슷한 얘기를 다음날 중공이 하죠. 중공이 해주고 그러

면 북한이 또 무슨 조치를 취하고, 그러면 한국이 또 뭘 내놔야 되고 하는 그런 구조였었죠.

"UN 동시가입을 반대한다. 그리고 통일된 뒤에 UN에 가입하는 것이 바람직하다"라는 식으로 동시가입 제안을 거부했던 북한이 9월 17일 UN 가입 신청서를 냈을 겁니다. 뒤늦게 우리가 그걸 알고는 우리도 가입 신청서를 냈어요. 그러니까 그때 이미 북한은 국제법적으로 '투 코리아(Two Koreas)'로 가는 것이 안전하다는 생각에, 그렇게 9월 17일 북한이 먼저 UN 가입 신청서를 냈습니다. 같은 안건으로 같은 시간에 다뤄졌지만, 순서상 북한이 먼저 가입 승인이 되고, 한국도 가입하는 것으로 돼서 마침내 '투 코리아'가 완성이 됐습니다.

'특수 관계'로서의 남북한과 남북기본합의서의 구성

정세현: '투 코리아'를 국제법적으로 기정사실화 해놓고 그해 12월 13일 남북 간에 '투 코리아'를 또 기정사실화 한 것이 남북기본합의서라고 저는 봅니다. 남북기본합의서가 어떤 점에서 그들에게 절실히 필요했는지에 대한 질문이 여기 질문서에 있던데 기본합의서 서문에 "남과 북은 통일을 지향하는 과정에서 잠정적으로 형성되는 특수 관계"라고 하는 건 사실은 사민당이 72년에 체결한 동·서독 기본 조약에 대해서 서독 연방헌법재판소에서 확립한 결론을 수용한 거죠. 그때 기독교민주당이 연방재판소, 즉 최고재판소에, 우리 식으로는 헌법재판소에다가 제소를 한다고 그랬어요. 그러니까 그때 서독 최고 연방재판소에서 결론이 "동독과 서독은 통일을 지향하는 과정에서 잠정적으로 형성된 특수 관계, 국제적으로는 국가지만 내부적으로는 상호간에 국가가 아닌 그런 특수관계"라고 하는 식으로 해석을 했기 때문에 기본 조약은 위헌이 아니다 하는 결론을 내렸었어요. 그걸

벤치마킹해서 가져다가 서문에 넣었다고 볼 수 있어요. 내용을 보면 제1조 상호 체제 인정 존중, 제2조 상호 내정 불간섭, 제3조 상호 비방 중상 중지, 제4조 상호 파괴 전복 활동 중지 그렇게 됐을 겁니다. 그리고 제5조 경계선 조항을 보면, 남북관계는 국경이라고 안 하죠. 남북 간의 경계선은 별도의 합의가 있을 때까지는 기존 경계선을 준수한다고 되어 있지요. 그래서 지상의 휴전선, 즉 군사분계선(MDL: Military Demarcation Line), 그 다음에 해상의 북방한계선(NLL: Northern Limit Line)이 기준이 되는 거지요. 해상 NLL은 사실 여러분이 더 잘 아시겠지만 남북이 합의한 게 아니고 그때 이승만 정부 시절에 북진통일한다고 올라가려고 그러니까 올라가지 못하도록 한국군이 진출할 수 있는 마지노선을 UN군사령부가 일방적으로 선포한 거예요. 그래서 북방한계선입니다. 그 이상 올라가서 문제 생기면 우리는 책임 안 진다 그랬던 거지요. 당시 이승만 정부가 상당히 미국하고 각을 세우고 계속 북한으로 올라가려고 그랬던 적이 있었어요. 대책도 없이. 남북기본합의서에서 그 NLL도 존중하겠다는 식으로 합의가 됐어요.

남한의 기능주의적 접근론

정세현: 그리고 제15조부터가 아마 교류 협력 등에 관한 내용들인데, 그런데 그 조항 수가 많아요. 사실 제가 그때 71년 7대 대통령 선거가 있던 해에 대학원 석사과정에 입학을 했는데, 당시 70년대 초에 통일 문제와 관련해서 소위 기능주의적 접근론(functional approach)이라는 것이 굉장히 인기가 있었어요. 기능주의적 접근론이라는 게 유럽에서 시작을 했는데, 하여튼 국제정치학회 월례회의에 가면 매번 기능주의 얘기만 하던 시절이 있었습니다. 바로 기능주의 접근론이 반영된 조항들이 쭉 들어가 있어요. 우리는 그 기능주의를 굉장히 오랫동안 붙들고 있

었습니다. 그러니까 정치 군사적인 문제는 일단 덮어두고 소위 비정치−비군사적인 문제, 경제, 사회, 문화적인 교류 협력을 하다 보면 남북 간에 긴장이 완화되고 그렇게 해서 소위 통합(integration)까지 갈 수 있지 않겠느냐 하는 꿈을 꾸고 있던 적이 있었고 그게 상당히 오랫동안 우리 통일 정책의 기본 토대를 구상하고 입안하는 데 이론적인 기초로 작용을 했었습니다. 70년대, 80년대 그 연장선상에서 남북기본합의서의 교류·협력 부분 내용들은 기능주의 접근론의 산물들이에요. 그리고 불가침은 기본적으로 군사적인 문제이기 때문에 그것도 다른 선행 사례들을 많이 참고해서 만들었던 겁니다. 남북기본합의서 정식 명칭이 "남북 사이의 화해와 불가침 및 교류 협력에 관한 합의서"인가 그럴 거예요. 화해와 불가침이 앞에 먼저 오고 교류협력에 관한 부분은 기능주의 접근론이 반영된 거라고 봐야 되고 조항 수가 많죠.

북한의 동기

정세현: 북측은 합의서 내용 협상과정에서 1조에서 5조까지는 깐깐하게 챙겼지만, 나머지 부분에 대해서는 우리가 하자는 대로 다 했을 거예요. 그쪽은 '그까짓 것 남쪽이 하자는 대로 다 들어줘도 좋다' 하는 그런 계산이었다고 봅니다. 제가 왜 그런 얘기를 자신 있게 하느냐면 제가 80년대 초에 국가안전기획부(구 중앙정보부)에서 국토통일원으로 막 넘어왔던, 남북대화사무국의 대화운영부장을 한 적이 있습니다. 그때 대화운영부장으로 있는데 부장 밑에 과장들은 다 안기부(정보부) 출신들이었어요. 그중에 한 사람이 나중에 다시 안기부로 돌아가서 고위급회담 때 책임 연락관으로 활동을 했어요. 그때는 회담 대표단이 아마 쌍방의 총리를 포함해서, 하여튼 4성 장군도 들어가 있고 그랬는데요. 그때 별 한 개 달고 말석으

정세현 전 장관 구술회의 사진 (2022.7.20)

로 앉아 있던, 북한 소장은 별 한 개니까, 김영철(金英徹) 소장이 참석했는데요, 지금 북한의 통전부장입니다. 그때 김영철이 모자도 항상 삐딱하게 썼어요. 오히려 별 4개인 인민무력부 부부장이라는 김광철이라는 사람은 모자를 똑바로 쓰고 있었어요. 김영철 소장의 상대역이었던 박용옥(朴庸玉) 장군이 국방부 정책실장이었는데, 박용옥 장군이 김영철을 많이 놀리고 그랬던 사이죠. 하여튼 그때 책임연락관 제도라는 게 있었습니다. 북쪽에는 최봉춘(崔逢春)이라는 사람이 육군 대좌인데 책임연락관이라고 그랬고 우리 쪽에서는 안기부에, 공무원 직급으로 하면 2급 정도 되는, 김용환(金勇煥)이라고 하는 사람이 책임연락관을 맡고 있었어요. 과거에 80년대 중반에 제가 남북대화사무국에 있을 때 부하였었죠. 나이는 저보다 한 두 살이 많아요. 그래도 깍듯했어요 그 사람이. 95년 8월 말부터 9월 초, 남북 쌀회담하느라 북경에서 일주일 동안 북한하고 밀고 당기던 적이 있었어요. 그때 저는 청와대 비서관 자격으로 회담에서 우리 측 차석 대표로 일을 했어요. 일주일을 북한과 밀고 당기면서 회담을 하다 보니 시간도 많았어요. 그때 그 김용환씨가 90년대 초 남북총리급회담 책임연락관으로 활동하던 시절의 비하인드 스토리를 저한테 많이 얘기해줬어요. 내 직함이 그 당시에는 대통령 비서관이지만은 예전 남북대화사무국 시절의 호칭이 부장이기 때문에 그냥 부장과 과장과 만났다고 생각하고 편하게 얘기하자면서 "부장님 이런 일이 있었습니다, 저런 일이 있었습니다" 그런 식으로 얘기를 많이 하더라고요. 그 얘기 중에 이런 대목이 있었어요. 1991년 12월 13일 기본합의서가 채택이 됐는데 북한 대표단이 서울에서 개성까지 올라가면 거기서부터 기차를 타고 또 올라갑니다. 우리 대표단이 갈 때도 개성까지 가면 개성역에서 4시간 동안 기차를 타고 평양에 들어가야 되고 그쪽 사람들도 평양에서 기차를 타고 개성까지 내려와서 판문점에서 승용차로 내려오죠. 개성까지 갔는데, 김일성이 헬기를 보내가지고 대표단 수행원이라든가 보장성원을 놔두고 회담 대표단 가운데 핵심 인사들만 주석궁으로 빨리 들어오라고 해서 헬기로 들어갔대요. 책임연락관도 당연히 그 헬기에 타고 갔답니다. 책임연락관이 얼마나 힘이 있었냐하면 그때 90년 9월에 1차 회담을 하고 나서 이제 연형묵 북한 총리가 기자들 앞에서 얘기를 했어요. 소위 도어스테핑처럼 얘기를 했습니다. 기자들이 그걸 가지고 다시 최봉춘 책임연락관한테 '아까 총리가 한 얘기를 기사로 써도 됩니까' 하는 식으로 물어보니까, 그 책임연락관이라는 친구가 육군 대좌밖에 안 되는데 "총리가 뭐 알아, 그거 그냥 하는 소리니까 쓰지 마시오." 그런 식으로 얘기를 하더라는 거예요. 그러니까 이게 호위사령부 사람인지 통전부 사람인지 정치 보위부 사람인지 모르겠는데 거기는 대좌 계급장 달고 얼마든지 보위부에서도 일하고 호위사령부에서도 일하니까, 그런 정도로 위세 등등했던 북측 최봉춘 책임연락관이 나중에 우리 측 책임연락관 김용환씨한테 후일담으로 얘기를 해 준 스토리가 바로 이런 겁니다.

정세현: 북측 대표단 중 핵심인사들만 김일성 주석이 보내준 헬기를 타고 금수산 주석궁에 도착했대요. 그곳에 헬기가 충분히 내리고도 남죠. 금수산 주석궁은 청와대 보다도 훨씬 넓어요. 김일성이 주석궁 현관에 턱 버티고 서 있다가 회담 대표단 장인 연형묵 총리를 사회주의식 포옹을 한 뒤 "동지 들어갑시다" 그러면서 합의서를 들고 "이걸로서 적들의 발목을 잡았다. 이 문서는 천군만마보다도 위력하다." 그랬다는 거예요. '적들의 발목을 잡았다'는 게 1조에서부터 4조까지, 상호 체제 인정 존중, 상호 내정 불간섭, 상호 파괴 전복 활동 중지, 상호 비방 중상 중지 그거예요. 북한으로서는 당시 그게 절실하게 필요했던 거예요. 즉 흡수통일 되지 않을 보장을 받았다는 뜻이죠. 경계선 문제 그건 우리가 이제 요청을 했을 거고요. 나머지 불가침이고 교류 협력이고 그들은 다 관심이 없었다 이거예요. '천군만마보다 위력하다', '이걸로써 적들의 발목을 잡았다'니. 사실 우리 대표단도 그 당시에는 그런 얘기를 몰랐답니다. 91년 12월 13일 오후에 그런 일이 있었다는 것은 나도 당연히 몰랐지요. 그러다가 쌀회담이 있었던 때가 95년 8월 말

이었었으니까 3~4년이 지난 뒤에 비로소 그 얘기를 들었습니다. 어쨌건 그 얘기를 듣는 순간, 기본합의서가 그 당시에 북한에게 어떤 의미가 있었는지에 대한 그림이 들어오는 거예요. 그러면서 또한 이런 상황이 1991년 9월 18일 UN 동시가입에도 다 연결돼 있는 것입니다.

비핵화 공동선언

정세현: 그 다음에 91년 12월 13일, 이제 남북기본합의서를 만들어놓고 그다음에 12월 31일은 한반도 비핵화 공동선언이라는 게 채택이 되지 않습니까? 판문점에서 늦게까지 밀고 당겼어요. 밀고 당긴 협상 끝에 해를 넘기지 않고 합의가 됐는데 그 비핵화 공동선언 관련해서도 비하인드 스토리가 있습니다. 제 고등학교 친구였던 박영훈 비서관이 당시 노태우 대통령 시절에 대통령 제2부속실장 김옥숙 여사 담당이었었는데, 워낙에 이 친구가 권세가 높기 때문에 제1부속실장보다도 정보가 더 많았어요. 당시에 외교안보수석이었던 김종휘(金宗輝) 교수하고 굉장히 가까웠어요. 김종휘 교수는 당시 국방대학원 교수를 하시다가 외교안보수석으로 일했어요. 처음에는 외교안보보좌관으로 갔다가 수석비서관이 됐는데 그분하고 굉장히 가까웠어요, 고등학교 선후배라고 그래서요. 남북총리급회담에서 굉장히 빠른 속도로 기본합의서가 합의 쪽으로 다가가는 것을 보고, 그 친구 얘기로는 미국이 7월 말에 김종휘 수석을 하와이로 불러서 이런 얘기를 했다고 하더라고요. "당신네 지금 총리급 회담에서 여러 가지 화해와 불가침, 그리고 교류 협력에 관한 합의를 열심히 하는데 북한이 지금 핵을 가지려 하고 있어. 지금 이거 막아야 돼. 그러니까 이번에 총리급 회담에서 남북 당국 간의 화해와 불가침 및 교류 협력에 관한 합의서만 만들지 말고 비핵 8원칙이 분명히 명시가

된 핵 관련 합의서도 만들어라." 그 친구 얘기로는 사실상 명령이었다고 하더라고요. 그런데 제 경험으로 보면 평소에 통일원 사람들이 미국 대사관과 미국 CIA 사람들하고 만나가지고 얘기도 좀 들으라고 그러면 그들은 만나주지 않습니다. 그런데 남북 간에 대화가 이루어지면 미국 대사관에서 먼저 연락이 와요. 그 전에 우리가 만나자고 할 때는 안 만나주는 사람들인데 말입니다. 남북 간의 회담이 열리면 이 회담이 어떻게 될 것인가 하는 전망을 들으려는 거지요. 물론 CIA이니까 안기부하고도 교류가 있고 그 사람들하고 맨날 만나지만 통일원은 만나주지 않아요. 그런데 81년이 되면서 당시 전두환 대통령의 엄명으로 남북대화사무국이 통일원으로 넘어옵니다. 안기부에서 관리하던 남북대화 업무가 통일원으로 넘어와요. 그 전에는 통일원이 회담에 어떻게 좀 끼어보려고 발버둥쳐도 안 끼워줘요. 빌고 빌어서 한다는 게 회담 때 기자 완장을 얻어가지고 와서 회담 구경하는 것이 전부였었어요. 아, 접근을 못하게 했어요. 그러면서 "우리가 다 알아서 하니까 통일원은 나중에 홍보 자료나 만들면 된다." 하는 식으로 관여를 안 시켜줬던 것이지요. 그런데 남북대화사무국이 통일원으로 넘어오면서 모든 회담의 기획부터 운영 권한이 통일원으로 넘어온 거예요.

비핵화 공동선언과 미국

정세현: 통일원 직원들과 미국 대사관 직원들이 만나게 되면 그쪽에서는 주로 CIA 쪽에서 나옵니다. CIA가 대사관에 나와 있잖아요. "그래 당신들이 이렇게 여러 가지 합의를 하는 건 다 좋지만 한반도의 국제 정치적 현실로 볼 때 결국은 미국이 동의를 해줘야 되는 거지 당신들끼리만 해서 되는 것은 아무것도 없어."라는 그런 뉘앙스로 얘기를 꼭 해요. 그게 개운치 못해요. 기분이 나빠요. 그런 경험이 있

기 때문에 나중에 후일담으로 드러난 것이지만, 91년 7월에 총리급 회담에서 남북기본합의서가 어우러지는 와중에 미국에서 비핵화 공동선언을 만들라는 얘기를 하기 위해서 외교안보수석을 하와이로 불러가지고 그야말로 구체적인 요구를 했다고 그럴까, 지시를 했다고, 그런 얘기를 듣게 된 거지요. 하여튼 그렇게 해서 비핵화 공동선언이 만들어집니다. 그러면 이제 미국은 북한이 핵을 갖지 못하도록 만들어야 되겠다는 것, 핵 개발에 대한 욕구 자체를, 아니 의욕을 갖지 못하도록 만들겠다고 하는 것이 진심이었는지, 아니면 비핵화 8원칙으로 북한을 묶으면서 남한도 묶으려고 그러는 것이었는지 그거는 제가 확실히 모르겠어요. 그것은 이제 여러분들이 그 당시에 자료 같은 걸 뒤져서 한번 연구해볼 가치가 있는 주제가 될 수 있을 것 같습니다.

그리고 군산 이런 데다가 배치해놨던 전술 핵무기도 그때 미국이 자진해서 가지고 나간 거잖아요? 비핵화 공동선언에는 비핵 8원칙이라고 하여 핵무기의 시험, 제조, 생산, 접수, 보유, 저장, 배비, 사용을 하지 아니한다고 규정하고 있잖아요. 하여튼 배치도 못하게, 반입도 못하게 돼있기 때문에 비핵화 공동선언 타결을 위해서 그때 9월이나 10월, 가을 중에 먼저 핵무기를 다 가지고 나갔을 거예요.

북한의 북미수교 구상

정세현: 그렇게 미국이 북한의 핵을 개발하지 못하게 하려고 하는 움직임을 보인 것은 객관적인 사실인데 그런데 더 의미 있는 일이 92년 1월 21일 일어납니다. 미국 시간으로 1월 21일 나중에 노동당 대남비서가 됐지만 노동당 국제부장으로 있었던 김용순(金容淳)이 뉴욕으로 갔어요. 91년 UN에 북한이 가입하기 전에도 뉴욕에

북한 대표부가 있었으니까. 김용순 노동당 국제비서가 뉴욕에서 당시에 국무부 부장관 아놀드 캔터(Arnold I. Kanter)를 불러내가지고 이런 얘기를 했습니다. 그 스토리를 제가 어찌 아느냐 하면, 92년 1월 21일이면 제가 그 당시에 통일연구원 부원장 시절인데 갑자기 청와대 노재봉 비서실장한테서 전화가 왔어요. 노재봉 교수는 서울대 외교학과 교수 출신이기 때문에 저하고는 굉장히 가까운 사이입니다. 학부 시절에 그분이 미국에서 막 와가지고 박정희 정권 하고 좀 사이가 안좋은 글을 발표했기 때문에 바로 전임 교수가 못되고 시간강사로 4년이나 고생을 했어요. 시간강사 할 때 제가 강의를 들었어요. 그러니까 제 선생님이지요. 나이가 우리보다 11년 이상 많은 이홍구, 이회창 씨 그 또래예요. "정 박사, 그런데 말이야 지금 북쪽 사람들이 좀 이상한 짓을 했는데?", "뭡니까?", "아주 극비인데 사람 좀 보내. 내가 전문 하나 줄 테니까. 그 전문을 보고 거기에 대한 우리의 대책을 빨리 정리해서 나한테 보내게. 내가 이거 일 벌어지기 전에 각하한테 보고를 해야겠어." 외교부 전문이지만 비서실장이 바로 나한테 보내면서 대책을 보내라고 했던게, 외교부에서 대책이 나오려면 시간이 많이 걸려요. 외교부는 하긴 기구가 방대하고 그러면 그것을 북미국에서 하느냐 그 다음에 또 어디서 하느냐가 또 정해져야 하고, 그때는 남북관계 관련 업무가 외교부에 없었으니까요. 하여튼 담당과나 국을 정하는 것도 몇 시간이 걸리고 그럴 거예요. 그때 비서실장이 청와대 외교안보수석실에 나와 있는 사람들도 못 믿었던 것 같아요. "개인적으로 가까운 정세현이한테 일을 시키면 속도가 날거다. 그 친구가 일을 하면 빨리 하니까." 빨리 해서 오늘 중으로 각하 보고를 해야 될 테니까 빨리 사람 보내라고 해서 받아봤어요. 그때 내용이 이거였었습니다.

  "미국이 수교를, 조선민주주의인민공화국과 수교만 해준다면 남조선에 주둔하고 있는 미군 철수를 앞으로 요구하지 않겠다. 미군 주둔을 용인하는 전제 하에 수교합시다. 그리고 통일된 뒤에도 미군은 조선반도에 남아 있을 수 있다고 생각한다. 물론 위상과 역할은 바뀌어야 되겠지만." 그 얘기를 했다는 거예요. "이거 지금 어떻게 해야 될 것인지 빨리 답을 보내라." 그런데 노태우 정부가 초기에는 북방정책을 통해서 한소수교도 하고 그 다음에 한중수교도 추진을 하고 그랬었지만 남북대화가 이루어지고 남북기본합의서가 발표가 되고 하면서부터 청와대가 점점 보수화되기 시작하더군요. 그러면서 이제 92년 10월이 되면, 시간이 너무 왔다 갔다 해서 미안합니다만, 남북기본합의서가 채택이 되던 그 시기에 남북 관계 분위기상 92년 팀스피리트(Team Spirit) 훈련은 안 하기로 남북이 합의를 해서 미국한테 통보를 했고 미국도 동의를 해줬어요. 그런데 92년 10월로 넘어오면, 레임덕 현상이 나타나기 시작하는 시기이긴 하지만, 그 당시에 최세창(崔世昌) 국방부 장관하고 누구인지 모르겠는데 미국 국방장관하고 청와대보고도 안 하고 93년 팀스피리트 훈련을 재개하는 것으로 합의를 해버렸어요. 그러면서 이제 북한도 팀스피리트 훈련이 재개되는 것이 확실해지니까 NPT(Nuclear Non-Proliferation Treaty: 핵확산방지조약) 탈퇴라는 강수를 둘 준비를 했고, 92년 1월 21일, 그때 그거에 대해서 기본적으로 노 비서실장의 답안은 "우리 정부가 미국을 설득해야 될테니까 이거 절대로 미국이 받으면 안 된다는 식으로 정리를 해와."라고 답을 알려주면서 쓰라는 거예요. 그러니까 내가 거기서 제안자가 하자는 대로 해야지 달리 어떻게 하겠습니까. 그때는 그렇게 써드렸어요. 말하자면 본인이 쓰지 않고 이걸 전문가한테 맡겨서 시킨 거였는데, 이런 맥락을 알고 국제정치학도 좀 알 만한 그런 사람한테 시킨 거라고 생각하면서 "각하께서 지시를 이렇게 했으면 좋겠습니다." 하는 식으로 보고를 드렸을 겁니다. 그런데 지나고 보니까 93년 3월 12일 북한이 NPT 탈퇴를 선언하러 나서지 않습니까? 그때 92년 1월 21일 아놀드 캔터 차관과 김용순 국제비서가 만났을 때 미국의 대통령은 아버지 부시(George H. W. Bush) 때예요. 아버지 부시 정부에서는 아마 북한 같은 조그마한 국가가 그것도 이제 불량국가(rogue state)가 수교를 해

달라고 그러니까 같잖다고 생각했을 거예요. 그리고 동유럽이 저렇게 흔들려가 지고, 그야말로 그 지역에 레짐 체인지(regime change)가 일어나고 있는 상황이었 는데 말이죠. 소련이 이미 91년이 되면 과거 소련에 가맹국들을 독립국가연합 (CIS)으로 풀어줘버리잖아요. 그때 우크라이나가 나온 거 아닙니까? 벨라루스, 에스토니아, 라트비아, 이런 국가들이 다 그때 떨어져 나가고 동유럽 8개국들이 막 흔들리고 쪼개지고 체코슬로바키아는 슬로바키아하고 체코로 쪼개지고 유고 슬라비아가 크로아티아, 세르비아, 보스니아–헤르체고비나 등으로 다 쪼개지지 않습니까? 이러면서 거기서 종교 분쟁 일어나고 루마니아의 차우셰스쿠(Nicolae Ceauşescu)는 길거리에서 잡혀서 총살을 당했든가 그런 와중에, 북한이 난데없이 수교를 하자고 하니까 미국으로서는 아마 같잖게 보지 않았는가 생각해요.

북한 핵사찰과 NPT 탈퇴

정세현: 91년 12월 31일 한반도 비핵화 공동선언까지에 만들었는데, 미국은 북한과의 수 교를 거절한 뒤에 IAEA(International Atomic Energy Agency: 국제원자력기구)를 통해 서 북한이 지금 핵 활동을 계속할 가능성이 있다고 의심을 하면서 북한을 샅샅이 뒤지라고 했던 겁니다. 여러분이 더 잘 아시겠지만 일반 사찰은 NPT에 가입을 하면 IAEA 사찰관들이 그 나라에 가서 상주를 하지 않습니까? 우리나라에도 와 있을 거고 북한에도 IAEA 사찰관이 상주를 했죠. 그리고 수시로 영변에 가서 핵 원자로를 열어보고 봉인을 뜯어서 확인하고 별 문제가 없다면 다시 또 봉인해놓 고 오고, 그런 식으로 핵활동을 감시했었잖아요.

정세현: 하여튼 일반 사찰은 IAEA 사찰관과 북한 당국이 합의한 부분만 공동으로 가서 들여다보는 거였습니다. 그런데 특별 사찰(special inspection)은 불심검문하듯이

"여기 수상해 열어봐" 이런 식으로 아무 데나 불시에 사찰하는 것인데, 뭔가 기미가 있었는지 모르지만, 소위 특별 사찰을 요구하고 나서니까 북한이 "이거는 미국이 우리한테 핵개발의 누명을 씌워가지고 우리를 치려고 그러는 거다. 우리를 치기 위한 꼬투리를 잡으려고 그런 거기 때문에 이건 우리가 먼저 치고 나가야 된다"고 했던 거죠. 그런데다가 12월에 한미안보협의회(SCM: Security Consultative Meeting)에서 93년에 팀스피리트 훈련을 하는 걸로 결정이 나서 발표가 됐어요. 후일담이지만 고위급회담이 있을 때, 당시 노태우 정부 말년에 외교안보연구원 원장을 하다가 나중에 통일원 차관으로 간, 후일 김대중 정부 때 통일원 장관을 지낸 임동원(林東源) 장관한테 나중에 제가 물어봤어요. "아니 어떻게 총리급 회담에서 92년에는 팀스피리트 훈련은 안 하는 걸로 해서 조용히 지나갔는데 어떻게 93년에는 국방부에서 팀스피리트 훈련을 재개한다고 결정을 해 버립니까?" 그랬더니 임동원 장관이, 아마 육사 후배니까 그렇게 말씀하셨겠지만 "그 최세창이 대통령께 보고 안 하고 맘대로 해 버린 거예요." 그렇게 말했어요. "아니 그럴 수가 있습니까?" 그랬더니 "레임덕이라는 게 그렇지 뭐."라는 답변이 돌아왔어요. 그러니까 미국에서는 아예 IAEA 사찰관을 시켜가지고 특별 사찰을 하라고 그러면서 한쪽으로 팀스피리트 훈련을 하는 걸 기정사실화하면서 밀고 나가니까 북한의 입장에서 볼 때는 "비핵화 공동선언이 미국의 요구대로 한국이 순종을 해서 나온 결과인 걸 우리도 아는데, 그것까지 하라는 대로 다 했는데, 다시 핵개발의 누명을 씌워가지고 우리를 군사적으로 압박하려고 한다면 우리도 대안이 없다." 그랬을 거예요. 그리고 미국과 한국의 정권이 바뀌지 않습니까? 93년 1월에 이제 미국에 클린턴 정부가 들어서고 2월 25일 김영삼 정부가 들어서 가지고 양쪽에 다 민주당 정부가 들어섰지만, 그 이후 3월 12일 북한이 NPT 탈퇴를 선언해 버렸죠. 그러니까 그때가 클린턴 정부 1차년에, 김영삼 정부 출범한 지 20일도 안된 시점이었죠. 2월 25일 출범해가지고 3월 12일이니까 20일도 안 된 거죠. 그때 북한이 NPT 탈퇴를 선언하면서 핵 문제가 복잡해지니까 부랴부랴 청와대에서 "통일연구원 부원장 정세현, 빨리 청와대로 올라오라." 그랬던 거예요. 그래서 제가 그때부터 이제 북핵 문제 발생의 백그라운드를 소급해서 공부를 하게 됐어요. 92년에 북한이 수교 요구를 했을 때 미국이 들어줬으면 미국이 북한의 핵 활동을 통제, 감시하는 것도 훨씬 쉬웠을텐데 그때 미국 부시 정부의 판단착오로 그것을 안 했기 때문에 우리가 지금 30년 넘게 그 문제 때문에 시달리고 있는 것 같아요.

남북기본합의서 합의와 좌초

정세현: 91년 말, 92년 그 당시에 북한이 남북기본합의서를 절실히 필요로 했던 반면 미국은 핵 문제를 가지고 우리를 조종하려고 했던 것이 불편한 진실이었다는 거예요. 그러니까 핵에 관해서는 그쪽에서 아마 불러주는 대로 썼을 겁니다. 그 다음에 남북기본합의서도 북쪽이 요구하는 것을 다 들어주는 식으로 갔어요. 그렇다고 해서 우리가 아무 생각 없이 그냥 북한이 하자는 것만 한 건 아니지만 우리는 주로 교류협력 쪽에 강조를 두었죠. 기능주의 접근론에 익숙해 있기 때문이에요. 그래서 분량 면에서는 우리 것이 많이 들어갔다고 그랬죠. 그러나 핵심인 남북기본합의서 1, 2, 3, 4조가 그야말로 "이걸로서 적들의 발목을 잡았다"고 하는 얘기를 김일성이 직접 할 정도로, 그들은 흡수 통일에 대한 공포를 느끼고 있었던 거예요. 그러니까 북한은 UN 가입을 통해서 국제적으로 '투 코리아'를 만들고 남한 정부로부터 확실히 흡수통일하지 않겠다는 보장을 받아내고, 그리고 미국과 수교를 함으로써 미국이 정치, 군사적으로 북한을 건드릴 수 없는 조건을 만들려고 그랬는데 그게 깨지면서 핵 문제가 벌어졌다는 겁니다. 제가 한 시간

동안이나 긴 이야기를 많이 한 것 같습니다.

김종학: 네, 감사합니다. 장관님께서 총론적으로 말씀을 해주시고, 그리고 구술회의를 지금까지 많이 했습니다만 처음 듣는 내용도 많이 있어서 이해하는데 도움이 되었습니다. 여기 계신 교수님들께서도 장관님께서 해주신 말씀에 대해서 추가 질문이 있을 수 있을 것 같습니다. 먼저 자유롭게 질문해 주시고, 그 다음에 준비한 질문을 드리도록 하겠습니다.

미국의 네오콘

정세현: 여담으로 딕 체니(Dick Cheney)가, 아버지 부시 때 국방장관을 했고 아들 부시 때 부통령을 지냈지요? 맞아요. 체니는 볼턴(John R. Bolton) 이상으로 강경파예요. 실제로 2004년 노무현 탄핵 의결후 헌재 판결이 나오기 전 고건 총리가 대통령 권한대행을 하고 있을 때 체니 부통령이 한국에 왔어요. 그러니까 대통령 권한대행 자격으로 삼청동 총리 공관에서 만찬 대접을 하면서 대화를 하는데 내가 그때 배석을 했었어요. 외교부 장관, 통일부 장관과 국방부 장관도 다 같이요. 고건 총리가 북한도 압박만 할 필요가 없다, 북한도 상당히 많이 개방이 되는 것 같다, 그런 식으로 운을 뗐어요. 말하자면 부드럽게 접근하자는 취지로 얘기를 하면서 평양에 지금 햄버거 가게가 생겨가지고 젊은 사람들이 햄버거를 사 먹는 게 유행이라고 그런다 하는 얘기를 하니까, 보통은 '아, 그게 사실입니까?'라는 이야기를 하지 않겠습니까? 그런데 체니는 "내가 그 햄버거 이름을 지어줄게요. '김정일 버거'라고 그러지요." 그렇게 말하더군요. 그때가 2004년이니까 김정일이 살아있을 때였어요. 미국의 비핵화원칙이라는 그 CVID도 체니 작품이에요. 완전한(complete), 검증가능한(verifiable), 돌이킬 수 없는(irreversible), 비핵화

(denuclearization)이지요, 처음에는 dismantlement였고요. 나중에 폼페이오 (Mike Pompeo) 국무장관이 또 CVID 대신 FFVD라는 걸 만들었지요. 최종적인 (final), 완전하게 검증된(fully verifiable), 비핵화(denuclearization)라는 건데 억지춘 양인 거죠. 하여튼 그때 분위기가 이상해져가지고 밥만 먹고 끝났어요.

정세현: 그러니까 92년 1월 21일 김용순의 그런 파격적인 제안 앞에서 부시 정부가 가지 고 있는 기본적인 정치적 성향 때문에도, 그건 그렇게 수용할 만한 가치가 있는 제안이라고 생각하지 않았겠고, 또 한국의 청와대가 보수화되면서 그 제안을 거 절하는 데에 크게 작용을 하지 않았겠는가 생각합니다.

북한과 '두개의 한국'

조동준: 장관님께 두 가지 질문을 드리겠습니다. 첫 번째는 당시 북한의 김일성이 남북기 본합의서를 그렇게 좋아했는데, 그렇다면 앞서서는 두 개의 한국은 절대 안 된 다고 북한이 계속해서 주장을 했었잖아요. 그러다가 1991년 5월부터 입장이 바 뀌는데, 그러면 1990년 9월부터 91년 5월 사이에 "두 개의 한국은 절대 반대다." 라고 했던 것은 어떤 논리로 설명이 가능한지가 궁금합니다. 그러니까 결국에는 '투 코리아'가 인정이 되는 셈이잖아요. 남북기본합의서라고 하는 것이요.

정세현: 글쎄요. 남북기본합의서에는 "대한민국 국무총리 정원식(鄭元植), 조선민주주주 의인민공화국 정무원 총리 연형묵(延亨默)"이라고 국가 명칭을 제대로 쓰고 그 다 음에 직함까지 제대로 밝힌 것이 72년 7·4공동성명과의 차이점입니다. 7·4공 동성명 때에는 밑도 끝도 없이 "상부의 뜻을 받들어 이후락(李厚洛), 상부의 뜻을 받들어 김영주(金英柱)" 이렇게 끝났거든요.

조동준: 그래서 남북기본합의서는 결국에는 '투 코리아'로 가는 어떤 과정이나 길목이라

조동준 교수

고 한다면 북한이 그 앞선 시기에 1990년 9월에서부터 91년 4월, 5월까지도 계속 그랬거든요 "투 코리아는 절대 받아들일 수 없다. 그렇기 때문에 UN에 두 나라가 같이 갈 수는 없다." 그러면서 '투 코리아'에 대해서 계속 반대 입장을 보이다가 속내에는 북한이 '투 코리아'를 받아들일 의사도 있었다는 것인데, 남북기본합의서를 통해서 '투 코리아'를 받아들였다고 좋아했다면 겉으로 '투 코리아'를 반대했던 북한의 논리는 무엇 때문에 가능했었는지에 대해 장관님께서 말씀해

주셨으면 합니다.

정세현: 글쎄요. 그 내부에서 어떤 논의가 있었는지 그것까지는 제가 모르죠. 그런데 그건 뭐 북쪽도 그렇고 남쪽도 그렇지만 밑에 관료들이라고 하는 것은 그야말로 좀 인습적인 데가 있잖아요. 계속 해왔던 대로 고수하는데, 최고 정책 결정권이 있는 권력자가 바꾸라고 하면 그날로 바꾸는 거 아닙니까. 도어스태핑 하지 말자고 건의했는데 "아니야 나 하고 싶어." 그러면 또 하듯이. 그러니까 아마도 그런 식으로 입장이 확 바뀌는 것은 최소한도 북쪽의 책임 연락관 최봉춘이 말했던 것처럼 "총리가 뭘 아나"했듯이 총리는 써준 거나 읽는 사람이고, 협상 대표들도 그때 4성 장군이었던 김광진(金光鎭) 이런 사람들도 다 어떻게 보면 수동적인 거예요. 회담을 해 보면요, 우리 측 수석대표는 결정권이 있어요. 어쩌면 당시 남북회담에 정원식 총리는 결정권이 없었을 거예요. 왜냐하면 본인이 교육학자이다 보니까 이런 복잡한 국제정치 문제에 대해서는 잘 모르시죠. 그러니까 밑에서 참모들이 써주는 대로 청와대의 지시대로 움직이고 행동을 했지만 적어도 제 기억에, 제가 남북장관급회담 수석대표로 회담을 오래 많이 했는데, 장관급 회

담을 할 때 우리 쪽 수석대표는 현장 결정권이 있어요. 반면 북측 수석대표는 결정권이 없습니다. 그리고 그 사람들은 써준 거 읽는 사람들이에요. 그리고 북측은 앞을 보고 상대편을 바라보면서 얘기하지만 뒤에서 모니터링하는 김정일을 의식하고 얘기를 해요. 참 답답해요. 이걸 이제 우리가 적당히 활용을 해야죠. 그래서 그럴 때 연락관 접촉을 통해서 내밀하게 이러이러한 식으로 문제를 풀어줄 용의가 있으니까 상부에 보고하라, 보고해서 너희들 입장을 바꿔라, 그렇게 해서 몇 가지 문제를 푼 적이 있습니다. 때로는 북쪽의 단장, 우리는 수석대표라고 그러고 저쪽은 단장이라고 그러는데, 단장과 비공개 접촉을 해가지고 상부에 보고를 하라고 얘기를 하면서 상부에 보고할 만한 소위 매력이 있는 제안을 해주죠. 그 대신 이건 반드시 내놔라 하면, 그러니까 그것도 아마 협상장에 나와서 밀고 당기는 일을 하는 그 사람들은 말싸움쟁이들이고, 북쪽은 말을 잘해요. 우리 쪽 회담 대표들은 말 잘하는 사람이 별로 없습니다. 주로 글쓰는 사람들이 있기 때문이지요. 반면 북한은 말쟁이들이고 어느 날 갑자기 주석궁에서 지시가 내려왔다 그러고 말을 바꾸는 거죠. 회담할 때 보면 수시로 쪽지가 들어옵니다. 메모가 말이에요. 그럼 자기들이 쭉 돌려봐요. 돌려보고 북측 단장이 이제 메모에 따라서 발언하는 것 같아요. 그러면서 회담에서 판을 깰 것처럼, 말하자면 협박을 하기도 하고요. 어떨 때는 갑자기 "이게 다 민족을 위해서 하는 일이기 때문에 이번에 회담 끝나고 내일 회담이 끝나기 전에 오늘 저녁 중으로라도 결론을 내도록 합시다. 그러면 오늘 일단 이 회의는 여기에서 그치는 게 좋겠습니다."하는 식으로 금방 또 일어서요. 이렇게 메모에 따라서 움직이는 경우가 많은데, 아마 태도가 바뀌는 것도 회담 대표단들보다는 최고 수뇌부에서 국제정세 등을 감안할 때 의표를 찌르는 식으로 하고 나오죠.

북핵문제와 미국

조동준: 두 번째 질문인데요. 장관님께서는 미국 쪽에서 북핵 의혹이라고 하는 부분들을 가지고 일종의 '활용을 했다'라고, 제가 정확히 기억은 안 나지만, 그런 식으로 표현을 해주셨는데요. 1992년 남북기본합의서가 계속 진행되는 과정에서 결국에는 핵 문제를 제기함을 통해 남북 간의 어떤 논의가 더 진전되는 것을 일종의 막은 형태라고, 그렇게 지금 장관님께서 말씀하시는 걸로 저는 이해를 했습니다. 그런데 실제 북한의 핵개발에 대해서, 그러니까 이게 CIA가 이례적으로 2002년에 관련된 기록들을 공개한 게 있거든요. 그걸 보면 1982년부터 계속해서 영변에 관련된 시설에 대해서 의혹을 가지고 있다가 80년 중반쯤이 되면서 핵 문제로 갈 위험성이 커진다고 하는 걸 이미 인지했고 그 다음에 그걸 가지고 문제를 제기했다고 했는데, 미국 측에서 문서를 공개했으니까 자신들에게 유리한 자료만 공개했겠죠. 그런데 실제 북핵 문제, 북한의 핵개발의 실체는 1991~92년 당시 상황에서 있었던 건가요, 아니면 장관님께서 생각하시기에는 그 문제가 미국 쪽에서 과대 해석을 통해서 제기한 것인가요.

정세현: 한국이 북한의 핵 능력 관련해서 가지고 있는 정보는 미국에서 제공받지 않으면 별로 없다고 봅니다. 그거 하나 말씀드리고 싶고요. 그러니까 91년 7월에 갑자기 외교안보수석을 하와이로 불러서 비핵화 공동선언도 해야 된다는 식으로 얘기할 때까지는 우리는 북핵 문제에 대해서 알지 못했기 때문에도 별로 신경을 안 쓰고 있었다는 증거죠. 또 하나 아들 조지 부시(George.W. Bush) 정부가 들어서고 난데없이 고농축 우라늄 프로그램(HEUP: Highly Enriched Uranium Program)이라는 걸 들고 나오지 않았어요? 그 전에 98년 8월 16일자인가 8월 18일인가 뉴욕타임즈(The New York Times)일 겁니다. 갑자기 시커먼 동굴 입구 같은 사진이 한장 나오고 익명을 요구한 국방부 고위당국자의 말에 의하면 북한이 94년 10월

21일 제네바에서 체결된 북미 간의 기본합의서(Basic Agreement Between the USA and the DPRK)의 약속은 지키는지 모르지만 지금 북한이 영변 이외 지역, 이 동굴 안에서 계속 핵 활동을 하고 있는 것으로 보인다는 기사가 났어요. 제네바 합의를 통해 플루토늄 생산을 하지 않겠다는 약속을 하는 대가로 경수로 발전소를 지어주기로 한 거 아니에요? 5천 킬로와트 짜리 경수로 발전소 가동을 중단하는 대신, 그 가동을 계속하면 연료봉을 재처리해서 플루토늄을 만들 수 있으니까, 가동 자체를 중단시키는 대가로 200만 킬로와트짜리 원자력 발전소를 지어주는 식으로 합의한 것이 제네바 기본합의인데, 북한이 94년 10월 21일 제네바 기본합의는 지켰는지 모르지만, 지금 북한이 영변 이외 지역, 이 동굴 안에서 계속 핵 활동을 하고 있는 것으로 보인다는 것이 대서특필이 됐어요. 제가 98년 8월에는 차관으로 있을 때이기 때문에 심각하게 들여다봤죠. 그러자 북한에서 "실제로 우리는 그런 짓 한 적이 없다"고 하자, 미 당국에서 현장을 공개하라고 요구했죠. 그러자 북한이 아주 호기롭게 "그럼 보여주면 될 거 아니냐."라고 그랬죠. 그러니까 북한에서 "보는 대신 핵 활동을 안 했으면 60만 톤 식량을 제공하라." 그런 식의 조건을 걸었어요. 미국은 거기서 60만 톤 주고라도 봐야되겠다고 하면서 들어가서 봤어요.

미국은 그 이듬해쯤 들어갔을 겁니다. 아무것도 없었어요. 식량을 줄 수밖에 없었습니다. 이게 무슨 얘기냐 하면 미국의 군산복합체와 연계가 되어 있다고 보는 국방부의 전·현임 관리들 또는 국무부의 많은 사람들은 북한을 될 수 있으면 자극하고 그들이 문제를 일으키도록 유도해서 한반도에 미국이 군사적으로 계속 개입할 수 있는 여건이 조성되는 쪽으로 여론몰이를 합니다. 보고서도 그런 쪽으로 쓰도록 권고를 하고요. 그런 전력이 있는데 2001년 조지 부시가 취임하면서부터 2000년 남북정상회담 후속 조치에 대해서까지 굉장히 불만을 가지고 통제를 하려고 그랬어요. 김대중 대통령이 남북정상회담을 하고 난 뒤에 남북관계가 굉장히 빠른 속도가 좋아지기 시작하지 않았어요? 이산가족 상봉 사업도 연달아서 한 달에 한 번씩 하고 말이지요. 이게 미국으로서는 굉장히 불안했던 거예요. 80년대 초에 CIA가 통일원 직원들을 만나가지고 결국은 남북대화가 잘 될 것 같으냐는 질문으로 시작을 해서 '너희들이 아무리 합의를 해도 우리가 도와주지 않으면, 우리의 동의가 없으면 아무것도 못한다'라는 식으로 그야말로 훼방을 놓고 가던 것이 그대로 그 사람들 머릿속에 들어 있어요. 2001년부터 계속 견제를 했는데 그때 김대중 대통령은 부시 정부가 그렇게 견제를 해 오고 불평을 하는데도 계속 미국을 설득해가면서 남북관계를 끌고 나갔습니다. 2000년 그때는 박재규(朴在圭) 장관 시절이고 또 임동원 장관 시절이었는데 큰 무리 없이 진도가 나갔어요. 그런데 2002년으로 넘어가면, 여러분도 아시겠지만 9월인가 고이즈미(小泉純一郎) 총리가 평양을 찾아가잖아요? 그래서 조일(朝日) 공동 코뮤니케(communiqué)인가를 내놓았는데 그때 수행원이 아베신조(安倍晋三) 관방부장관입니다. 일본이 그렇게 9월에 찾아간다는 것을 이미 알고있는 미국에서 그 시점인 7월에 존 볼턴을 한국에 보냈어요. 제가 통일부 차관으로 일하고 있을 때였어요. 와서 한다는 얘기가 "북한이 지금 플루토늄 재처리는 안 하는 거 같은데 대신 고농축 우라늄(HEU) 프로그램을 가동하는 것 같다"는 거예요. "증거가 있냐?" 그랬더니 "아니 확실한 물증은 없고 함부르크에서 북한으로 가는 배에 실린 소위 송장(送狀) 중에 고강도 알루미늄이 선적돼 있다는 증거를 우리가 가지고 있다. 송장 복사본을 가지고 있다." 그러더라고요. 그러니까 그때 이제 정부에서는 "그거 가지고 무슨 고농축 프로그램을 가지고 있다고 단정을 하고 북한을 압박할 수 있겠느냐?" 하는 식으로 얘기했더니 볼턴 얘기가 "우리가 계속 압박하면 북한은 자백할 거다"라고 얘기했어요. 그때 우리는 코웃음 쳤어요. "웃기는 사람이네" 그런 식으로 말이죠. 그런데 결국 10월 2일, 5명인가 7명인가 되는 대규모 대표단이 평양에 들어갑니다. 제임스 켈리(James A. Kelly) 국무부 동아태 차관보를 단장으로 하고 국방부에 롤리스(Richard P. Lawless)라고 부차관보가 있었어요. 그 이름을 무법자, "lawless"라고 놀리니까 자기는 법 없이도 살 수 있는 사람이라고 그랬다더라고요. 하여튼 7명이에요. 백악관, 국방부, 또 국무부 과장급도 있고 높고 낮은 직급의 사람이 동아태 차관보를 단장으로 해서 북한에 가서 계속 압박을 한 겁니다. 10월 2일 저녁에는 김계관(金桂寬) 외무성 부상이 "우리는 그런 적 없다" 그러면서 "신포에 있는 200만 킬로와트 원자력 발전소 지어준다는 그 약속이 이행되기를 바라면서 우리는 성실하게 핵 활동을 중단하고 있다"는 식으로 얘기를 하는데요. 지금은 신포 경수로 발전소라고 하는데, 신포 옛날 이름이 명천이에요. 명천이라는 도시가 나중에 신포로 이름이 바뀌었습니다. 하여튼 미국이 계속 자백하라는 식으로 압박을 하니까 그 이튿날인 10월 3일 날 아침에 당시 강석주(姜錫柱) 외상이 대표단을 직접 불렀답니다. 불러서 앉혀놓고 이제 이 얘기는 당시에 통역을 했던 통 킴(Tong Kim: 김동현)이라는 한국계 미국인이 국무부에서 퇴직하고 나온 뒤에 한 얘기에요. 국무부의 직원으로 있을 때는 일체 얘기를 안 하더라고요. 나오고 나니까 사실 그때 이런 일이 있었다고 이야기를 했어요. 강석주가 그러더라는 거예요 "우리는 주권 국가고 NPT도 탈퇴한 지 오래됐다. 따라서 미국이 우리한테 그걸 문제 삼을 하등의 권리가 없다. 우리가 주권국가이고 NPT도 탈퇴했는데 우리가 왜 당신네가 걱정하는 그런 프로그램 계획을 못 가질 이유가 뭐 있는가? 그 이상도 가질 수 있다" 그런 식으로 얘기를 했대요. 그런데 통역을 어떤 식으로 했느냐 그러니까 제대로 하면 "Our country is a sovereign state and we are entitled to possess such a program and more than that."인 것인데, 그런데 통역이 잘못됐습니다. 지금 외무상이 된 최선희(崔善姬)가 93년부터 시작된 제네바 북미 협상 때부터 통역이에요. 그리고 96년 말인가부터 제네바에서 열렸다가 나중에 98년 북경까지 왔던 4자 회담 때도 통역이었습니다. 통역으로 쭉 커가지고 결국 나중에 미국 담당 부국장도 되고 미국 담당 국장하더니 세월이 흐르고 드디어 외무상까지 됐는데요. 최선희의 통역이 엉성하다는 것은 옛날 4자회담 때 우리 수석대표였던 박건우(朴健雨) 전 주미대사, 외교부 차관하고 주미대사했던 그분이 그래요. "최선희 통역은 한국 말도 알고 영어도 아는 우리가 들을 때 진짜 건너뛰고 빼먹는 것이 많습니다."

정세현: 그날도 그냥 "We are entitled to possess such a program."이라고 해야 되는데 "We possess"로 통역이 나가버렸다는 거예요. 김동현 씨, 통 킴이 얘기했어요. 그 순간 7명이 눈을 착착 맞추더라는 거예요. 그러더니 일어서자고, 자백을 받았 다고 하더라는 거예요. 그렇게해서 10월 4일, 한국에 돌아와서 북한이 자백했다 그러면서 이제 고농축 우라늄(HEU) 프로그램이 있다는 걸 자백했기 때문에 경수 로 발전소 건설을 중단해야 한다, 그 얘기를 한 겁니다. 그리고 그해 연말 다음 해 초부터 경수로 발전소 건설 기간 중에 미국이 북한에 제공하기로 했던 중유 제공은 당장 중단하겠다는 식으로 발표를 해 버려요. 그러면서 경수로 발전소 공사가 중단되고 미국이 못하겠다고 하는데 우리가 계속 남아 있을 수도 없고 일 본도 KEDO(The Korean Peninsula Energy Development Organization: 한반도에너지개 발기구)에서 빠져나가 버리고 EU도 가버리고 이렇게 됐죠. 그러면서 북한이 "아 니 있지도 않는 고농축 우라늄(HEU) 프로그램이 있다고 우리가 자백했다는 식으 로 뒤집어 씌운다"고 얘기하고 통역 잘못했다는 얘기는 안 하데요. 그 직후에 10월 19일, 평양에 가서 장관급 회담을 하게 돼 있었습니다. 한 보름 시차가 있 었는데, 가서 이제 김정일을 직접 만나서 따지려고 그랬어요. 아니 어째서 그런 식으로 고농축 우라늄(HEU) 프로그램이 있다는 것을 실토를 해가지고, 실토하기 보다는 그런 프로그램을 가동을 해가지고 남북관계를 어렵게 만드느냐, 따지려 고 김정일을 만나야 되겠다고 그랬더니 그쪽 회담 대표들이 장군님은 지금 지방 에 가 계시기 때문에 뵐 수 없고 김영남 최고인민회의 상임위원장한테 말씀하시 면 다 보고되고 바로 비준이 나옵니다 그러데요. 그쪽에서는 한 마디 허락을 받

는 걸 비준이라고 그래요. "김영남(金永南) 위원장한테 얘기해도 장군님한테 얘기하는 거하고 똑같습니다." 그렇게 얘기를 하는데 교통도 불편한 북한에서, 함경도에 가 있다는데 거기까지 가는 것도 쉽지 않고요. 가려면 하루가 없어지는 거예요. 그래서 그냥 그 이튿날 아침에 만수대 의사당에 가서 최고인민회의 건물에 들어가서 김영남 최고인민회의 상임위원장을 만났어요. 김영남은 의전 순위 1번이고 외교적으로는 국가 대표권을 가지고 있잖아요. 제가 그 얘기를 했죠. "어째서 고농축 우라늄(HEU) 프로그램이 있다고 얘기를 했습니까. 그게 진짜입니까?" 그랬더니 똑같은 얘기를 하는 거예요. "아니 우리가 주권 국가이고 NPT도 탈퇴했는데 미국이 와서 압박을 넣지 않소? 그러니까 우리가 주권국가이고, 이렇게 돼 있는 상황에서 그런 걸 못 가질 하등의 이유가 뭐 있는가?" 하는 식으로 얘기를 했다면서도 이 사람들이 통역 잘못했다는 얘기는 안 해요. "우리한테 누명을 뒤집어씌운다고" 얘기하고요. 그래서 내가 바로 "그 통역을 누가 했습니까?" 중간에 치고 들어갔어요. 그랬더니 "그야 뭐 정 선생도 아시다시피 우리 항상 통역하는 인원이 있지 않소?" 그래요. 최선희 얘기예요. 그래서 "그래요?" 그러니까 최선희가 빼먹었다는 얘기는 나중에 들었지만 그때 그 최선희가 했다는 얘기 듣고 과거에 저지른 실수가 여러 번 있었다는 걸 내가 알기 때문에 통역하는 과정에서 뭔가 오해가 있었구나 했지요. 그렇다면 이제 쏘아놓은 화살이죠. 어쨌건 북한이 자백했다는 걸로 미국이 기정사실화 하면서 그 이듬해 경수로 발전소 건설 기간 중에 주기로 했던 중유 제공을 중단하면서 우리한테도 철수하라고 그러는 바람에 이제 제네바 기본합의는 깨졌죠. 그러자 북한은 그때부터 본격적으로 핵 활동을 시작하겠다고 선언을 하고 나섰죠. 2003년부터 경수로 공사는 중단되고 북한이 거세게 반발하고 매일 미국을 상대로 해서 욕을 하고 그렇게 됐지요. 그러니까 2002년 10월에 제가 남북장관급회담을 하러 평양에 갔고, 2003년 1월에 북한 대표단이 남북장관급회담을 하러 서울에 왔었고, 제가 4월에 회담을 하러 또 평양에 가야 되는데 그때가 노무현 정부 초기 때지요. 갑자기 미국의 제임스 켈리 동아태 차관보가 제 사무실로 찾아 왔어요. 2002년 10월 북한에 갔던 동아태 차관보가 통일부로 와서 제게 평양에 가거든 미국이 북핵문제 해법으로 제시한 5자 회담을 받으라고 설득해 달라고 부탁하는 거예요. 5자 회담이 뭐냐 하면 미국, 한국, 일본, 중국, 북한 이 다섯 나라가 참여하는 회담입니다. 러시아는 빼고요. 러시아는 미국 말을 안 들으니까 빼고 중국이 그 당시에 미국하고 협조적이었던지 하여튼 중국을 포함하여 이 네 나라가 한 편이 돼가지고 북한을 압박하면 북한도 자백하지 않겠느냐 하는 이야기를 하면서 5자회담을 북한이 받으라는 설명을 좀 해달라고 그러더라고요. 그리고 더불어서 '선 비핵화'라는 리비아 방식으로 핵을 포기하면 경제 지원도 해주고 수교도 해줄 수 있다고 하는 얘기도 같이 전해달라고 그래요. 외교부 장관만 만나고 가도 될 것을 외교부 장관 만나고 통일부 장관실에 직접 와서 특별히 부탁을 하는데 제가 또 동맹국의 요청을 거절할 수는 없죠. 북한에 가서 저녁에 수석대표 단독 접촉을 제안했어요. 단독 접촉을 해도 반드시 배석은 나옵니다. 통전부와 보위부 사람이 반드시 배석해서 기록합니다. 2007년 남북정상회담 때 노무현 대통령이 김정일 위원장하고 단둘이 만나가지고 NLL을 팔았다고 야당이 공격을 했었는데, 그런 건 있을 수가 없어요. 우리도 국정원하고 통일부가 반드시 배석해서 각자 녹음하고 기록도하고 그래요. 북측 단장한테 미국이 부탁한 얘기를 했죠. 그랬더니 "그럼 중국을 어떻게 믿습니까? 요즘 보면 중국은 완전히 미국 편입니다. 우리 그런 회담 안 합니다." 그래서 내가 "아니 이 지구상에서 지금 가장 평양의 입장을 이해하고 당신네 도와주는 나라가 중국인데 중국에 대해서 그렇게 말하면 안 되지요. 중국을 그렇게 못 믿겠으면 러시아를 당신네가 끼어 넣어봐요. 그래서 러시아가 들어오면 러시아 눈치 때문에라도 중국이 당신들 말대로 미국 편 못 되게 만들면 되겠네요. 3대 3으로." 그랬더니 굿 아이디어였는지 막 적더라고요. 그 다음에 리비아 방식을 이야기했더니 "그거는 카다피(Muammar Gaddafi)가 지금 잘못 생각하고 있는 겁니다. 머지않아 나쁜 결과로 이어질 겁니다. 어떻게 미국을 믿습니까? 경제 지원, 그것 때문에 핵을 먼저 포기한다고요? 그건 뭐 일고의 가치도 없고요." 그렇게 해서 나중에 북한이, 제가 4월에 가서 얘기를 했는데 8월에 "우리의 주동적 발기에 의하여" 하면서 6자회담 제안으로 나왔어요. 그리고 2003년 8월 27일 6자회담 1차 회의가 북경에서 열립니다. 그런데 미국이라는 나라가 보면 괜히 긁어 부스럼 만들어가지고 북한이 반발하게 만든 뒤에 압박을 한답시고 하다가, 더 세게 치고 나가면 그 다음부터 회담을 먼저 제안을 해요. 뒤로 사람을 보내가지고요.

정세현: 그래서 우리가 남북관계를 풀어나가거나 한미관계를 이어나가는데 남북관계와 관련된 한미 협조에 있어서 미국만 믿고 살 수가 없습니다. 이건 절대로 반미적인 시각에서 얘기한 게 아니에요. 미국은 자기네가 도와주지 않으면 우리가 한 발짝도 못 나갈 거라고 하는 얘기를 우리한테 노골적으로 하는 거예요. 문재인 정부에서 4.27 판문점선언과 9.19 평양선언에서 사실은 북한이 하자는 거 다 해주는 식으로 합의가 됐어요. 그리고 군사분야 합의서까지 만들지 않았습니까. 9.19 군사분야 합의서요. 이렇게 되니까 미국이 놀라서 만든 것이 한미 워킹그룹입니다. 발목을 딱 잡고 말이예요. 그것뿐만 아니에요. 김영삼 정부 때 북핵 문제를 놓고 한미 간에 의견 충돌이 많았습니다. 김영삼 대통령이 보통 강단이 있는 분이 아니에요. "하여튼 미국이 하려고 하면 꼭 그거 하지 마라." 하고 그래서 애를 참 많이 먹었어요. 그래가지고 밑에 있는 사람들이 참 고달팠지만요. 나중에 하도 김영삼 대통령이 미국의 그런 입장과 정책에 대해서 제동을 걸고 애를 먹이니까 미국이 난데없이 '한미 공조' 원칙에 합의를 하자고 제안을 했어요. 한미 공조라는 말이 나쁘지 않으니까 그때 95년이면 우리 외교부에서는 한승주(韓昇洲) 장관 시절일 거예요. 하여튼 한미 공조 원칙이라는 것을 미국이 제안을 했

을 때 나쁜 말이 아니니까 받았습니다. 그리고 습관적으로 계속 미국의 그런 대북전략이나 정책에 대해서 우리 쪽에서 대통령의 지시로 뭔가 딴소리를 하면 "한미 공조 합의해놓고 왜 딴소리 하느냐, 원칙대로 하자." 그래가지고 우리 쪽 얘기를 찍어 누르는 그런 경험이 있기 때문에, 그걸 95~96년경에 체험했기 때문에 문재인 정부때 미국이 들고 나온 한미 워킹그룹에 대해서 우려를 했지요. 그래서 2018년 4.27과 9.19 남북정상회담 후에 남북관계가 정말 장밋빛으로 전개되는 그때, 11월 20일 한미 워킹그룹에 합의했다고 우리 외교부에서 발표를 하길래, "아 이거 또 당했구나. 이제 앞으로 사사건건 발목을 잡을거다"라고 생각했어요. 그랬더니 아니나 다를까 2019년 1월에 북한에 독감이 유행한다고 그래서 북에 독감약인 타미플루를 보내려고 그러는데, 미군 사령부가 DMZ 통문을 안 열어주잖아요. 이유는 간단합니다. "약은 보내도 좋지만 트럭은 못 간다는 거예요. 약을 싣고 간 트럭을 북한에다 놓고 오는 것도 아닌데 한미 워킹그룹에서 논의가 안 된 거니까 못 한다고 그래서 독감약을 못 보냈어요. 그때 나는 정부 밖에 있을 때지만 조명균(趙明均) 장관 시절인데 조명균 장관이 사람이 좀 유해요. 내가 밖에서 비판을 했어요. "리어카로라도 싣고 가야지! 리어카는 괜찮잖아." 약이 북한에 들어가야 되니까요. 소위 군사적으로 트럭이 전용될 수 있는 가능성이 있다고 그래서 승인이 안 된다고 그러는 거예요. 2002년도 철도 연결을 위한 장비 제공할 때도 그런 일이 반복됐어요. 그때 북한이 달라고 한 게 많았어요. 덤프트럭에 포클레인, 그 다음에 또 자갈 깨는 기계, 다지는 페이로더 등을 다 달라고 그랬어요. 다 줘봐야 그때 처음에 시작할 때는 비료 20만 톤 사서 보내는 정도의 돈밖에 안 든다고 생각했는데요. 경의선 철도만 연결하자고 그랬는데, 자재장비를 주고라도 연결한다고 그러니까 막상 협상을 시작하니까 김정일이 "그러면 동해선도 연결하자, 도로도 연결합시다"해서 들어갈 돈이 4배가 돼버렸어요. 그래서 나중에 총 1,500억인가 들었는데 어쨌든 그때 자재장비 보낼 때도 레일 보내고 침목 보내고 했는데, 그것은 군사적 전용 가능성이 없다고 그래서 가능했지만, 다른 중장비들은 미국 허락을 받느라고 참 애먹었습니다.

정세현: 그러니까 남북기본합의서도 비핵화 공동선언도 우리 정부의 내부 입장이 어떻게 변화했느냐 북한의 입장이 어떤 식으로 돌변했느냐 하는 것보다도 그런 중요한 남북 간의 합의서가 체결되고 이행되는 과정에서 미국이 어떤 역할을 했는가 하는 것도 중요 연구 과제 중에 하나입니다. 그런 주제를 잘못 연구했다가는 또 반미 선동한다고 하겠지만요. 그러나 그 사람들한테 당하지 않고 그 사람들이 시비걸 수 있는 검문소를 비켜갈 수 있는 방법을 제대로 찾아야 돼요. 그러지 않고 무턱대고 갔다가는 도처에 검문소가 있어가지고 한 발도 못 나갑니다. 그런데 미국에서 공부한 분들한테 이런 이야기하면 은연중에 좀 싫어하는 것 같아요.

남북기본합의서와 국내정치

이정철: 장관님께 질문드릴 것은 되게 단순한 건데요. 어쨌든 장관님 기조는 92년 어느 시점부터 한국 정부가 보수화됐다는 건데, 그 이유를 92년 3월 총선에서 민자당이 패배하고 박철언 장관이 완전히 물러나고 그 다음에 김영삼이 대통령 후보가 되는 것하고 연관지어 볼 수 있을까요?

정세현: 그것까지는 아닐 거예요. 왜냐하면 보수화되는 데 솔직히 내가 개인적으로 잘 아는 분이지만 노재봉 비서실장이 큰 역할을 했다고 보지만요. 노재봉 실장하고 김영삼(金泳三) 대통령의 당시 상황은 이래요. 물론 노재봉이 총리를 오래 못한 것은 김영삼 당 대표 때문에 그랬지만요. 노태우의 후계자가 될까 봐서 총리에서 끌어냈지요. 총리를 6개월 밖에 못했을 거예요. 그러나 하여튼 총리되기 전에 비서실장으로 있을 때, 앞에서 얘기했지만 바로 92년 1월 21일 김용순의 대미제

의에 대해서 이거 막아야 되니까 그런 쪽으로 보고서를 쓰라고 제게 부탁해서 그 럴 때 어쩔 수 없이 써줬는데요. 그리고 그때 미국의 국방장관은 딕 체니이고 우리 측은 최세창이었으니까 그렇지만, 미국쪽에서 세게 밀어붙이니까, 즉 북한을 어찌 믿느냐 하는 그런 강한 반북 의식을 가지고 있는 딕 체니가 밀어붙이니까 팀스피리트 훈련을 재개하는 걸로 결정했다고 볼 수도 있지요. 그러니까 이미 분위기 자체가 남북기본합의서가 채택됐다고해서 그냥 마음 놓고 있다가는 오히려 당할 수 있다는 반북 보수 징후가 나타나기 시작하고 그 와중에 인적 요소가 크게 작용했다고 봅니다. 차기 대권 관련해서 김영삼 대통령 쪽으로 줄을 서려고 그랬던 것 같지는 않고요. 김영삼 대통령도 초기에는 반북이 아니었죠. 왜냐하면 취임사에서 "어느 동맹국도 민족보다 나을 수는 없습니다"라는 취임사를 하지 않았어요? 물론 그 취임사는 한완상(韓完相) 교수한테 배워가지고 한완상 교수가 써준 문구로 한 거죠. 하여튼 그렇게 상당히 잘해보려고 애썼어요. 그런데 취임사에서 그렇게 얘기를 했는데 20일도 안 돼가지고 북한이 NPT 탈퇴를 한다고 그러니까 분위기가 달라지게 된 거예요. 그런데 그때 93년 3월 13일 미전향 장기수인 이인모(李仁模) 씨를 보내기로 총리급 회담에서 합의를 해놓은 게 있었어요. 그것을 이행하는 문제가 있는데 93년 3월 12일에 북한이 NPT 탈퇴를 하고 나니까 김영삼 정부 내에서 보수와 진보 사이에 격론이 일어났습니다. NPT 탈퇴까지 하는데도 이인모를 보내야 되느냐 말아야 되느냐로 말이지요. 그런데 그 당시 통일부 총리가 한완상 교수였고, 또 그분이 초기에는 캠프에서 영향력이 있었기 때문에 한완상 부총리의 고집으로 이인모를 보냈죠. 그러나 이인모를 보내면서 한완상 부총리에 대한 보수 쪽에 반감이 더 세지면서 해를 넘기지 못하고 한완상 부총리가 통일부 장관에서 물러났죠.

이정철: 그러면 이제 장관님 말씀은 92년도에 남북기본합의서 발효 후에 우리 쪽이 보수화가 되는데 그 이유가 국내 정치 요인이라기보다는 남북기본합의서에 대해서

우리가 너무 북한에 양보한 것에 대한 반작용이었다 이렇게 보시는 건가요?

정세현: 글쎄요. 북한이 "이걸로서 적들의 발목을 잡았다"는 얘기를 했다는 것을 나중에 우리도 알게 됐을 거예요. 왜냐하면 그날 그런 일이 있었다는 것을 그 다음 회담을 하러 평양 올라 갔을 때 알았겠죠. 합의서가 채택되는 것은 서울이고 그 다음 회담 때 북측 책임연락관이 우리 책임연락관한테 그 얘기를 했다고 하면 우리 책임연락관은 당연히 상부 보고를 해야 돼요. 그걸 숨길 수 없습니다. 사실 남북기본합의서에 대해서 김일성 주석이 이렇게 얘기를 했다는 거니까요. 우리는 진짜 그야말로 원대한 꿈을 가지고 있었어요. 이제 이렇게 해서 남북 간에 국가 대 국가의 관계로 갈망정 사실상 교류 협력을 활성화시키고, 교류협력이 일상화되는 과정에서 군사적 긴장이 현저하게 완화될 수 있는 그런 틀을 짜겠다고 하는 큰 꿈을 가지고 만들었는데 북에서는 "이걸로서 적들의 발목을 잡았다" 그러고 끝났다? 그 다음에 교류 협력에는 관심이 없다? 그렇다면 우리도 생각을 좀 달리 해야 되는 거 아니냐 하는 생각이 드는 것이지요. 남북기본합의서가 그렇게 채택되고 난 뒤에도 총리급 회담은 92년 한 해 동안 계속 했어요. 그러니까 부문별 회담을 많이 했습니다. 총리급 회담은 정기적으로 했지만 부문별 회담은 군사, 사회문화, 경제 등 부문별로 회담을 많이 했고 1992년에는 1년 365일 동안에 총 95회인가 했어요. 그러니까 365일 중에 95일 회담을 했으면, 그러니까 경제회담 벌어지고 나서 군사회담 바로 그 다음 날 열리고 그 다음에 또 한 이틀 있다가 또 사회문화 회담이 열리고 적십자 회담 열리고 이런 식으로 회담이 열리는데 진도는 못 나갔죠. 왜냐하면 이미 북쪽은 북쪽대로 적들의 발목을 잡았으니까 그걸로 끝이고 우리는 이제 부문별 소위 기능주의적 접근론의 맥락에서 뭘 자꾸 하려고 그러는데 북쪽은 그런 거 할 준비가 안 돼 있고해서 계속 답보 상태를 면치 못하다가 93년 팀스피리트 훈련이 시작되니까 끝나버렸어요.

교차승인 문제와 한국

이정철 교수

이정철: 약간 다른 해석인데요. 질문하고 싶은 것은 아놀드 캔터와 김용순 간 회담을 우리 정부가 사전에 통보를 받았는데 그때 우리 정부의 입장은 한 차례만 하는 걸로 얘기를 했다, 이런 게 임동원 장관님 회고록에 나오고 우리 정부는 그게 수교로 가는 건 반대하고 일회성으로 북미회담을 한 차례만 하게 했다는 것이고, 또 북일수교 협상도 노태우 대통령 회고록을 보면 한국이 일본에 대해서 굉장히 불쾌하다고 얘기를 한 것으로 되어 있는데요.

정세현: 7·7선언에서는 북일수교 제안을 했었죠. 그런데 7·7선언을 하고 우리가 한소수교, 한중수교까지 해놓고 북·일, 북·미 수교 진도가 안 나가는 데 대해서 별로 안 챙기더라고요. 그때부터 이제 우리 일을 끝내고 나서는 좀 게을러졌는지 아니면 보수화됐는지 그랬어요. 그러니까 한소수교, 한중수교가 다 예정돼있는 그런 시점에 김용순이 뉴욕으로 쫓아간 거 아니에요? 자기 동맹국들이 남조선과 지금 수교를 하는 가운데 미국이 못해줄 거 없다고 자기들은 생각을 했을 거예요. 그 대신 미국의 소위 핵심이익(vital interest)에 해당하는 주한미군 주둔을 조건으로 걸면 되지 않겠는가 그렇게 생각했을 거예요. 그런데 그게 적중을 못했지요.

북한붕괴론

이정철: 그러니까 결국은 한국 정부는 한국을 거쳐야 한다는 논리를 되게 강하게 표현한 건가요?

정세현: 한국을 거쳐야 된다는 것보다는 미국이 "그렇게까지 해가면서 그럴 거 뭐 있냐, 북한이 곧 없어질지 모르는데" 그런 생각을 했을지도 모르죠. 그러니까 노태우 정부 시절에 북한의 붕괴에 대한 얘기는 안 나왔어요. 그런데 김영삼 정부 때 이미 북한 붕괴론이 나왔고 김일성이 죽고 나니까 대통령이 매일같이 붕괴론에 가까운 얘기를 하셔가지고 참 골치 아팠었어요. 이명박 정부 때도 통일이 멀지 않았다고 말씀드리고 싶다고 인도네시아까지 가서 교포들한테 그 얘기를 했고, 박근혜 정부에서도 취임 1주년도 채 안 된 2014년 1월 초 연두 기자회견에서 통일 준비위원회를 만들겠다고 하면서 통일은 대박이다 그러지 않았어요? 그럼 그건 북한 붕괴론을 전제로 한 건데, 붕괴론을 믿는 대통령이 집권하고 나면 바뀌기가 힘들어요. 대통령이 이제 북한 붕괴가 머지 않았다고 얘기를 자주 하는 그 시기에 내가 나중에 외무무 장관이 된 당시 유종하(柳宗夏) 수석비서관한테 그랬어요. 그때는 대통령을 각하라고 할 때니까 "각하께서 북한 붕괴를 자꾸 말씀하시는데 제가 북한을 그래도 지금까지 직업적으로 한 10년 이상 공부를 한 사람입니다. 학문적으로도 그렇고 직업적으로도 그렇고요. 북한은 쉽게 붕괴하지 않습니다. 물론 북한의 붕괴 요인이 있습니다. 그러나 붕괴 저지 요인도 북한에 있습니다. 예를 들면 독재국가라서 그렇기 때문에 망할 거라고 그러는데 바로 그 독재국가이기 때문에 붕괴가 안 됩니다. 철저하게 감시하고 틀어막고 수상한 놈 있으면 없애버리고 하는 터라 붕괴가 안 되는 겁니다. 그 다음에 경제적으로 어렵기 때문에 붕괴한다고 그러는데, 그건 정말로 지극히 자본주의적인 발상입니다." 그랬더니 "you가 뭘 알아? 각하는 핵심적인 정보만을 가지고 말씀하시는

거야. 통일원에다가 북한 붕괴시 대비책이나 연구하라고 그래. 말도 안 되는 소리 하지 말고. 북한은 멀지 않았어. 각하께서 말씀하시는 대로 될 거야." 그리고 내가 비서실장을 찾아갔어요. 박관용(朴寬用) 실장이죠. 박관용 실장은 꼬마 민주당 시절부터 내가 잘 알아요. 방송 토론을 같이 한 1년을 같이 하기도 했고요. 그분도 통일 문제에 관심이 많았어요. "실장님, 각하의 북한 붕괴론은 실현되지 않을 겁니다. 안 되는 걸 자꾸 말씀하셔가지고 정부 정책이 그걸 토대로 해서 세워지면 안 되지 않습니까?" 그랬더니 박관용 실장도 "각하는 핵심정보를 가지고 있어. 그러니까 괜히 그거 안 된다는 얘기 하지 말고 북한 붕괴가 곧 임박했다고 생각하고 그때 어떻게 할 것인가 연구하시오." 그랬어요. 그것까지 내가 직접 체험을 했어요. 나쁜 놈이기 때문에 빨리 죽었으면 좋겠다는 생각을 할 수는 있지만 나쁜 놈이기 때문에 더 오래 버틸 수 있는 저력도 있다는 사실을 알아야죠. 그런데 미국에 가끔 북한붕괴론적 시각에서 북한의 요구를 안 들어주고 그 다음에 압박하면 결국 손을 들거다 하는데, 지금 북핵 UN 대북 제재와 관련해서 대북 제재를 계속 강화해야 한다고 하는 미국의 입장이 있어요. 그것은 크게 보면 북한 붕괴론 즉 북한 붕괴가 불가피하다는 그런 전제에서 나온 거라고 저는 봐요.

훈령 조작사건

이정철: 마지막으로 하나만 더 질문하겠습니다. 장관님, 그런 기본적인 판단 하에서 보면 그러니까 특별히 갑자기 92년도 10월에 가서 문제가 됐다기보다는 소위 냉전적 인식과 분계론적 인식의 결과였고, 그렇게 봤을 때 이동복(李東馥) 특보의 훈령조작 이런 부분은 이동복 개인의 문제라기보다는 그런 상황의 결과였다 이렇게 보시는 건가요?

정세현: 이동복 특보도 참 오랫동안 남북관계 관련해서 일을 하신 것은 틀림없는데, 우리 선배들 경우에 보면 자기가 활동했던 시절에, 자기가 아주 화려하게 활동했던 시절의 북한이 지금도 평양에 있다고 생각하고 말씀하시는 경우가 많아요. 그러니까 70년대 남북관계에 관련했던 분이 생각하듯 70년대 북한은 지금 평양에 없습니다. 70년대 대한민국이 현재 서울에 없듯이 80년대, 90년대 북한이 지금 평양에 없어요. 우리가 바뀌었으면 북한도 바뀌었다고 봐야죠. 물론 우리는 좋은 쪽으로, 잘 사는 쪽으로 바뀌었지만은 북쪽은 못 사는 쪽으로 바뀌었어요. 그러나 70년대보다는 나아요. 그 사람들은 그것을 또 당연한 걸로 받아들여요. 왜냐하면 우리는 정보가 많으니까 주로 횡적 비교 개념을 가지고 뭘 얘기를 하지만, 북쪽 사람들과 얘기해 보면 횡적 비교 개념은 없습니다. 노동신문에서 옛날보다 지금 좋아졌다는 얘기만 해요. 종적 비교로 계속 체제의 정당성을 선전하는 식으로 얘기하다 보니까 사고방식 자체가 그런 식으로 굳어버리는 것 같아요. 북한 사람들은 그러면서 행복하게 살고 있다고 하지 불만이 없어요. 탈북자? 생계형이죠. 나오긴 해요. 그러나 요즘은 틀어막으니까 못 나오는 측면도 있고요. 철저히 틀어막으니까요. 한반도 비핵화 공동선언은 문안 작성 책임자가 이동복, 임동원이었는데요. 임동원 측 진보 성향과 이동복 측 보수 성향이 결합한 것이 아니라 그건 미국에서 나온 거니까요. 미국에서 요구한 것을 북한한테 설득하고

때로는 강요(impose)하는 그런 역할은 그 두 분이 했다고 봐야죠. 그래서 12월 31일 아주 늦게 심야에 판문점에서 타결이 돼요. 미국으로부터 해를 넘기지 말라고 하는 엄명이 있었던 거 같아요. 당시에 나는 그걸 보면서 북한의 손발을 묶는 의도도 있지만 남한도 감히 핵을 가지려고 하지 말라는 의미가 있다고 생각을 했습니다.

중국의 역할

이동률: 네 장관님 자세히 말씀해주셔서 공부 많이 됐습니다. 저는 중국 연구자여서 중국

이동률 교수

관련 질문을 드리겠습니다. 북한이 일종의 '투 코리아'를 받아들이는 과정에서 중국이 어떤 역할을 했는지 궁금합니다. 중국 입장에서는 '투 코리아'로 가는 게 중요했고 필요했던 상황이었어요. 그래서 UN 동시가입도 사실은 중국이 북한에게 남한 가입에 거부권을 행사하지 못한다고 하는 사실상 중국의 설득 겸 압박이 작용해서 북한이 결국은 받아들인 거라고 하는 중국 측 주장이 있어요.

정세현: 글쎄요. 그런데 중국의 영향력이나 중국의 역할에 대해서 우리 사회에서는 상당히 크게 보는 경향이 있다고 저는 생각합니다. 실제로 중국은 영향력을 행사하고 싶어할지 몰라요. 그러나 북한은 중국에 대해서 거부감이 굉장히 강합니다. 그러니까 한때 오바마 정부 시기에 북핵 문제 해결을 하는 데 미국의 전문가들이라고 하는 사람들이 내놓은 것이 중국 역할론, 중국 책임론이 많이 있었는데 그

거는 문제가 해결되지 않는 책임을 중국으로 넘기기 위한 고도의 심리전 전술 같은 측면도 있지만, 그 전제가 지금까지 북한이 명맥을 유지하는 데 중국이 굉장히 많이 도와줬고 도움을 많이 줬기 때문에 중국의 말을 듣지 않겠느냐 그런 것이지요. 그러니까 저는 한미 관계처럼 북중 관계를 생각하는 사람들이 많다고 봅니다. 이정철 교수님 예전 미국에 캐슬린 스티븐스(Kathleen Stephens)가 있는 연구소하고 세미나 할 때, 그때 나하고 같이 갔었잖아요. 그때 내가 "국무부 관리 중에 노동신문 읽을 줄 아는 사람이 있느냐"는 식으로 얘기를 하니까 아무 소리 안 하고 가만히 있던데요. 노동신문을 보든지 북한의 무슨 계몽 잡지 이런 걸 보면 하여튼 주체에 대해서, 주체를 매우 강조하기 때문에 중국이나 다른 국가에서 얘기하는 거를 거절하거나 안 받는 것을 그 사람들은 당연하게 받아들이고 있는 거 같아요. 그리고 그렇게 중국하고도 가깝지만 김일성부터가 중국을 '되놈'이라고 하면서 굉장히 경계를 했다는 겁니다. 6.15 정상회담을 할 때 6월 14일인데요. 김대중 대통령 자서전에도 나오는 대목이지만, 내가 직접 얘기를 들었어요. 김정일이 김대중 대통령한테 6월 14일 정상회담을 하는데 그러더래요. "저 되놈들은 믿을 수가 없습니다. 그 되놈들 그리고 욕심이 많습니다. 저는 되놈들이 영토적 야욕도 있다고 생각합니다. 그렇기 때문에 북과 남이 손을 잡고 미국을 이용해서 중국을 견제합시다. 미국은 멀리 떨어져 있기 때문에 영토 야욕은 없을 거 아닙니까?" 중국은 바로 붙어 있기 때문에 영토 야욕도 있다고 북한은 보는 거예요. 북한은 중국 관련 얘기를 할 때 '되놈'이라는 표현을 그냥 습관적으로 쓰는 거예요. "아니 그게 중국을 얘기하는 거 아닙니까?" 그랬더니 "김정일 위원장도 되놈이라고 그러던데" 그러더라구요. 그래서 내가 "그건 김일성 때부터 붙은 호칭입니다." 김일성이 그렇게 저우언라이(周恩來)하고 가까웠고 일만 있으면 중국에 지원을 받고 또 소련 지원도 받았지만, 되놈은 끝까지 경계하라고 하는 게 김일성의 기본 입장이었어요. 그래서 UN에 가입하고 그런 것을 중국의 권유로 북한이 결정을 했다? 글쎄 그 시기에 중국이 그렇게 총리급 회담도 해가면서 남북 간에 관계를 안정적으로 발전시켜 나가려면 국제법적으로 '투코리아'로 가는 것이 좋지 않겠느냐는 얘기를 했을 수도 있겠지만, 그걸 어느 선에서 했는지가 중요하죠. 학자들끼리 얘기한 것은 상부 보고 안 됐을 거고요. 결국 거기도 모든 것은 다 위에서 결정하기 때문이죠. 그쪽은 최고 높은 사람은 그야말로 무불통지 생이지지(無不通知 生而知之) 아닙니까? 무엇이든 통하고 나면서부터 다 알고 모르는 것이 없다는 것이지요.

정세현: 중국의 역할에 관해서 보자면, 2018년 4월과 6월, 그때 남북정상회담, 북미정상회담을 앞두고 난데없이 김정은이 시진핑을 만나러 갔었죠. 심지어 선양까지도 가지 않았어요? 랴오닝까지 갔었나요? 그때가 그 항공모함 진수식하는 날 아닌가요? 3월에? 그렇게 쫓아다니면서도 중국 말을 안 들어요. 중국에서 6자회담 개최를 할 때도 미국이 중국에다가 의장국을 준 것도 중국이 영향력이 있다고 생각해서 준 건데 중국은 나쁘지 않죠. 북경 조어대(釣魚台) 방비원(芳菲苑)에서 개최해서 중요한 문제를 논의하는 거니까요. 6자회담 참가자들이 만족을 했는지 모르지만 방비원이 엄청나게 크더군요. 하여튼 그렇다고 북한은 중국하고 협조를 하는 게 아니라 바로 다이렉트로 미국하고 그냥 말하려니까 기싸움하고 협박하고 그래요. 회담하다말고 김계관이 나와가지고 제임스 켈리를 잠깐 보자고 끌어냈대요. 그래가지고 그때 6자회담을 시작할 시기이기 때문에 북한이 핵실험도 하기도 전인데 "우리 핵 가지고 있다." 그랬다는 거예요. 핵폭탄이라는 얘기는 안 했겠지만 "이미 핵을 가지고 있는데 어쩔래."라는 식으로 말했다는 거지요. 그래서 켈리가 놀래가지고, 그 사람이 덩치는 큰데 겁이 굉장히 많아요. 그래가지고 북한이 지금 핵을 이미 가지고 있다고 통보를 했다는 식으로 보고를 했다는 것이 우리한테도 들어왔는데, 북한 사람들이 그런 식으로 직접 미국하고 일대일로 기싸움을 해서 이기든지 문제를 풀려고 그러지, 중국의 권고로 들어간

다는 가능성은 저는 높지 않다고 봅니다. 북은 굉장히 주체적이에요. 좋은 뜻으로도 쓸 수 있지만 정말로 아무 말도 안 들어요. 그래서 힘들어요. 그 사람들을 다루기가.

이동률: 장관님, 직접적 관련은 없지만 사실 제가 개인적으로 궁금한 건데요. 문재인 정부 때 종전선언을 논의하는 과정에서 3자회담 논란이 있었잖아요? 문재인 정부 내에서도 중국을 배제한 3자회담을 추진하려는 논의가 있었는지요?

정세현: 종전선언에 중국을 빼려고 했다고요? 그런데 그건 제가 알기로는 중국을 빼려고 그런 게 아니라 중국 쪽에서 처음부터 "종전선언 너희끼리 할 수 있다면 해봐, 우리는 빠질 수도 있어"라고 한 것인데 핵심은 미국이 북한을 군사적으로 치지 않겠다는 건데요. "그러나 나중에 평화협정을 체결하는 데는 분명히 우리가 들어가야 된다. 평화협정으로 들어가는 문이라고 할 수 있는 종전선언을 하는 데는 우리는 빠져도 되지만 평화협정 체결할 때는 정전협정의 서명 당사자로 우리가 반드시 들어가야 되고 평화협정 협상을 위한 협상 과정에도 우리는 들어가야 한다"고 중국이 얘기한 거죠. 왜냐고요? 정전협정을 대체하는 것이 평화협정인데 정전협정의 서명 당사국이기 때문에 들어가야 된다고 중국이 먼저 얘기를 했죠. 문재인 정부가 미국하고 짜고 중국은 빼자고 했던 것은 아니었던 것 같아요. 문재인 대통령의 성격이 그렇게 중국을 빼고 화끈하게 모험할 수 있는 성격이 못 되지 않습니까? 그런 성격이 있으면 사저 앞에서 데모할 때 나가서 고함이라도 지르지.

김종학: 네, 예정된 시간이 지났습니다만, 마지막으로 한두 분께 추가 질문을 받고 마무리를 할까 합니다. 전 교수님 혹시 아까 못하신 질문 있으신지요?

비핵화 공동선언과 남한 원전(原電)

전재성: 대부분 다 답변 주셔서 도움이 많이 됐고요. 약간 작은 질문인데 남북기본합의
서, 비핵화 공동선언을 미국이 주장했을 때 한국 내에서 반발을 하거나, 특히 원
자력계에서도 굉장히 반대했다고 들었거든요. 어떻게 그것을 그렇게 우리가 순
순히 수락을 할 수가 있었는지에 대해 말씀해주시면 좋겠습니다.

정세현: 아까 그 질문지에 있었던 것 같습니다만, 원자력계라고 하는 것이 대덕에 있는
원자력연구소라든가 원자력 발전소 쪽에 있는 사람들 얘기죠. 그런데 59년에 체
결된 한미원자력협력협정을 보면 일단 핵무기 쪽으로 나가는 것을 처음부터 막
아놓지 않았었어요. 그러니까 재처리나 고농축을 못하게 되지 않았어요. 그 협
정이 59년에 체결이 돼가지고 우리는 그걸 제대로 이행을 했는데요. 난데없이
북핵 문제가 불거져가지고, 그러니까 비핵화 공동선언 할 때까지는 북핵 문제에
대해서 우리는 모르고 있었다고 아까 말씀드렸는데요, 미국이 이제 귀띔을 해주
니까 비로소 그런 위험성이 있구나 해서 비핵화 원칙을 받아 적었어요. 북핵 문
제가 불거진 이후에 원자력 협력협정을 개정을 해서 우리도 재처리를 할 수 있고
그 다음에 농축을 좀 할 수 있게 해야 되는 거 아니냐 하는 요구들이 일부에서 나
왔었죠. 남북기본합의서 훨씬 후의 일입니다. 그래서 이명박 정부 때 59년 한미
원자력협력협정을 좀 고쳐가지고 우리도 재처리도 할 수 있게 하겠다는 이야기
를 했었는데 결국 그 뜻을 이루지 못했죠. 그 전에, 2007년으로 기억을 합니다
만 노무현 정부 때죠. 2007년에 갑자기 IAEA 쪽에서 문제제기가 있었나요? 그
몇 년 전에 대덕연구단지에서 플루토늄을 약간, 영점 몇 mg인가를 재처리해서
만들었고, 그 다음에 우라늄을 농축을 했지만, 무기급으로 할 수 있는 양도 아니
었대요. 그걸 나중에 IAEA에서 알아가지고 터뜨렸습니다. 그때가 언제냐 하면
최영진(崔英鎭) 전 외교부 차관이 IAEA 사무총장으로 출마를 하려고 할 때입니

다. 당시 IAEA 사무총장이 연임을 노리고 있는데, 이쪽에서 사무총장 자리에 도전을 하려고 할 때 그걸 터뜨려버린 거예요. 이 사람들이 옛날에 이런 적이 있다고요. 그러자 미국에서 "안보리 끌고 가야 된다. 한국이 아무리 동맹이라고 하지만 이런 짓은 안 된다. 이건 한미원자력협력협정 위반이고 NPT 위반이다." 등의 반응을 보이면서 강경하게 나왔어요. 우리가 중국, 영국, 프랑스, 러시아까지 쫓아가가지고 그랬다지요? 하여튼 가서 네 나라는 그 정도면 됐다고 하는데도 미국이 "아니야. 이건 이렇게 그대로 놔두면 안 돼." 라는 식으로 끝까지 안보리 제재 쪽으로 가야 된다고 우긴 적이 있었어요. 그러다가 나중에 네 나라가 모두 "그 정도면 됐다. 이제 다시는 그런 짓을 하지 않을 거다." 하는 식으로 해가지고 미국도 슬그머니 주저앉은 적이 있었어요. 그리고 최영진 전 외교부 차관은 IAEA 사무총장 진출을 못했습니다. 이명박 정부 때 원자력협력협정 개정하는데도 재처리나 농축에 대해선 접근도 못했어요. 그러니까 우리는 처음부터 원자력 기술에 관해서 그야말로 불임 상태가 돼 있는 겁니다. 한반도 비핵화 공동선언이 되면 우리 원자력업계가 힘을 못 쓴다고 하는 얘기를 그때는 감히 할 수가 없었죠. 생각지도 못했어요. 1959년에 한미원자력협력협정이 체결되고 1960년인가 서울대학교 공과대학에 원자력공학과가 생깁니다. 커트라인이 제일 높았어요. 50년대 후반에 미국에서 비료공장 기술 준다고 그러니까 나주 비료공장, 충주 비료공장이 들어서니까 화공과에 들어가면 대학 졸업하자마자 취직이 된다고해서 화학공학과가 커트라인 올라갔던 것과 비슷하죠. 대한민국이라는 나라가 50년대 60년대 초는 진짜 가난뱅이 중 가난뱅이고 직업이라는 게 몇 개 없지 않았어요? 여하튼 우리나라 원자력 연구소 쪽에서 폭탄을 만들 수 있는 그런 핵물질을 만들 기술은 가지고 있다고 들었습니다. 전봉근 박사가 93년 초에 청와대 국제안보비서관으로 있었는데 제가 통일비서관으로 같이 있었거든요. 그때 핵 문제가 터진 뒤에 대덕연구단지에 있는 원자력 공학박사들을 불러가지고 세미나를 한 적이 있어요. "우리는 못 만드냐" 단도직입적으로 질문을 했더니 "별로 어려운 일 아닙니다. 핵물질을 만드는 것은. 그런데 미국 때문에 못합니다. IAEA 사찰관 시켜서 수시로 방문을 열고 들어와서 보니까 못합니다. 원자력협력 협정으로 묶여 있고 미국의 권고에 의해 NPT에 들어간 뒤에 IAEA 사찰관들이 들어와 있고 이중 시건장치가 돼 있어서 아무것도 못합니다." 그렇기 때문에 비핵 화 공동선언 체결하려고 할 때 원자력 업계가 앞으로 그들이 할 일이 없어진다는 식으로 반박했다는 건 가능성이 희박한 것이지요.

김종학: 그럼 이것으로 오늘 구술회의는 마무리 하겠습니다. 장시간에 걸쳐 장관님께서 정확하고 솔직하게 말씀해 주셔서 앞으로 1991년 남북관계를 연구하는 학자들 에게 큰 도움이 될 것 같습니다. 저희 센터에서 오늘 해주신 말씀을 정리해서 외 교 사료로 보존하도록 하겠습니다.

Ⅱ

송한호 사무총장 구술

일 시 : 2022. 8. 17. 10:00-12:00
장 소 : 국립외교원 2층 세미나실
질문자: 신종대(북한대학원대), 엄구호(한양대)
　　　　이동률(동덕여대), 이정철(서울대)
　　　　조동준(서울대)

이상숙 교수

이상숙: 지금부터 국립외교원 외교사연구센터 2022년 제2차 구술회의를 시작하겠습니다. 간단하게 송한호 총장님 소개를 드리겠습니다. 70년대부터 남북적십자회담의 대표로 근무해 주셨고, 82년에 남북고위급회담 회담대표도 하셨습니다. 저희가 오늘 주제로 삼은 남북기본합의서 체결 당시에는 통일원 차관으로서 남북고위급회담 대표도 하셨고, 민주평화통일자문회의 사무총장을 역임하셨습니다.

한 시간 정도 주제에 대한 말씀을 듣고 질의응답을 시작하도록 하겠습니다. 총장님, 시작해 주시면 되겠습니다.

남북고위급회담의 배경

송한호 사무총장

송한호: 네, 고맙습니다. 먼저 고위급회담이 성사된 배경부터 말씀을 드리겠습니다. 그 배경은 첫째로, 국제적인 냉전체제가 종식되고 새로운 국제질서가 출현한 것을 들 수 있을 것 같습니다. 여러분도 다 아시는 바와 같이, 고르바초프(Mikhail Gorbachev)가 85년도에 등장하면서 개방 개혁 정책을 표방합니다. 이것은 소련뿐만 아니라 이웃인 동유럽 사회주의 국가에도 번져 가지고 그들 나라들의 민주화를 촉진하게 됩니다.

뿐만 아니라, 고르바초프는 88년 12월달에 UN총회 연설을 통해서 동유럽 사회주의 국가들에 주둔하고 있는 소련군대를 부분적으로 대부분 철수한다는 발표를 합니다. 그래서 서방 세계로부터 많은 환영을 받게 됩니다. 아울러서 89년도 12월달에는 여러분들도 다 아시리라고 믿습니다만, 지중해에 있는 몰타 섬에서 부시(George H. W. Bush) 대통령과 정상회담을 갖습니다. 거기에서 냉전체제의 종식과 평화공존을 선언하게 됩니다. 이 같은 개방과 협력의 분위기는 세계 곳곳에 퍼지게 되고, 냉전질서의 변화는 우리 한국에도 영향을 미치게 됩니다.

그래서 88년도에 취임한 노태우(盧泰愚) 대통령은 7·7선언을 발표하게 됩니다. 7·7선언에 대해서 여러분들 다 아시리라고 믿습니다만, 우선 남북한 동포 간에 상호교류와 해외동포들의 자유로운 왕래, 그리고 이산가족 교신과 상호방문 주선, 또 국제무대에서의 남북 간의 대결을 지양하고 서로 협력하는 문제, 또 북한은 미국과 일본과의 관계를 개선하기 위하여 노력하고, 우리는 소련과 중국과의 관계개선을 추진한다, 그런 언급이 포함됐습니다.

그 다음 배경의 두 번째로 이야기할 수 있는 것은 노태우 대통령의 남북정상회담에 대한 아주 집요한 의지라고 할 수 있습니다. 노태우 대통령은 88년 8월 15일 경축사에서 아무런 조건 없이 남북정상회담을 가질 것을 제의합니다. 이에 대해서 김일성(金日成)은, 88년 9월 8일 이때가 북한의 정부창건 40주년 되는 날인데, 40주년 경축보고 연설을 통해서 남북정상회담이 열리면 불가침 경계 문제라든가 연방체계 통일방안을 논의해야 된다고 해서 사실상 노태우 대통령의 제의를 거부합니다.

송한호: 그럼에도 불구하고 노태우 대통령은 10월 4일 국회 연설을 통해서, 정상회담이 열리면 남북 간 현안을 다 논의할 수 있다고 제시합니다. 아울러서 노태우 대통령은 88년 10월 18일 UN총회 연설을 통해서 남북정상회담이 개최되면 불가침, 군축 문제, 또 정전 체제를 평화 체제로 전환하는 문제를 다 논의할 수 있다고 발표를 합니다.

송한호: 이어서 그 다음날 북한의 강석주(姜錫柱) 외교부 부부장은 "정상회담이 열리려면 국가보안법을 폐지하는 것과 대규모 군사훈련을 중지하는 것이 논의가 되어야 된다." 이렇게 발표를 하면서, 만일에 남측에서 그것을 수용할 수 없다면 정치군사문제를 해결하는 남북고위급 정치군사회담을 갖자고 제의를 합니다. 이어서 11월 16일 북한의 이근모(李根模) 총리는 정치군사적 대결상태를 완화하는 문제를 협의하기 위해서 부총리급을 단장, 당시 수석대표이죠? 단장으로 하는 남북고위급 정치군사회담을 열 것을 제의를 합니다.

남북고위급회담의 경과

송한호: 이에 대해서 그 당시 우리 총리가 강영훈(姜英勳) 총리인데, 강영훈 총리는 88년 12월 28일 대북서한을 통해서 남북 간의 긴장완화와 신뢰구축 문제를 논의하기 위해서 총리를 수석대표로 하는 남북고위급회담을 열 것을 주장하면서, 이 회담을 89년 2월 초에 갖자고 제안을 합니다. 이에 대해서 북한의 이근모 총리는 89년 1월 16일 쌍방 총리를 수석대표로 하는 남북고위급 정치군사회담을 개최할 것을 제의하면서, 이 회담을 위한 예비회담을 89년 2월 8일 개최하자고 대응해 나옵니다.

그래서 예비회담은 2월 8일부터 열리게 되는데, 보통 예비회담이라는 것은 본회담을 위한 절차적 문제를 논의하는 것을 임무로 하고 있습니다. 제일 먼저 본회담의 명칭을 어떻게 할 것인가, 그 다음에 일시와 장소를 어떻게 할 것인가, 그리고 대표단 구성을 어떻게 할 것인가, 그리고 본회담의 의제는 어떻게 할 것인가, 이런 것을 논의하는 것을 임무로 하는 회담입니다. 보통 예비회담이라 하면 3~4개월 정도 걸리는데, 우리 예비회담은 1년 반 걸렸습니다. 길게 걸렸어요. 왜냐하면 북한이 1차, 2차 회담에서도 계속해서 팀스피리트(Team Spirit) 훈련을 중지할 것을 우리에게 요구해서 진전이 안 되고요. 3차 예비회담에는 나중에 본회담에서 자세하게 이야기하겠습니다만, 북한을 방문했다가 구속된 문익환(文益煥) 목사, 또 임수경(林琇卿) 학생을 우리가 구속했는데, 이 사람들을 즉각 석방하라는 문제를 제기합니다. 기타 다른 회담 외적인 문제를 제기해 가지고 회담 진행을 방해했기 때문에 사실상 이렇게 길게 걸리게 되었습니다. 그러나 다행히 5차 회담에서 북측은 본회담 명칭을 남북고위급회담으로 하자고 제의해서 저희가 그것을 수용합니다. 그리고 제7차 예비회담에서 본회담 의제를 남북 사이의 정치적 군사적 대결상태 해소와 그리고 다각적인 교류 협력을 실시할 것에 대해서 합의를 이뤘습니다.

송한호: 그래서 제1차 고위급회담이 90년 9월 초에 우리나라 서울에서 개최됩니다. 그래서 우리 측은 남북관계 개선을 위한 기본합의서, 다각적인 교류협력 실시를 위한 방안 등을 제시합니다. 남북관계 개선을 위한 기본합의서는 상대방 체제의 인정 및 존중, 상대방에 대한 비방 중지, 중상 중지, 상대방에 대한 내정 불간섭, 또 군비경쟁을 지양하고 군사적 신뢰구축과 군비를 감축한다, 이런 내용들이 포함되어 있습니다. 그리고 다각적인 교류협력 실시 방안에는 흩어진 가족들과 친척들의 자유로운 방문과 재결합 실현, 또 자원의 공동개발과 합작투자, 그리고 남북 간에 끊어졌던 철도와 도로를 복원하고 경의선은 91년 8월 15일 복원 연결한다, 이런 내용 등이 담겨있습니다.

송한호: 이에 대해서 북한 측은 정치적 대결상태 해소, 그리고 군사적 대결상태 해소를 제시합니다. 정치적 군사 대결상태를 해소하기 위한 방안으로써 서로 비방 중상하지 않고, 대결을 고취하는 정치행사를 금지한다, 남과 북을 갈라놓고 있는 물리적 장벽을 제거한다, 또 각 정당 단체들과 각계각층 인민들의 자유로운 내왕과 접촉을 실현하도록 한다, 또 국제무대에서 북과 남이 공동으로 진출한다, 이

런 등등의 내용을 제시합니다.

송한호: 그리고 아울러서 북한 측은 군축 방안을 제시합니다. 그리고 군사적 대결상태를 해소할 방안으로써 군사훈련과 군사연습을 제한합니다. 외국 군대와의 모든 합동 군사연습과 군사훈련을 금지한다, 사단급 이상 규모의 군사훈련과 연습을 금지한다, 그리고 쌍방 고위 군사당국자 간의 직통전화를 설치 운영한다, 이런 이야기를 합니다. 그러면서 이제 남북 무력을 감소할 문제에 관해서 쌍방 사이에 군축안이 협의된 때로부터 3~4년 동안에 3단계에 걸쳐서 군축을 실시한다고 제의를 해 왔습니다. 1단계는 각각 30만 명대로 줄이고, 2단계는 20만 명, 그리고 3단계는 10만 명으로 줄인다, 그런 내용입니다.

남북고위급회담의 '긴급한 현안'

송한호: 그런데 북한에서 이와 같은 방안을 제시하고 우리 측에서는 이와 마찬가지로 여러 방안을 제시했음에도 불구하고, 북한에서는 이와 같이 제시된 방안에 대한 토의에 앞서서 긴급히 해결해야 될 문제로서 UN 가입문제, 그리고 문익환·임수경 석방 문제, 팀스피리트 훈련 문제, 이 세 가지를 긴급히 해결할 과제라고 하며 제시합니다. 그래서 UN 가입문제와 관련해서는 우리 측은 남북한이 동시에 UN에 가입하자 그리고, 북한에서는 단일 의석에 공동으로 가입하자고 주장합니다. 북한은 우리 측이 동시가입을 하자는 데 대해서 "이 같은 주장은 분단을 합법화하고 통일에 장애를 조성하는 것이다." 하고 반대를 합니다.

송한호: 그래서 저희들은 남북 예멘의 사안을 들어 가지고 "남북 예멘은 분단국으로서 각기 UN에 가입했다가 나중에 통일을 이룩했다." 이런 것을 지적하면서 북한 측에 그 주장의 부당성을 이야기하는 동시에, UN 회원국의 자격과 분단국의 통일

문제는 아무런 관계가 없다고 이야기합니다.

송한호: 그 다음에 문익환과 임수경 학생을 석방하라고 주장했던 내용이 있습니다. 왜 그런 말을 하냐 하면, 문익환 목사는 그 당시에 전국민족민주운동연합(전민련)의 상임고문으로서 북한의 조국평화통일위원장의 초청을 받아 정부의 허가도 없이 89년 3월 26일부터 4월 13일까지 평양(平壤)을 방문해서 김일성과 두 차례 회담을 갖고, 또 조국통일위원회 위원장 허담과 회담을 갖고, "자주, 평화, 그리고 민족 대단결의 3대 원칙에 의해서 통일을 해야 한다." 그리고 "정치 군사회담 진전을 통해 남북한의 정치 군사적 대결 상태를 해소하고 동시에 타 방면의 교류 협력을 실현한다." 이런 내용의 발표를 하고 돌아오는데, 당시 출국할 때 정부의 허가도 받지 않은 상태로, 일본과 북경(北京)을 통해서 북한에 들어갑니다. 북경에서 북한으로 갈 때에는 북한에서 제공한 특별기를 타고서 들어간 거지요. 그렇기 때문에 "이 사람들을 구속한 것은 남북관계를 악화시키고 회담 분위기를 해치는 행위다." 그러면서 이 사람들을 즉각 석방하라고 주장합니다. 이에 대해서 우리는 "그 사람들은 우리의 실정법을 위반한 범법자이다. 그럼에도 불구하고 이런 사람을 석방하라고 하는 것은 우리의 내정에 대한 부당한 간섭"이라고 일축해 버립니다.

송한호: 이 석방 문제와 관련해 참고로 한 가지 이야기할 것은, 당시에 유일한 야당이었던 평민당이 있었고, 그 총재가 김대중(金大中) 씨입니다. 1차 회담이 끝난 다음에 우리 대표단들은, 통일원 회담 사무국의 회담장으로 김대중을 초청해서 제1차 고위급회담의 결과에 대해서 설명을 할 때에, 김대중 총재는 "나도 문익환, 그리고 임수경의 북한 방문은 반대하며, 전에 문익환 목사를 만났을 때에도 가지 말라고 했다. 정부를 제치고 가는 일은 국민이 좋게 생각하지를 않는다. 이들에 대한 정부의 조치는 당연한 것이다." 이렇게 이야기를 합니다.

송한호: 그 다음에 세 번째로 북한이 긴급히 해결해야 될 것으로 제시한 것은 팀스피리트 훈련 중지 문제입니다. 북한은 예비회담에서 팀스피리트 훈련 중지를 계속해서 주장을 했고 본회담에서도 이것을 제기했는데, 우리는 거기에 대해서 "팀스피리트 훈련이라는 것은 어디까지나 방어 목적으로 실시하는 훈련이다." 이렇게 이야기하면서, "팀스피리트 훈련 중지를 요구하기에 앞서서 북한이 먼저 전방에 공세적으로 배치하고 있는 많은 부대들을 후방으로 이동을 하라. 그리고 과도하게 초과배치하고 있는 공격용 무기를 없애 버려라." 이렇게 주장을 합니다. 그러면서 1차 회담은 북한 측이 말하는 세 가지 문제, 긴급히 해결할 문제를 토의하다가 끝납니다.

송한호: 아, 한 가지 더 추가해 말씀드릴 것은, 1차 회담이 끝나고 북한 측 대표단이 노태우 대통령을 만나기 위해 청와대로 예방합니다. 그 자리에서 노태우 대통령과 연형묵(延亨默) 총리 두 분이 나누었던 대화에 관해서 잠깐 참고로 말씀드리겠습니다. 간단한 인사를 끝마치고 연형묵 총리는 "김일성 주석은 7·4 공동성명에서 발표된 조국통일 3원칙에 의하여 통일을 추진하기를 바라고 있다. 북과 남이 제도가 다르지만, 서로 다른 제도를 지키면서 통일을 하는 길이 바람직하다고 생각하고 있다." 이렇게 이야기하고, 이에 대해서 노태우 대통령은 "냉전의 대결체제를 만든 미국과 소련도 화해하는 새 질서를 이루고 있다. 남북이 이념과 사상이 다르다고 해도 대결할 이유가 없다. 나의 북방정책도 결코 북한을 고립시키거나 어려운 처지에 놓으려는 것이 절대 아니다." 이렇게 이야기를 하고, 이어서 연형묵 총리는 "UN 가입문제, 구속된 방북자 석방, 팀스피리트 훈련 중지는 남북회담의 진전을 위해 대통령께서 정치적으로 결단을 내려야 할 것이다." 이렇게 말하고요. 노태우 대통령은 "우리는 북한의 발전을 돕고 협조하는 입장에 서 있다. 북한도 우리의 발전을 돕고 협조하는 입장에 서 주기를 바란다. 남북 간의 이해와 신뢰를 심는 일이 가장 중요하다고 생각된다." 또 구속자 문제에 대해서

언급하는데, 이 구속자 문제에 대해서는 "당신들보다도 내가 더 사랑한다. 그리고 이 문제에 대해서는 나에게 맡겨라." 이렇게 대답을 합니다.

제2차 고위급회담

송한호: 그 다음에 제2차 회담이 평양에서 개최될 때입니다. 제2차 회담은 90년 10월 16일부터 19일까지인데, 이때 우리 측에서는 강영훈 총리가 대표단을 이끌었습니다. 2차 회담에서도 우리 측 대표단이 김일성 주석을 예방합니다. 그때 김일성 주석이 이런 이야기를 합니다. "총리회담이 잘 성사되면 내가 바라던 노태우 대통령과의 정상회담도 순조롭게 진행될 것이라고 생각한다. 여러분들이 잘 노력해서 정상회담이 빨리 열릴 수 있도록 기여해 줄 것을 희망한다. 또 남북총리회담이 순조롭게 진행되고 통일이 성사되어 하나의 민족, 하나의 나라가 완성되기를 바란다. 우리 주변이 모두 큰 나라인데, 작은 나라는 우리 하나뿐이다. 남북이 합치면 작은 나라가 아니다. 통일이 되면 남부럽지 않게 세계 한 모퉁이를 감당하게 될 것이다." 이렇게 이야기를 하고, "나는 하루속히 노 대통령과 만날 것을 고대하고 있다. 만나면 좋은 결과를 가져오는 상봉이어야지, 아무런 결과가 없는 상봉은 인민들에게 실망을 주게 될 것이다. 그렇기 때문에 여러분들이 잘 준비해서 정상들이 순조롭게 만날 수 있도록 맡은 사업을 잘 해 주기를 바란다." 이렇게 이야기합니다.

송한호: 2차 회담에서 우리 측 강영훈 총리는 남조선혁명노선을 포기하라고 주장합니다. 남조선혁명노선을 포기하지 않고 기존의 대결정책을 계속 추구한다면 남북고위급회담의 원만한 전진을 기대할 수 없을 뿐만 아니라, 남북 간의 대결 상태 해소는 물론 화해 협력도 결코 이룩될 수 없다고 주장합니다. 이에 대해서 북한의 연

형묵 총리는 그 다음날 간단하게 언급합니다. "남쪽에서 남조선혁명 운운하는데, 먼저 남측에서 헌법과 국가보안법을 검토하여야 할 필요가 있다." 이렇게 아주 간단하게 코멘트 형식으로 이야기합니다. 사실상 저희들도 그것을 좀 의외라고 생각했습니다. 왜냐하면 북한으로서는 남조선혁명노선을 포기하라는 것은 참 가슴 아픈 일입니다. 그럼에도 불구하고 정면대응을 하지 않고 코멘트 식으로 대응한 데 대해서 저희들은 좀 의외다, 이런 생각을 가졌습니다.

송한호: 그러면서 북한 측은 남북 불가침에 관한 선언을 제시합니다. 그 내용을 보면 "어떠한 경우에도 상대방을 반대하여 무력을 사용하지 않는다. 쌍방은 의견 상이와 분쟁 문제를 대화와 협상을 통해서 평화적으로 해결한다. 남북 불가침 경계선은 53년 7월 27일 정전협정에 규정된 군사분계선으로 한다. 또 쌍방 군사 당국자 사이에 직통전화를 개설하고 운용한다." 이런 내용을 제시를 했습니다. 그런데 우리 측은 남북통일에 관한 제안, 또 통신에 관한 제안, 남북교류에 관한 제안 등 여러 가지를 제시를 하는데, 이것은 시간이 없어서 생략했습니다.

제3차 고위급회담

송한호: 그 다음에 제3차 회담이 열립니다. 북한은 2차 회담에서와 마찬가지로 3개 긴급해결 문제를 제기합니다. 그래서 그것은 3차 회담에서도 이어집니다. 3차 고위급회담이 열렸을 때에 북한은 우리 정부의 북방정책에 대해서 비판합니다. "남조선의 당국자들이 여러 나라를 돌아다니면서 북한을 개방과 개혁으로 유도해 달라고 이야기 하는데, 이 같은 남조선의 행위야말로 자기들 체제의 변화를 강요하려는 매우 불순하고 도발적인 행위"라면서, "그것은 바로 사대외교, 그리고 청탁외교라고 하지 않을 수 없다." 이렇게 비난을 해 옵니다. 여기에 대해서 우

리 측으로서는 "지금 북한이 일본과의 관계개선을 서두르고 있고, 또 미국과 빈번히 접촉을 하고 있는 것도 귀측의 주장대로 한다면 이것이 바로 청탁외교, 사대외교라고 할 수 있다. 그리고 우리의 이웃 나라들과 우호관계를 증진시키기 위해서 그들과 여러 가지로 접촉하는 것은, 이것을 가지고서 청탁외교, 혹은 사대외교라고 주장하는 것은 어느 누구도 납득하지 못할 것이다." 이렇게 반박을 하였습니다.

송한호: 그리고 저희들은 북한 측이 2차 회담에서 불가침에 관한 선언 초안을 제시했기 때문에 우리도 불가침에 관한 제안을 제시합니다. 그 내용은 이렇습니다. "상대방에 대해 무력을 사용하지 않으며, 어떠한 형태의 침략행위도 하지 않는다. 군사적 대결과 군비경쟁상태를 해소하고 불가침을 확고히 보장하기 위해서 군사정보를 서로 교환하고, 군 인사들 간의 상호방문과 교류를 실시한다. 일정 규모 이상의 부대의 이동과 기동훈련들을 사전에 통보하고 또 참관하도록 초청한다. 군사당국자 간의 직통전화를 설치 운용한다." 이런 내용의 불가침에 관한 방안을 저희들도 제시합니다.

송한호: 그런데 3차 회담에서 북한 측은 약간의 의외의 제안을 합니다. 여러 가지가 있는데 무엇보다도 쌍방 간의 상대방에 대한 체제와 제도를 인정, 존중하고, 내부문제를 간섭하지 않는다, 이런 내용이 포함됩니다. 사실상 이것은 저희들도 의외라고 생각했습니다. 이때까지 북한의 입장은, 서로 상대방을 인정하고 서로 존중하기로 하고, 내부에 대해서 간섭하지 않는다는 데 대해서 북한 측의 주장은 이렇습니다. "지금 남측에서 서로 상대방의 체제를 인정하고 존중하자고 하는데, 그것은 사실상 현 정전상태를 계속 유지하고 두 개의 조선을 고착시키려는 분열 지향적인 입장에서 나온 얘기다." 이런 입장을 가지고 반대해 왔습니다. 그런데 3차 회담에서 이와 같이 서로 상대방의 체제를 인정하고 내부의 문제에 대해서 간섭하지 않는다는 것은 어떤 면에서는 하나의 진전이라고 할 수 있습니다.

제4차 고위급회담

송한호: 그 다음에 제4차 회담이 열립니다. 제4차 회담에서는 가만히 보니까 쌍방이 내놓은 제안을 가지고서 이야기를 하는데, 이것을 다 하나하나 해결하려고 하면 복잡하다, 그러니까 하나의 문건으로 만들자, 그래 가지고 우리 측이 먼저 그 단일 합의서의 명칭을 "남북 사이의 화해와 불가침, 교류협력 문제"로 하도록 제안합니다. 이에 대해서 북한 측은 별로 반대를 하지 않고 받아들입니다. 그리고 나서 쌍방은 기본합의서를 서로 협의하기 위해서, 본회담뿐만 아니라 이와 같은 합의서의 내용을 조정하고 또 문안을 작성하기 위해서 별도의 대표 접촉을 갖자고 제안합니다. 그래서 4차 회담이 끝난 후에 네 차례에 걸쳐서 대표 접촉이 이루어집니다.

송한호: 그래서 화해분과위원회에서는 주로 상대방 측에 각각 상주연락대표부를 평양과 서울에 개설하자는 주장, 그리고 현 정전체제를 평화체제로 전환하기 위한 문제를 논의하게 됩니다. 그때 상주연락대표부 설치는 우리가 제안했습니다. 왜냐하면 남북 간의 서로 긴밀한 연락과 협의를 할 수 있고, 또 민간교류와 협력을 원만히 보장하기 위해서 이와 같이 서울과 평양에 상주연락대표부를 설치하자고 주장을 하는 겁니다. 이에 대해서 북한은 "서로 민족 내부관계이지 나라와 나라 사이의 관계가 아니다. 그런데 나라와 나라 사이에, 다른 국가와 국가 사이에 이루어질 수 있는 상주연락대표부를 설치하자는 주장은 통일을 위한 우리의 노력과 병립될 수 없다."고 주장합니다. 그래서 이 문제와 관련해서는 4차 회담에서 합의를 보지 못합니다.

송한호: 또 하나는 정전체제를 평화체제로 전환하는 문제입니다. 이것은 결과적으로 남북 간의 평화협정을 체결하자는 문제지요. 그런데 북한은 여기에서 반대합니다. "어디까지나 평화협정은 북과 미국과의 사이에서 합의해서 체결해야 한다. 남쪽

은 정전협정의 당사자가 아니기 때문에 안 된다." 그러면서 북한과 미국과의 평화협정 체결과정에서는 UN사령부 해체문제, 그리고 미군 철수문제가 포함되어야 된다고 주장합니다. 이에 대해서 우리는 "휴전협정 때에 UN군사령관 클라크(Mark W. Clark) 대장이 정전협정에 서명한 것은 미국만을 대표해서 서명한 것이 아니고, 그때 UN군으로서 참전한 16개 나라, 그리고 한국을 대표해서 정전협정에 서명한 것이기 때문에, 우리는 실질적인 정전협정의 당사자라고 할 수 있다." 이렇게 주장했습니다. 한편 김일성이, 훨씬 전 이야기입니다만, 72년 1월에 일본의 요미우리(讀賣) 기자와 회견을 합니다. 그 회견 때에 "남북 간의 긴장상태가 가시기 위해서는 남과 북 사이에 평화협정을 체결해야 된다. 남측이 북한에 대해서 침략할 의사가 없다면 여기에 대해서 반대할 이유가 없다." 이렇게 이야기를 하고, 그 다음 73년 6월달에는 체코슬로바키아의 당 제1서기인 후사크(Gustáv Husák)가 방문을 합니다. 그를 환영하는 집회에서도 똑같은 이야기를 합니다. "남북 간에 평화협정을 체결하자."는 이야기입니다. 이렇게 북한의 최고 당국자가 남북 간에 평화협정을 체결하자고 주장한 사실을 제시하니까, 북한 측도 더 이상 여기에 대해서 자기들의 주장을 계속해서 고집할 수 없게 되지요. 그렇지만 이 문제도 합의를 못 해 가지고 5차 회담의 해결과제로 들어갑니다.

송한호: 다음에 불가침 문제에 대해서 쟁점이 되는 것은, 남북 불가침 경계선을 어떻게 하느냐 하는 것입니다. 북한 측은 육상으로는 정전협정에 규정된 군사분계선을 하도록 하고, 해상 불가침 경계선은 육상에 있는 군사분계선을 연장해 가지고 설정하자고 주장합니다. 그에 반해서 우리 측은 육상의 경우는 현재 군사분계선을 불가침 경계선으로 하고, 해상의 경우는 이때까지 쌍방이 관할해 온 구역으로 하자, 이렇게 주장을 합니다. 그게 무슨 뜻이냐면, 지금 우리가 말하는 북방한계선(NLL: Northern Limit Line)을 불가침의 경계선으로 하자, 이렇게 주장하는 겁니다. 이 NLL은 정전협정이 서명된 날로부터 3일 후인 53년 7월 30일, 그때

클라크 대장이 일방적으로 선포한 것입니다. 거기에는 우리의 대청도(大靑島)라든가, 백령도라든가, 연평도(延坪島) 등이 다 포함됩니다. 그렇기 때문에 쌍방이 관할하는 구역으로 하자는 것은 NLL을 불가침 경계선으로 하는 것이지요. 여기에 대해서 북한은 동의하지 않고 해서, 이 문제도 5차 회담의 해결과제로 넘어가게 됩니다.

송한호: 그 다음으로 군사적 신뢰구축 문제가 나옵니다. 우리 측은 불가침을 보장하기 위해서, 가령 예를 들어서 군 인사들 간의 교류를 하고, 부대이동과 기동훈련은 사전에 통보하고, 또 군사 당국자 간에 직통전화를 설치하고, 대량살상무기의 기습력을 제거하는 등의 것을 내용으로 하는 군사적 신뢰구축 문제를 이 합의서에 포함시키자고 주장합니다. 그에 반해 북한 측에서는 "앞으로 이 합의서가 채택된 후에 자연히 군축문제가 논의가 된다. 그러니까 이와 같은 군사적 신뢰구축 문제는 군축문제를 다룰 때에 논의하면 된다."고 해 가지고 반대를 합니다. 그래서 이것도 역시 합의를 보지 못하고 제5차 회담의 해결과제로 넘겨집니다.

송한호: 그리고 교류협력 문제인데, 교류협력 문제와 관련해서는 우리 측이 경제적인 교류라든가 과학기술, 문화예술, 체육 등의 교류를 활발히 하고, 그것을 제도적으로 보장하기 위해서는 통행위원회, 통신위원회, 통상위원회, 이 세 개의 위원회를 구성 운영할 것을 주장합니다. 그 부분에 대해서 북한 측은 "그러한 3통 문제의 구성 운영은 앞으로 합의서가 끝난 다음에 자연히 여러 개의 분과위원회 설치 문제가 논의될 테니까, 그때에 가서 논의하면 된다."고 하며 당장 합의하는 것을 거부를 합니다. 그래서 저희가 4차 회담 때에 "그러면 합의서가 채택되고 발효된 때로부터 6개월 이내에 이 3통 위원회 구성 문제를 같이 논의한다."고 양보를 함으로써 이 문제에 대해서는 서로 합의를 이뤘다고 할 수 있습니다.

제5차 회담과 합의 도출

송한호: 그러면서 4차 회담이 끝났는데, 끝나고 이제 저희 대표단은 5차 회담을 위한 여러 가지 준비를 하는데, 이때까지 쌍방 간에 논의되었던 내용 중에 첨예하게 대립하고 있는 여러 가지 문제들이 있기 때문에, 합의를 이루는 데 5차 회담도 좀 힘들지 않겠는가, 이런 생각을 가졌는데요. 제5차 회담에 참가하기 위하여 북한의 대표단들이 판문점(板門店)에서 서울로 오는 차 중에서, 북한의 연형묵 총리가 동승하여 우리 김종휘(金宗輝) 대표에게 "5차 회담에서 합의서를 채택하기 위해서 도장을 가져왔다. 3박 4일 동안에 안 되면 하루를 연장해서라도 하자. 그리고 이 합의서가 채택되면 남북정상회담도 실현될 수 있다." 이렇게 이야기를 합니다. 그리고 그날 저녁에 그들을 환영하는 만찬이 신라호텔에서 있었습니다. 그런데 제가 앉아 있는 테이블의 바로 옆에, 북측의 백남준(白南俊) 대표가 앉아 있었습니다. 그런데 저는 전혀 회담과 관련된 이야기를 하지 않았는데, 저에게 이런 이야기를 합니다. "불가침 경계선 문제는 남측이 만족할 만한 내용으로 양보하겠다. 그리고 군사적 신뢰구축 문제도 남측에서 주장하는 대로 받아 주겠다." 이렇게 이야기를 합니다. 그래서 '이 5차 회담이 순조롭게 좀 진행되겠다.' 이렇게 생각해 가지고 5차 회담 1일 회의에 들어갑니다.

송한호: 제1일 회의에서 북한 측 연형묵 총리는 기조발언을 통해 여러 가지 이야기를 하다가 후반부에 가서 이 같은 쟁점들에 대해서 "절충할 용의가 있다." 이렇게 발언을 하게 됩니다. 그리고 회담이 끝나면 별도의 실무대표들을 모아서 합의서 문안조정을 하자고 제의합니다. 그래서 실무접촉이 열리게 됩니다. 실무접촉은 한 네 차례 걸쳐서 열리게 되는데, 연형묵 총리가 절충할 용의가 있다고 해 가지고 적극적으로 나왔는데, 의외로 북한 측 실무대표들은 종전의 자기들의 강경한 입장을 계속해서 고수를 하는 겁니다.

송한호: 그래서 할 수 없이 우리는 북한으로부터 많은 양보를 끌어내기 위해서 지연전술을 하기로 했습니다. 왜냐하면 우리들은 별도 소스를 통해 가지고 북한의 평양에서 대표단에게 가능하면 자기네들의 주장을 관철하도록 노력하되, 안 되면 그냥 양보해서 그 뒤에 합의서를 채택하고 오라, 이런 내용을 저희들이 입수했습니다. 그렇기 때문에 우리들은 지연전술로 나가기로 했고, 그래서 그날 저녁식사를 위해서 논의를 일단 정지하기로 하고, 식사 후에 대표접촉 문제는 차후 연락관을 통해서 연락하기로 하고 헤어졌습니다. 그 후 우리 측은 연락관을 통해서 북한 측에 좀 늦은 시간에 "우리 측에서는 대표접촉 문제를 해결하기 위해서 시간이 오래 걸리니까, 대표접촉을 내일 오후에 갖자."고 통보를 합니다.

송한호: 그런데 그날 저녁, 밤 12시쯤에 북한 측의 안병수(安炳洙) 대표는 우리 측의 김종휘 대표에게, 또 백남준 대표는 저에게, 또 최우진(崔宇鎭) 대표는 임동원(林東源) 대표에게 각각 전화를 걸어서 자기들 방에 와서 만나자, 만나서 토의를 하자고 주장을 합니다. 저의 경우는 백남준으로부터 전화가 와 가지고 그런 이야기를 했기 때문에 "아, 지금 모든 사람들이 다 자고 있다. 모두 피곤하다. 12시가 넘었는데 무슨 토의를 하느냐." 해서 거부를 했어요. 그랬더니 나중에 할 수 없이 백남준은 "그럼 술이나 한 잔 하자." 그래서 제가 그 방으로 갔습니다. 그 방에 가서도 제가 강경한 입장을 취하고, 무슨 토의하느니 뭐 이런 문제에 대해서 반대를 하고, "지금 우리 군부에서는 당신네들이 불가침 경계선이라든가 군사적 신뢰문제에 대해서 반대하고 있고, 이런 데 대해서 굉장히 화를 내고 있다."고 하면서, 일종의 공갈을 치니까 더 이상 진전이 되지 않은 채 칵테일만 한 잔씩 나누고 돌아왔습니다.

송한호: 그에 반해서 임동원 대표는 최우진 대표와 만나서 불가침, 군사적 신뢰구축 문제에 대해서 문안정리 조정에 합의하고, 또 정전 상태의 평화 상태로의 전환 문제도 북측이 수용할 수 있다는 언질을 받고 돌아옵니다. 이 같은 사실을 보고받은

정원식(鄭元植) 총리는 그 다음날 아침, 그러니까 제2일 회의가 열리는 날이죠, 아침에 관계장관회의를 열어 가지고서 논의한 끝에 우리 측이 그동안 주장하던 정전체제를 평화체제로 전환하는 문제, 불가침 경계선 문제, 그리고 군사적 신뢰구축 문제, 이 세 가지는 절대로 양보할 수 없다, 그러니까 계속 고수해야 된다, 그리고 나머지에 대해서는 신축적으로 대응한다, 이렇게 합의를 했습니다. 그리고 연락관들 접촉을 통해서 제2일 회의는 정식으로 토의를 하지 않고, 다만 쌍방 수석대표 간에 개회 선언만 하고 그 다음에 정회를 한 다음에 실무대표 접촉을 계속해서 열 것을 합의를 했습니다.

남북기본합의서 서명

송한호: 그 후 오전과 오후에 실무대표들이 만나게 됩니다. 그때 저하고 임동원 대표, 그 다음에 이동복(李東馥) 대표가 실무대표로서, 당시에는 북한 측이 아주 유화적이고 타협적인 태도로 나와서 우리들이 주장하던 합의서에 그대로 응하였기 때문에, 비로소 남북 간에 기본합의서, 그러니까 화해와 불가침 그리고 교류협력에 관한 합의서가 채택이 됩니다. 그래서 그 다음날 우리 측 수석대표, 북한 측 수석대표들이 서명함으로써 기본합의서가 완전히 채택되는 겁니다. 그것이 바로 91년 12월 13일입니다.

송한호 전 사무총장 구술회의 사진 (2022.8.17)

비핵화 공동선언의 배경과 경과

송한호: 그러면 이제 남북고위급회담에서 남북기본합의서가 채택된 경위를 다 마치고, 이제부터는 비핵화 공동선언의 문제에 대해서 이야기를 하겠습니다. 남북 간 대화에서 북핵문제가 거론된 것은 고위급회담 제4차 회담 때부터입니다. 그러나 북핵문제의 논의는 그보다 훨씬 전입니다. 북한은 소련의 권고에 의해서 85년도에 NPT(Nuclear Non-Proliferation Treaty: 핵확산방지조약)에 가입을 합니다. NPT에 가입하면 18개월 안에 IAEA(International Atomic Energy Agency: 국제원자력기구)와 핵안전조치협정에 서명하도록 되어 있습니다. 그런데 북한 측은 그 서명을 계속해서 기피합니다. 이러한 상황 속에서 미국 정보당국은 88년 북한의 영변(寧邊) 핵시설을 감시하다가 영변에서 핵연료 재처리 시설을 건설하고 있는 것을 발견하고, 이 같은 사실을 IAEA에 알려 주고, 필요한 대책을 논의하게 됩니다. 그러면서 이제 미국과 IAEA는 북한에 대해서 NPT 회원으로서 안전조치협정에 빨리 서명할 것을 요구합니다.

송한호: 한편 미국은 우리 측에 제4차 고위급회담에 앞서서, 이제는 한국 측에서도 고위급회담에서 북한의 핵 문제를 다뤄 줄 것을 요구합니다. 그러면서 북한으로 하여금 빨리 개발을 중지하고 사찰을 받도록 촉구하도록 저희들한테 요구를 해 왔습니다. 한편 미국의 로널드 레먼(Ronald F. Lehman II) 군축국장은 91년 6월 초에 청와대로 노태우 대통령을 예방합니다. 예방을 해 가지고 북핵문제의 심각성을 설명하고, 한미 간에 적절한 대책이 요구되는 것을 강조합니다. 이어서 미국의 부시 대통령은 91년 9월 27일, 세계 모든 지역에 배치되고 있는 전술핵무기를 모두 본토로 철수할 것을 선언합니다. 이에 대해서 우리 노태우 대통령은 91년 11월 8일 한반도 비핵화와 평화구축을 위한 선언을 하면서, "우리는 핵에너지를 평화적 목적으로만 사용한다. 우리는 핵무기를 제조, 보유, 저장하지 않는

다. 우리는 핵연료 재처리 시설과 핵농축 시설을 보유하지 않는다." 이렇게 선언을 합니다. 이 같은 선언이 있은 한 달 후인 12월 18일 "이 시각 우리나라에는 어디에도 단 하나의 핵무기도 존재하지 않는다." 이런 발표를 합니다. 한편 부시 대통령은 91년 9월 27일 핵 전술무기를 다 철수한다고 발표했는데, 그 후에, 9개월 후가 되겠습니다만, 92년 7월 1일, "우리 미국의 육군과 해군이 해외에 배치한 전술핵무기 2,400기를 전부 다 미국으로 철수 완료했다." 하는 내용을 발표를 합니다.

송한호: 이런 상황 속에서, 우리 측에서는 5차 회담에서 다시금 한반도 비핵화에 관한 합의서를 제출합니다. 이에 앞서 북한 측은 한반도 비핵지대화에 대한 선언을 발표해요. 거기에는 어떤 내용들이 포함되냐 하면, "북과 남은 핵무기를 시험하지 않고, 생산하지 않으며, 반입하지 않고, 소유하지 않으며, 사용하지 않는다. 북과 남은 자기 지역에 핵무기의 전개, 저장을 허용하거나 핵우산의 제공을 받는 그 어떤 협약도 다른 나라와 체결하지 않는다. 북과 남은 조선반도와 그 역내에 핵무기, 핵장비 등을 동원하거나 핵전쟁을 가정한 일체의 군사연습을 하지 않는다. 남과 북은 조선반도의 남측에 있는 미국의 핵무기와 미군을 철수시키고, 핵기지를 철폐하기 위하여 공동으로 노력한다." 이런 내용의 한반도 비핵지대화에 관한 선언을 제안합니다.

송한호: 이에 대해서 우리 측은 "남과 북은 핵에너지를 오직 평화적 목적에만 사용하며, 핵무기를 제조, 보유, 저장, 배치 안 한다. 남과 북은 핵 재처리 시설과 우라늄 농축 시설을 보유하지 않는다." 이런 것을 제시를 합니다. 우리와 북한 간의 제시 내용에서 또렷이 차이가 나는 것은, 우리는 핵 재처리 시설과 농축 시설을 보유하지 않는다고 되어 있는데, 북한은 그런 것이 없습니다. 오직 미군과 관련되는, "조선반도의 남측에 있는 미국의 핵무기와 미군을 철수시키고, 핵기지를 철폐하기 위하여 노력한다." 이런 내용으로 대항을 해 왔습니다. 이것이 서로 비핵

화와 관련된 입장의 차이라고 할 수 있습니다.

송한호: 그래서 서로 입장을 달리하는 비핵화공동선언이 나왔기 때문에, 우리 측 수석대표와 북한 수석대표는 앞으로 이 한반도의 비핵화 문제를 다루기 위해서 별도의 실무대표 접촉을 가지고 금년 말까지, 그러니까 12월 31일까지 이 문제를 해결하자, 이렇게 합의를 봅니다. 그래서 실무접촉이 12월 26일, 28일, 또 31일에 걸쳐서 진행됩니다. 그 회담에서는, 말하자면 3일간인데, 핵사찰 문제를 가지고서 매우 첨예하게 의견을 대립하게 됩니다. 특히 제3차 접촉에서는 무려 여섯 차례나 정회를 합니다. 그리고 일곱 시간 반 동안 그 접촉이 계속돼요. 그렇기 때문에 우리 측 대표들은, 그때 임동원 대표하고 이동복 대표가 나갔는데, 시간에 쫓긴 나머지 할 수 없이 양보를 합니다. 어떻게 양보를 하냐면, "사찰은 상대방이 제기하고 쌍방이 합의하는 대상에 대해서만 핵사찰을 한다." 이것은 뭐냐면, 북한이 동의하지 않으면, 북한의 핵물질과 시설에 대해서는 절대 핵사찰을 할 수 없게끔 되어 있어요. 이게 참 아쉬운 일인데, 그러나 이렇게 양보함으로써 남북 간에 한반도 비핵화에 관한 공동선언이 서명, 합의됩니다.

송한호: 이와 같이 남북 간에 공동선언이 합의된 며칠 후에, 1월 7일, 우리의 연락관과 북한의 연락관이 접촉을 갖고서, 1월 7일 날짜로 이제 우리 측은 92년도 팀스피리트 훈련을 중지한다는 것을 발표하고, 북한은 같은 날짜에 IAEA와 같이 핵안전조치협정에 서명한다는 것을 발표합니다. 이와 같은 발표가 이루어짐으로써 이제 팀스피리트 훈련 문제가 76년부터 쭉 이어져 왔는데, 처음으로 팀스피리트 훈련을 중지하는 문제가 합의되고, 그것이 실제로 이루어집니다.

북핵 사찰과 비핵화 공동선언의 좌초

송한호: 이렇게 공동합의서가 합의되고요. 그에 대해서 쌍방에서 제6차 회담이 92년도 2월 달에 개최됩니다. 6차 회담에서는 아까 채택된 기본합의서와 한반도 비핵화에 대한 공동선언, 여기에 대해서 발효를 시키게 됩니다. 그리고 그 회담에서는 이와 같은 것을 하는 동시에 한반도 비핵화에 대한 공동선언을 이행하기 위해서 남북 간에 핵통제공동위원회를 설치·운영하자는 것을 합의를 해요. 그래서 3월 19일부터 13차례에 걸쳐서 남북핵통제공동위원회가 진행됩니다. 거기에 우리 측 대표는 그때 아마 외교안보연구원의 공로명(孔魯明) 원장이 핵통제공동위원회 수석대표로 나가게 됩니다.

송한호: 여기에서도 별로 진전을 못 봅니다. 우리 측은 "사찰과 관련해 가지고 핵 관련 정보가 제공된 핵물질이나 시설에 대해서는 정기사찰을 하고, 그 관련 정보가 제공되지 않은 대상과, 또 혐의가 있다고 생각하는 그런 대상에 대해서는 강제사찰을 하고, 또 비핵화와 관련되어 있다고 생각되는 군사시설도 강제사찰을 한다"는 것을 주장합니다. 이렇게 주장한 데 대해서 북한은 "그것은 공동합의서에 규정된 제4조, 아까 말한 쌍방이 합의한 때에 서로 사찰을 할 수 있다, 거기에 반대된다." 이렇게 주장을 합니다. 그러면서 하는 이야기가 "지금 조선반도에서의 위기는 미국이 남쪽에 배치하고 있는 핵무기로부터 비롯되는 것이기 때문에, 이것은 먼저 남북한이 남쪽에 있는 미군의 핵시설과 기지와 핵무기부터 먼저 사찰해야 된다." 이렇게 주장을 하고 나섰습니다. 그래서 아무런 합의도 보지 못하게 됩니다.

송한호: 이런 가운데 IAEA에서는 93년 2월 25일 이사회를 개최합니다. 북한으로 하여금 동위원소연구소와 영변에 있는 핵 재처리 시설에 대해서 사찰할 것을 결의해 가지고, 이것을 북한에다 통보하면서 3월 25일까지 회답해 달라고 요구합니다. 그

러나 북한 측은 여기에 대해서 호응해 오기는커녕, 3월 12일 NPT를 탈퇴한다는 강수를 두고 나옵니다. 그렇게 되니까 이제 미국 측에서는 안 되겠다 싶어 가지고, 클린턴(William J. Clinton) 정부가 93년에 북한의 핵시설에 대해서 공습으로 파괴를 시킨다는 계획을 세웁니다.

송한호: 그러나 그때 이 사실을 알게 된 김영삼(金泳三) 당시 대통령은 그것을 강력하게 반대합니다. 왜냐하면 북한의 핵시설에 대해서 공습을 하게 되면, 그건 한국 전역에서 한국전쟁이 벌어져 가지고 막대한 인적, 물적 손실을 가져오기 때문에 이건 안 된다, 그래서 반대를 합니다. 이 같은 반대와 아울러서 그가 취임한 1주년 기념일인 94년 2월 25일에 기자회견을 갖고서, "북한 핵개발을 저지하는 데 도움이 된다면 내가 평양에 가서 김일성과 회담을 갖겠다." 이런 제안을 합니다. 이런 제안을 한 데 대해서 북측이 아무런 반응을 보이지 않고 있다가 그 해 6월 달에 카터(James E. Carter) 전 미국 대통령이 북한을 방문합니다. 북한을 방문한 자리에서 김일성하고 만나서 김일성이 카터 전 대통령이 권유하는 남북정상회담을 추진하라는 데 대해서 받아들입니다. 그 후 카터 대통령은 서울을 방문해서 김영삼 대통령을 만나 가지고 정상회담을 하기로 결정한 겁니다.

송한호: 그와 같은 결정이 이루어진 다음에 그 해 7월 25일부터 27일까지 평양에서 남북정상회담을 갖기로 합의했지만, 김일성이 그 해 7월 8일 사망하면서 남북정상회담은 무산됩니다. 그렇게 되면서 북핵문제를 해결하기 위하여 정상회담이 무산된 후에도 미국은 계속해서 노력합니다. 그것이 바로 제네바(Geneva) 합의라고 할 수 있습니다. 제네바 합의는 미국에서 갈루치(Robert L. Gallucci) 국무부 차관보, 북한에서는 강석주가 참석하는데, 93년 6월부터 94년 10월까지 1년 4개월을 통해서 협의를 합니다. 그 협의 끝에 북한이 NPT에 복귀하고 핵사찰을 받아들이면, 미국은 200만 킬로와트(kWh)의 경수로 핵발전소를 지어 줄 것과, 그리고 2003년까지 중유를 매년 50만 톤 제공해 줄 것을 합의합니다. 그렇지만 그것도

합의가 실천이 되지 못합니다. 왜냐하면 그 후에 미국은 영변 핵단지 부근에 위치한 태천(泰川)과 금창리 지역에서 북한이 몰래 핵폐기물을 저장하기 위한 지하시설을 구축해서 가동한 것을 발견합니다. 그래서 미국에서는 핵 전문가들이 그 시설에 대해서 사찰을 하도록 제안하는데, 북한은 이것을 거부합니다. 이로써 북핵문제 해결을 위한 미국의 노력은 실마리를 찾지 못한 채 끝나게 됩니다. 이상 비핵화공동선언이 끝나게 됩니다. 너무 시간을 오래 잡아서 죄송합니다.

이상숙: 네 총장님, 감사합니다. 한 시간 이상의 장시간에 걸쳐서 말씀을 해 주셨는데, 굉장히 꼼꼼한 메모로 저희가 남북고위급회담의 역사를 한 시간 안에 들은 것 같습니다. 사료적 가치도 굉장히 높다고 생각을 하는데, 신종대 교수님 소개와 함께 질문을 해 주시면 좋겠습니다.

'특수 관계'로서의 남북한

신종대: 네 총장님, 북한대학원대학교에 있는 신종대라고 합니다. 말씀 잘 들었습니다.

신종대 교수

제가 질문하고 싶은 것은 메모를 통해서 전달드렸고, 많은 부분은 설명이 된 것 같습니다. 그럼에도 불구하고 한두 가지 질문 드리도록 하겠습니다. 우선 우리가 다 알고 있는 남북기본합의서에 있는 잠정 특수관계, 그게 남측 안인지 북측 안인지 하는 것과 그 다음에 연관해서 그것이 타결되는 과정에서 남북 간에 어떤 논란과 이견이 있었는지, 거기에 대해서 좀 여쭙고 싶습니다.

송한호: 이제 서문에 언급된 나라와 나라 사이의 관계가 아니라 잠정적으로 형성된 특수 관계, 나라와 나라 사이의 관계가 아니라는 것은 서로 국가와 국가 간의 국제관계가 아니다 하는 얘기에요. 그러니까 서로 상대방을 국가로 인정하지 않고, 다만 상대방의 체제를 인정하는 가운데서 서로 협력하기로 한다는 이야기고, 특수관계라는 것은 우리가 분열되어 있지만 영구적인 분열에 그치지 않고 화해와 협력을 통해서 노력하면서 통일을 위해서 힘쓴다, 하는 그런 의존관계를 가지고 특수관계라고 했습니다. 다만 나라와 나라 사이의 관계가 아니라고 하는 문제에 대해서는, 사실 우리가 맨 처음에는 그 부분을 생각을 안 했습니다. 그런데 우리는 'UN 회원국가로서 통일을 위해서 노력한다, UN 회원국 간의 관계로서,' 이렇게 하려고 생각을 했습니다. 그런데 의외로 외무부에서 그걸 반대를 했어요. 그래서 할 수 없이 '나라와 나라 사이의 관계가 아니라' 이렇게 된 겁니다.

남북기본합의서와 북한의 입장

신종대: 예, 감사합니다. 그리고 질문지에는 드리지 않았는데, 지난번 정세현(丁世鉉) 장관님 오셨을 때 녹취록을 보니까, 91년도 남북기본합의서에 대해서, 북한의 김일성이 타결 직후에 연형묵을 끌어안고, 이것으로써 적들의, 말하자면 남측의 발목을 잡았다, 그래서 이 문서는 천군만마보다도 더 유효하다, 이렇게 해서 김일성이 굉장히 만족해했다고 말씀을 하셨거든요. 그에 대해서 어떻게 평가하시는지요.

송한호: 그건 잘 모르는데요. 아까도 말씀드렸지만 맨 처음에는 평양에서 대표단에게 자기들 주장을 관철하도록 노력하라, 그러나 만약에 안 되면 주장을 철회하고 합의서를 채택하고서 돌아오라는 암호지시가 있었거든요. 이런 걸 보아서 그것이

합의된 데 대해서 김일성이는 만족했을는지 모릅니다. 그러나 그것이 오래 가질 못하지요. 왜냐하면 그 같은 합의서를 채택한 후에, 다른 데에서 얘기하겠습니다만, 92년 1월달에 노동당 국제부장인 김용순(金容淳)이 뉴욕(New York)에 가서 국무부의 정무차관인 캔터(Arnold Kantor)를 만납니다. 만나 가지고 "우리 측 쌍방 간에, 남북 간에 기본합의서도 합의하고, 또 한반도 비핵화에 관한 공동선언도 합의했고, 또 IAEA와 안전조치협정까지도 서명했다. 그러니까 이제는 북한과 미국과의 관계개선을 위한 고위급회담을 갖는 것이 바람직하다." 이렇게 제의합니다. 이에 대해서 캔터 차관은 "사찰이 합의했다고만 해서 되는 게 아니고, 실제로 사찰에 임해서 비핵화가 이루어져야만 가능하다." 이런 답변을 합니다. 그렇기 때문에 이와 같은 북한의 제안은 사실상 실현되지 못하고 벽에 부딪히죠. 이 때, 왜 그러면 김용순이 그런 제안을 하냐면, 무엇보다도 미국과 북한과의 관계개선을 우선시하게 됩니다. 그걸 굉장히 중대하게 생각했습니다. 그런데 그것이 실현되지 않고, 나중에 핵문제를 둘러싼 남북 간의 여러 가지 논쟁이 벌어지고, 합의된 후에 자기네들 뜻대로 모든 게 진행이 안 됩니다, 집행이 안돼요. 그렇게 되니까 북한으로서는 남북기본합의서의 효용가치가 없어졌다고 생각을 합니다. 그래서 남북기본합의서가 합의된 뒤로부터 그 후에 사실상 남북기본합의서에 대해서는 묵살하고, 사장시키는 입장으로 돌아갑니다. 이것으로써 정리하겠습니다.

기본합의서 및 비핵화 공동선언의 성사와 좌초

엄구호: 설명을 잘 해 주셔서 감사드립니다. 3차가 90년 12월이고 4차가 91년 10월 아닙니까. 그러니까 간격이 상당히 길었는데, 특별히 간격이 길어졌던 이유가 있는지, 그리고 또 그 사이에 어떤 접촉이 오고 갔는지요.

송한호: 그건 접촉보다는, 북한에서 팀스피리트 문제를 문제 삼아 가지고 서로 간에 편지를 주고 그러면서 논란이 계속되다 보니까 그렇게 회담이 늦어졌습니다.

엄구호: 예, 부시가 91년 9월 27일날 전술핵 전부 철수를 선언한 다음에 앞서 총장님께서  설명해 주셨는데, 미국이 한국한테 남북고위급회담에 비핵화 의제를 집어넣어라, 그렇게 요구를 하고 4차 회담에 처음 의제화가 됐지요. 그런데 5차 회담에 합의를 하게 되거든요, 두 달 만에. 그래서 제 질문은, 노태우 정부가 미국의 요구에 따라서 졸속으로 서둘렀던 것이 아닌지, 정말로 비핵화 의지가 강했는지 궁금합니다. 왜냐하면 아까 말씀하셨는데, 나중에 보니까 사찰 합의문제나 핵 재처리 시설 문제와 같은 한계가 있었단 말입니다. 그래서 회담에 임하실 때, 아무

엄구호 교수

래도 남북기본합의서와 같이 비핵화 합의를 두 달 만에 추진을 한 것이기 때문에, 어느 정도 우선순위나 의지가 있었는지, 혹시 남북기본합의서에 좀 더 방점이 가 있고, 비핵화협정은 미국의 요구를 반영하는 그러한 입장이 있었는지, 혹시 비핵화협정을 조금 뒤로 미룰 수도 있지 않았는지요.

송한호: 예, 아까도 말씀드렸지만 4차 회담에 비로소 우리 측에서 북한의 핵문제를 제기해 가지고 다루게 되는 거죠. 그런데 미국 측에서 우리 측으로 하여금 "앞으로 제4차 회담부터는 북한의 핵문제를 제기해 가지고 북한으로 하여금 핵개발을 하

지 않고 사찰을 받도록 해 달라." 하는 요구가 있었습니다. 그래서 그때 노태우 대통령을 예방했을 때 로널드 레먼이 주장한 것처럼 북한 핵문제의 여러 가지 심각성, 위험성을 설명하고 남북한이 공동 대처해 달라고 이야기를 했거든요. 이제 우리 측도 북한 핵문제에 대한 심각성을 그때부터 생각하고 있었어요. 그래서 이 문제도 역시 빨리 해결되어야만 한반도의 평화가 이루어질 수 있다, 하는 생각을 가졌습니다. 그렇기 때문에 미국 측에서 그런 요구를 하고 있을 때에 거기에 대해서 어떤 거부감이나 뭐 이런 생각을 가지고 있지 않았습니다. 어떤 면에서는 비핵화에 관한 문제에 대해서 우리와 미국 정부가 같은 생각을 가지고 있었다, 하는 것이 아마 어쩌면 적절한 말이라고 생각이 됩니다. 그래서 이제 4차 회담부터 북핵 문제를 제기를 해 가지고 그 해 12월 말에 한반도 비핵화 공동선언을 채택하게 되지요.

엄구호: 4차 회담 때 분위기가 좋지 않는데, 아까 말씀하실 때 비핵화 문제 제기에 대해서, 또 여전히 군사훈련 이런 문제를 제기를 했는데, 두 달 만에 5차 회담 때 연형묵 총리가 도착하자마자 차 속에서, 아까 말씀하실 때, 이번에 합의를 하고 서명을 하겠다, 이렇게 도착하자마자 그렇게 전향적인 자세를 보이게 된 특별한 배경이 있다고 생각하시는지요.

송한호: 그 배경은 잘 모르겠지만, 하여간 북한으로서도 무엇보다도 미국과의 관계개선, 이것이 필요하다고 생각을 했고, 그리고 제가 생각하기에는 김일성이 91년도에 중국을 방문합니다. 중국을 방문해 가지고서 양상곤(楊尙昆)과 함께 대북경제지원에 관한 합의를 이루고요, 그래서 지방에 내려가 있던, 산동성(山東省)입니다만, 덩샤오핑(鄧小平)을 만납니다. 덩샤오핑을 만났을 때에 덩샤오핑이 "부시 대통령의 선언을 신뢰하고 비핵화에 나서 보라."라는 이야기를 했답니다. 그러면서 또 "개방을, 개혁을 한다고 해 가지고 사회주의 체제가 무너지는 게 아니다. 우리 중국을 봐라. 그러니까 이제 북한도 남북관계에서 좀 더 전향적인 입장을

가지는 게 좋겠다." 하는 이야기를 덩샤오핑이 했답니다. 이 같은 것이 이제 북한으로서는 상당한 자극이 되었고, 그런 것들이 회담에 응하게 된 하나의 원인이고, 또 회담 과정에서 여러 가지로 양보하게 된 한 요인이 되지 않는가, 저는 이렇게 생각합니다.

엄구호: 예, 마지막으로 그 과정의 전체에 참여하셨기 때문에, 90년에 한소수교하고 북방정책 때문에 북한의 입지가 상당히 좀 약화되고, 그래서 남북고위급회담에 응하게 된 것은 그런 어떤 약하게 된 상황에 북한이 대응하기 위해서 임시방편으로 대화에 나선 것인지, 아니면 이제 8차 회담이 끝나고 간첩단 사건 그런 걸로 완전히 순식간에 박살이 났기 때문에, 북한이 처음에 가졌던 어떤 생각으로 고위급회담에 응했고, 북한은 어느 정도 의지나 기대수준이 있었다고 생각을 하셨는지, 지금 돌이켜볼 때 총체적인 총장님의 소회나 의견을 말씀해주시면 고맙겠습니다.

송한호: 북한이 대화에 응하게 된 것은, 아까도 말씀했지만 우선 미국과의 관계개선과 그를 통한 미군 철수문제가 우선적으로 필요했다고 생각을 합니다. 캔터 정무차관과 만나서 관계개선을 위한 고위급회담을 갖자고 이야기했고, 6차 회담에서 북한 측이 두 개의 합의서에 대해 발효하는 시점이거든요. 북한 측에서 연형묵 총리가 "자, 다 했으니까 이제는 미군 철수문제에 대해서도 전면적으로 해결해야 되지 않느냐, 그리고 군사훈련 문제에 대해서도 재검토할 때가 되지 않았냐." 이런 이야기를 했거든요. 이것을 볼 때에는 우선적으로 북한이 회담에 응하게 된 동기가 미국과의 관계개선과 함께 미군 철수를 목적으로 두고 있었다, 이렇게 생각을 하고요. 그 당시 또 북방정책으로 인해서 우리의 여러 가지 변화들, 특히 사회주의 국가들과의 관계개선이 이루어지죠. 사실상 88올림픽 이후에 헝가리를 비롯해서 여러 동유럽 사회주의 국가들이 우리와의 관계를 증진시켰기 때문에 북한은 어쩌면 국제적으로 고립되어 있는 상태였습니다. 그러니까 이와 같은 국제적 고립 상

태에서 벗어나기 위해서라도 남북관계 개선이 필요하다는 생각을 가지고서 회의에 참석했다고 할 수 있습니다. 그러나 이제 그것이 여의치 않으니까 나중에는 합의서를 이행하는 것까지 모두 다 등을 돌리고 흥미를 잃게 된 거죠.

중국의 역할

이동률 교수

이동률: 예, 총장님, 아주 상세하게 설명해 주셔서요, 마치 현장에 있었던 것처럼 인상 깊게 들었습니다. 제가 궁금한 것은 아까 잠깐 답변하시는 중에 나온 얘기인데, 북한이 대화에 참여한 배경 중 하나로 중국의 설득이나 압박이 있었다고 보신 것 같아요. 그런데 중국의 역할에 대해서는 많은 분들이 견해가 좀 나눠지고 있어요. 그런데 아까 말씀하신 덩샤오핑이 북한에 대화를 권유했다 하는 얘기는 당시에 한국에서 당국자끼리 공유가 된 건지 궁금하고요, 그 얘기를 총장님은 어떤 경로로 어떻게 들은 걸로 기억하시는지 궁금합니다. 중국은 북한을 어쨌든 국제사회에 끌어내서 개혁 개방을 유도하려고 했고 그래서 UN 동시가입도 중국이 북한을 설득하거나 압박을 해서 실현시켰다고 생각합니다. 한국과 수교를 준비하고 있던 중국의 입장에서는 남북한 UN 동시가입과 더불어 남북한의 긴장 완화도 필요했을 것으로 보입니다. 그래서 저는 개인적으로 덩샤오핑이 그런 얘기를 했을 거라는 추측은 하는데, 그런 얘기를 저는 총장님 통해서 지금 처음 들어서, 어떻게 알게 됐는지 궁금합니다. 그걸 만약에 공유했다면 한국 정부 입장에서는 당시에 중국과 관계가 가까워지고 있는 상황이었으니까, 중국에게 북한에

어떤 영향력을 행사하도록 요청하거나 접촉이 있었는지에 대해서도 궁금합니다.

송한호: 예, 덩샤오핑의 발언과 관련된 것은 사실상 우리 정부가 개입했다든가 혹은 정부에서 부탁한 것은 아니라고 생각합니다. 다만 제가 이 부분을 다른 어떤 책자를 통해서 그런 내용을 알게 됐기 때문에 오늘 이렇게 말씀을 드리게 된 겁니다.

이동률: 당시에 그런 생각을 공유한 건 아니네요. 그 당시에 회담에 참여했던 인사들이나 정부 당국자들이, 중국이 북한에 어떤 일정한 영향력을 행사하고 있구나, 하고 생각한 건 아니었던 거네요.

송한호: 예, 예.

팀스피리트 재개 배경

이동률: 그리고 한 가지만 더 질문을 드리면, 남북대화에서 팀스피리트 훈련 재개 문제가 큰 쟁점이었잖아요. 그런데 92년 10월에 가면 93년 팀스피리트를 재개하기로 합의를 한다고 해요. 그런데 그 과정 속에서, 지난번 정세현 장관님 얘기를 들어보면, 정부 부처 간에 서로 협의가 제대로 되지 않았던 것으로 말씀하신 걸로 기억해요. 그래서 당시 국방부는 추진했지만 통일부는 그 당시 상황을 잘 모르고 있었다는 것으로요.

송한호: 93년도요?

이동률: 93년 팀스피리트 실시한다는 것을 92년 10월에 한미국방장관 회담에서 논의했다 하는.

송한호: 아, 네.

이동률: 그 과정을 혹시 통일부에서도 당시에 알고 있었거나 같이 협의한 것인지요.

송한호: 그건 아닙니다.

이동률: 혹시 통일부에서도 같이 협의하면서 이끌어낸 결과인지, 궁금합니다.

송한호: 아까도 말씀드렸지만, 팀스피리트 훈련 문제는 남북관계 연락관 접촉으로써도 했지만, 사실상 단독의 결정에 의해서 추진된 것은 아닙니다. 남북기본합의서가 합의되고 또 한반도 비핵화에 관한 공동선언이 이루어진 다음에, 92년 팀스피리트 훈련을 중지하는 문제에 대해서는 우리 회담 대표들한테도 의견을 묻고 수렴하고 또 관계자들한테도 묻고, 그런 과정을 거치면서 대부분이 그럼 92년도에 한해서는 한번 중지해 보자, 이렇게 합의를 이룬 겁니다. 그 당시에 저한테 문의가 왔기 때문에 92년도 팀스피리트 훈련은 한번 중지해 보자, 이렇게 되었고 결코 93년도에, 그 후에도 팀스피리트 훈련을 중지하자, 하는 말은 없었습니다.

이동률: 93년에 팀스피리트 훈련을 재개하게 된 배경이나 과정을 혹시 알고 계시는지요.

송한호: 연락관 접촉을 통해서 7월 6일 훈련을 하지 않기로 했고요, 그 다음에 북한으로서는 특히, 우리 측으로서는 남북핵통제공동위원회가 열려 가지고 13차례나 회의를 하지 않았습니까? 그 부분에 대해서 전혀 합의를 이루지 못하고 있습니다. 질질 끌게 되니까 그런 상황에서는 93년도 팀스피리트 훈련을 중지하는 것이 그때의 상황과 분위기와는 맞지 않는다고 생각을 했던 겁니다. 그렇기 때문에 팀스피리트 훈련을 재개하게 된 거죠. 그때 많은 의견들을 수렴했습니다. 우리 회담 대표단 전원에게도 의견을 물어 왔고, 그렇게 되었습니다.

남북기본합의서의 구성

조동준: 남북기본합의서의 구성을 보면 서문이 있고 내용이 쭉 이어나가는데, 화해, 불가

조동준 교수

침, 교류 협력, 이 순서로 이어지거든요. 그런데 일반적인 상식으로 따져 본다면, 제일 먼저는 전쟁 안 하는 상황이 제일 중요하니까 불가침이 제일 먼저 나와야 될 거고, 수순으로 따져 보면, 그런 다음에 교류 협력, 그 다음 맨 마지막에 최종 단계에서 화해를 하는 게 아닌가, 이렇게 생각할 수 있는데, 순서가 화해, 불가침, 교류 협력, 이 순으로 나오게 됐던 무슨 이유가 있었는지요. 협상이 세 개가 따로 진행되어서 그런 일이 발생했는지 좀 궁금합니다.

송한호: 4차 회담에서 우리 측이 먼저 제의한 것이 남북 사이의 화해와 불가침, 교류 협력 문제라고 했는데, 사실상 그렇게 표현한 데에서 아까도 말씀드렸지만, 북한이 별로 반대를 안 했어요. 그런데 제가 생각하기에 화해 문제도 상당히 중요하다고 생각합니다. 불가침 못지않게요. 왜냐하면 서로 상대방의 체제를 인정하고 존중한다, 이렇게 되면 어떻게 되냐면, 우리를 타도하고 전복시키려는 남조선 혁명노선이 사실상 폐기될 수밖에 없는 겁니다. 이 남조선 혁명노선을 폐기시키는 것도 굉장히 중요했고, 또 현 정전체제를 평화체제로 전환하는 걸 우리가 주장하는데, 그건 아까도 말씀했지만, 남북 간에 평화협정을 체결하자는 내용이거든요. 그러니까 남북 간에 평화협정을 체결하자는 것도 매우 중요한 내용입니다. 그렇기 때문에 앞에 표기한 것이 불가침보다 앞섰다, 하는 순서에 대해서 그것이 크게 잘못되었든가 부적절했다고 생각은 안 됩니다.

남북회담 속도조절론

이정철 교수

이정철: 임동원 장관님 회고록에, 사실 오늘 말씀하신 것과 관련된 게 많이 담겨 있는데요. 한번 차관님 생각하고 임동원 장관님 회고록하고 비교해 보려고 여쭤봅니다. 3차 회담을 90년 12월에 하고, 4차 회담이 열리는 91년 10월까지 열 달 동안 회담을 못 가졌잖아요. 그것에 대해서 임동원 장관님이 설명을 하시기를, 90년 10월 2차 회담 때, 아까 김일성 주석이 했던 정상회담 언급이 있었잖아요. 그때 우리 서동권(徐東權) 안기부장이 북한에 정상회담 제안을 했다는 거죠. 그런데 90년 12월 3차 회담에서 북쪽에서 "정상회담은 시기상조다." 이렇게 답을 줬다는 거에요. 그래서 우리 서동권 부장이 속도조절론을 제안했다는 거예요. 북한이 정상회담을 거부하기 때문에, 쉽게 말하면 버릇을 고쳐야 된다, 이런 차원에서 회담을 우리가 연기했다는 거예요. 그래서 한 1년가량 회담을 못 가지게 됐고, 그 와중에 팀스피리트 훈련까지 있어서 북한도 회담을 거부하고, 그래서 임동원 장관님 말씀으로는 우리의 정상회담 제안을 북한이 안 받았다고 해서 속도조절을 한 게 1년을 허비하는 결과를 낳았다, 이렇게 쓰셨거든요. 그거는 실제 팩트하고 부합하는 건가요.

송한호: 그 문제와 관련해 가지고서는, 그때에 우리가 3차 회담 이후에 서동권 장관이 속도조절을 요구했다, 그래서 10개월인가 이후에 4차 회담이 열렸다, 이렇게 말씀했는데, 저는 거기에 대해서는 동의하기가 좀 힘듭니다. 그게 속도조절을 하자는 게 아니고 우리는 우리대로, 그때 가능하면 빨리 회담을 열어 가지고 기본합의서가 채택돼서 남북관계 개선이 더욱 더 진전되는 걸 바랐지, 남북고위급회담

이 계속 연기돼서 결실을 맺는 것이 늦어지는 거에 대해서는 사실상 저희들은 원치 않았거든요. 저는 이제 임동원 대표하고 약간 의견을 좀 달리합니다.

남북정상회담의 제안

이정철: 90년 10월에, 서동권 부장이 방북을 해서 정상회담을 제안한 건 사실인가요?

송한호: 아, 그것은 사실일 겁니다. 예. 그건 사실이고, 그 전에 노태우 대통령 때 박철언(朴哲彦) 장관이 북한 측과 만나서 얘기할 때에도 남북정상회담에 대해서도 우리 측이 굉장히 적극적이었답니다. 아까도 배경을 말씀드렸지만 노태우 대통령이 정상회담에 대해서 굉장히 강한 집념을 가지고 있었어요. 아마 그건 사실일 겁니다.

이정철: 그러면 이제 우리가 제안했는데 북한이 안 받았던 거잖아요.

송한호: 예, 예.

이정철: 그러면 북한이 안 받은 거에 대해서 속도조절 하자, 이렇게 했을 것 같긴 한데. 우리 입장에서 보면 불쾌하니까요.

송한호: 글쎄요, 그건 저도 잘 알지 못하겠습니다.

남북기본합의서의 명칭과 순서

이정철: 예, 알겠습니다. 두 번째 질문인데요, 이것도 이제 임동원 장관님 회고록 관련인데, 아까 조동준 선생님 질문한 거하고 관련이 있는데요, 불가침이 기본합의서 명칭의 중간에 오잖아요. 그런데 이게 제가 듣기로는 북한이 제안한 거는 원래

불가침 합의서고, 우리가 제안한 게 화해 협력과 교류 협력, 화해 교류협력 합의서고, 이름이 서로 달랐는데, 이거를 조율하는 과정에서, 북한이 주장한 불가침을 중간에 넣고, 우리가 주장한 화해 교류협력을 떼어 가지고 앞과 뒤로 넣고, 이렇게 명칭을 조율했다, 이제 임 장관님 설명이거든요. 실제 그게 사실인가요.

송한호: 거기에 대해서 말씀드리면, 예비회담에서 회담 의제를 조율할 때에, 우리는 교류협력 문제를 앞세우자고 그랬어요. 북한 측은 군사적 대결상태 해소 문제를 앞세우자 그랬고요. 서로 입장이 아주 팽팽히 맞섭니다. 그러다가 아까도 말했지만 7차 회담에서 정치적 군사적 대결상태 해소와 다각적인 교류협력 문제로 합의를 했는데, 그때 예비회담 수석대표가 저였기 때문에 제가 직접 이야기를 했어요. "당신네들이 지금 정치 군사 대결상태 해소 문제를 먼저 표기하자고 하는데, 과연 이 표기 문제가 토의 순서를 의미하는 것이 아니다 하는 것을 확약을 해라." 제가 다그쳐서 이 때 이 이야기를 했거든요. 그러니까 그때 북한이 "그건 동의한다. 확실하게 약속할 수 있다." 그래 가지고 정치 군사 대결상태를 해소하는 문제가 먼저 오고 그 다음에 교류협력 실시하는 문제가 뒤에 가게 된 거지, 최초부터 그렇게 된 건 아닙니다. 우리가 교류협력 문제를 주장을 했고, 북한은 정치적 군사적 대결상태 문제를 회담 의제로 하자 그러다가 그 중간에 그럼 서로 양보해 가지고 하나로 묶자, 그랬는데 우리 측은 교류협력 문제와 정치적 군사적 대결상태 해소문제, 이렇게 이야기를 했고, 북한 측은 아까 말한 것처럼 군사적 그리고 정치적 대결상태 해소를 앞세우자고 이렇게 이야기 하면서 그 부분에 대해서는 상당히 논란이 많았습니다. 그런데 7차 회담에서 결국은 우리 측이 좀 양보를 한 거죠. 아까도 말했지만 북한 측의 확약을 받고, 토론 순서가 아니라는 확약을 받고, 북한 측에 동의를 해 준 겁니다.

이정철: 그러니까 불가침을 교류협력 앞에 둔 거는 우리가 양보한 거라는 말씀인 거죠. 불가침을 교류협력 앞에다가 둔 거잖아요.

송한호: 예, 그렇습니다.

이정철: 그걸 우리가 양보할 때 조건이 표기 순서와 토의 순서가 연관된 건 아니다, 라는 다짐을 받고 했다, 이 말씀이네요.

송한호: 예, 그렇습니다.

남북회담과 정치인 및 경제인 역할

이정철: 마지막 질문인데요, 당시에 김우중(金宇中), 정주영(鄭周永), 경제인들이 사실은 북한을 많이 드나들고 협상을 했고, 그래서 정치인인 박철언 장관이 비공개 협상을 한 걸로 알고 있는데요. 당시 경제인들의 역할이나 박철언 장관의 역할이나 각각이 우리 고위급회담에 도움을 많이 준 건가요, 아니면 우리가 그 쪽을, 경제인들을 도와 준 건가요.

송한호: 그것에 대해서는 제가 잘 모르겠습니다. 사실은 그 분들이 각각 비밀리에 활동을 했고 북한과 접촉을 했기 때문에, 그들의 접촉 과정에서 주고받은 내용이라든가, 그 외에 서로 합의한 내용에 대해서는 저는 잘 모릅니다.

이정철: 예, 알겠습니다.

이행의 문제

조동준: 제가 추가 질문 하나 드리겠는데요. 우리가 협상을 하면 합의도 중요하지만 합의가 이행되는가가 상당히 중요하잖아요. 지금 차관님께서는 1978년 북한과 월남(越南) 문제, 공관원 송환문제를 가지고 협상도 해 본 경험도 있으시고, 그 다음

에 남북고위급회담도 하셨는데, 그 당시에는 남북기본합의서가 만들어지는 데 초점을 두고 상당히 노력하셨는데, 그 당시에 과연 북한이 이것을 이행을 할까, 그거에 대한 걱정이나 기대는 없었는지 어떠셨는지 궁금합니다.

송한호: 글쎄, 기본합의서가 합의됐지만 이행 문제가 제일 중요하다, 저희들은 기본합의서가 채택된 것을 굉장히 중요하게 생각합니다. 그것을 이행하려고 계속해서 노력을 했고요. 다만 북한 측은 자기네들의 목적 달성이 이루어지지 않고 여러 가지로 이행을 하는 것이 바람직하지 않다고 생각해서, 사실상 그 이행에 대해서는 등을 돌리게 되거든요. 아까도 제가 말씀했지만 완전히 사장시켜 버립니다. 그 후에도 우리가 기본합의서 이행을 위해서 많이 노력해 봤지만 북한은 거기에 대해서 긍정적인 답변도 없고 완전히 무시하고요. 그렇기 때문에 이행 문제에 있어서는 아무런 진전이 없었다, 이렇게 생각합니다. 그러나 그 후의 남북 간 회담이라든가, 접촉에서도 그런대로 남북기본합의서의 정신은 그때 많이 반영됐다 할 수 있습니다.

북미수교와 남한의 입장

이상숙: 추가질문을 하나 드리겠는데요. 아마 총장님께서 민주평통 사무총장으로 계실 때, 92년 1월이죠, 김용순-캔터 회담이 있었죠. 그때 한국 정부는 그것에 대해서 어떤 생각을 가졌는지 궁금합니다. 북한이 북미관계 개선을 하려고 노력을 하니까 그 과정에 있던 회담이다, 이렇게 생각을 했는지, 아니면 긍정적으로 보셨는지요. 아니면 우리가 예상하지 못한 회담으로, 고위급의 북미관계가 개선되는 건 아니냐, 약간 우려를 하셨는지, 어떤 느낌이셨는지요.

송한호: 예, 뭐 거기에 대해서 우리 정부로서는 크게 개입도 안 했습니다. 개입도 안 하

고, 그 결과가 우리 정부의 입장하고 거의 비슷했기 때문에 거기에 대해서 반대하거나 거부감을 표시하는 일은 없었습니다.

이상숙: 이게 일회성 회담이고 계속 이어지지 않을 거라고 생각을 하셨는지요.

송한호: 그거는 저희들이 예상하거나 추측할 수는 없었어요. 다만 그 결과물만 볼 때에, 그 결과는 우리의 입장하고 같다, 그래서 그 결과에 대해서는 저희들도 만족스럽게 생각했습니다.

북핵문제와 한미관계

신종대: 어쨌든 91년도에, 자료를 보니까 7월 2일~3일에 백악관에서 노태우 대통령이 부시를 만나서 북한과의 핵문제에 대해서 미국이 아닌 한국이 주도적인 역할을 해야 된다고 했다고 하는데요. 그리고 이제 92년이 임기 말이니까, 상식적으로 생각을 하더라도 노태우 대통령은 남북관계 개선, 그리고 정상회담 개최까지 큰 관심을 가질 수밖에 없었다고 생각을 합니다. 그런데 또 자료를 보면, 92년 한 해 동안 총 13회에 걸쳐서 핵통제공동위원회에서 핵사찰 문제 이런 걸 다루고 있지 않습니까. 그런데 당시에 한국은 미국이 너무 과도하게 48회 사찰, 그 중에 24회는 특별사찰, 이런 걸 얘기를 하는 것과 관련, 미국의 주문이 너무 과도하다고 해서 정부 내에서도 비판이 많았다고 나오거든요. 거기에 대해서 혹시 기억하시는 게 있으신지요.

송한호: 아, 잘 기억하지는 못하는데, 북한으로 하여금 핵개발을 중지하고 IAEA의 사찰을 받으라, 하는 것은 미국의 입장에서는 당연한 일이라고 생각합니다. 미국도 아까 전에 얘기했지만 북한의 핵개발이 중지되고 사찰을 받는 것을 굉장히 중요하게 생각했거든요. 아까 그 카터 전 미국 대통령이 평양에 가서 김일성을 만났

을 때도 사실상 북한 핵개발을 정지시키고 동결시키기 위해서 많은 노력을 했어요. 카터 대통령이 가서 김일성과 만났을 때에 카터 대통령이 북한으로 하여금 핵동결을 하기를 원했습니다. 그때 제가 알기로는, 핵동결에 대해서 북한 측이 동의를 하고, 그 다음에 북한 측이 요구하는 경수로 핵발전소를 지어 주는 것에 대해서 거의 의견을 합치를 봤다는 거예요. 그리고 또한 아까 말씀했지만 남북 정상회담에 대해서 북한이 동의를 해 왔고요. 그런 것을 보면 미국으로서는, 하여간 될 수만 있으면 빨리 핵동결을 하고 북한이 비핵화에 나서도록 하는 것이 미국의 안전보장에도 아주 중요하다는 생각을 했기 때문에 그 노력은 그때부터 오늘날까지도, 아까는 제가 제네바 합의를 얘기했지만 그것으로 끝나지 않고, 계속해서 노력하고 북한에 대한 대북압박도 계속되고 있다고 생각을 합니다.

박용옥 차관 구술

일   시 : 2022. 8. 17. 14:00-16:00
장   소 : 국립외교원 2층 세미나실
질문자: 신종대(북한대학원대), 엄구호(한양대)
        이동률(동덕여대), 이정철(서울대)
        조동준(서울대)

박용옥: 여기 계신 분들은 다 저와 연령이 많이 차이가 나니까, 제가 현직에 있을 때는 여러분을 볼 기회가 별로 없었을 것 같고요. 한양대학교의 유세희 교수 같은 분과 가까이 지내던 분들이고, 또 서울대학교에서는 김학준, 안청시 교수 등과와 가까이 지냈습니다. 오늘 이렇게 옛날 사람을 초청해서 옛날 얘기를 듣고 싶어 하신다고 해서, 이제는 기억도 제대로 날지 모르겠습니다만, 여러분들이 질문지를 보내 주셨던데, 제가 생각나는 한 할 수 있는 대로 여러분들에게 설명 드리도록 하겠습니다. 이렇게 하는 것이 여러분들의 연구에, 또 정책검토에 얼마나 도움

박용옥 차관

이 될 수 있을는지는 모르겠어요. 하여튼 저도 편안한 기분으로, 제가 생각나는 대로, 질문에 대해 말씀드리도록 하겠습니다.

박용옥: 저는 그동안 한 30여 년 군 생활을 하고, 한림국제대학원대학교에, 또 세종연구소에 있다가, 제 마지막 공직으로 이북5도청에 평안남도지사로 한 4년 근무하고, 2013년에 완전히 공직을 떠났고, 지금까지는 유유자적하면서 자유로운 삶을 살고 있습니다. 요즘은 쓰는 것도 많지도 않고 신문에 칼럼 쓰는 것도 끊은 지도 몇 년 되는 것 같고, 시사에 매우 어두울 겁니다. 그러나 오늘 여기에서 말씀드리는 것은 하도 옛날 얘기니까, 옛날 얘기는 좀 할 수 있겠다 하는 생각이 들어서, 요청주실 때 별로 그렇게 망설이지 않고 응했습니다. 오늘 하여튼 조금이나마 여러분들에게 도움이 되는 유익한 대화를 나누었으면 합니다. 감사합니다.

김종학: 차관님 감사합니다. 1991년 당시에 군사전략적인 측면에서 북한의 의도와 정세를 우리가 어떻게 분석을 했는지, 거기에 대해서 어떻게 대응해 왔는지에 대한 말씀을 자유롭게 해 주시면 좋을 것 같습니다. 먼저 차관님께서 40~50분 정도 자유롭게 말씀을 해 주시면, 그에 대해서 면담자 교수들께서 추가질문을 하는

식으로 진행을 했으면 합니다.

박용옥: 제가 먼저 프레젠테이션 하는 식으로 준비를 하지 않았고, 질문지를 중심으로 대화를 나누는 방식으로 준비를 했습니다. 마침 말씀을 하셨으니까, 남북고위급회담, 그게 결국 남북기본합의서가 되고, 그 다음에 비핵화 공동선언으로 이어진 건데요. 이 두 문제는 여기 질문지를 보니까 그거와 관련된 질문들은 여기에 다 포함이 돼 있는 것 같아요. 그래서 제가 따로 어떤 설명을 하면 이게 중언부언이 될 수도 있을 것 같아서, 또 기본적인 것은 남북고위급회담이 어떤 배경 하에서 추진됐느냐, 이건 이미 여러 문서로도 나오고, 기록으로도 나와 있는 것들이고, 비핵화 공동선언 문제도 마찬가지입니다. 그렇기 때문에 그걸 제가 여기서 다시 요약 정리해서 발표한다는 것이 큰 의미가 없는 것 같아서, 여기에 있는 질문을 하나씩 이야기하면서 당시 어떤 상황이었는지에 대해 얘기하는 게 어떤가라는 생각이 듭니다.

김종학: 알겠습니다. 그럼 사전에 질문을 제시하신 교수님들께서 먼저 질문을 드리시고, 그다음에 부연 질문을 해 주시면 감사하겠습니다.

고위급회담과 3개 분과

박용옥: 우선 질문하시기 전에, 이미 여러분들 다 아시죠, 남북고위급회담이라는 것이 1989년에 예비회담을 가지고 90년, 91년 거쳐서 92년에 8차 회담으로 끝나고 그 결과물이 결국 남북기본합의서였지요. 고위급회담 할 때는 분과가 세 개로 나누어져 있었거든요. 고위급회담은 총리들이 마주앉아서 기조연설하고 끝나고, 그 다음에 분과별로 구체적인 협의를 하고, 합의를 하는 식으로 진행됐고요. 주로 남북화해를 다루는 정치분과위원회가 있었죠. 이 회의에서는 지금 이동복

(李東馥) 교수가 그때 정치분과위원장 했고요. 그 다음에 두 번째 파트가 상호불가침 분야였고, 세 번째 파트가 교류협력 분야였지요. 불가침 분야는 주로 군사 분야인데 제가 그때 불가침 분야 분과위원장을 했고, 교류협력은 주로 경제 교류협력, 사회문화 등의 분야를 다루었는데, 여기 여러분들이 다 잘 아시는 임동원(林東源) 전 외교안보연구원장이 그 위원장을 했어요.

남북회담 및 비핵화 선언의 배경

박용옥: 당시는 이미 소련도 무너져 가고, 동서 냉전도 와해되고, 그런 상황에서 북쪽도 남쪽도 안정되지 못한 측면이 있었어요. 남쪽은 또 정치적으로 아직까지도 80년대 5공에 이어, 그 다음에 집권한 노태우(盧泰愚) 정부였는데, 정치적으로 확실히 안정화되지 못한 상태에 있었어요. 그리고 외교적으로는 북방정책 등을 활발하게 하고 나갔죠. 그런 가운데 북한은 북한대로 내부가 후계체제 관련된 여러 가지 문제로 불안할 때였어요. 남북 서로가 남북관계를 개선해야겠다는 그런 필요가 있었을 때 바로 고위급회담이 열리고 아귀가 맞은 거죠. 그 다음에 비핵화 선언은 그것의 연장선상에서 서로 화해, 교류협력을 해 나가려니까, 핵문제가 거론되면서 비핵화 문제가 나오게 된 거고. 그런 시대적 상황에서 비핵화 선언이 자동적으로 나오게 된 상황이었지 않나 생각합니다. 그런데 이것이 이루어지는 동안에는 여러 가지 우여곡절이 있고, 서로의 속셈이 있고, 그런 가운데에서 진행된 거죠. 그러니까 그런 것은 여러분들이 대개 이해하실 테니까, 이걸 바탕으로 질문해 주시면 제가 답변을 하는 식으로, 토론하는 식으로 하도록 하겠습니다.

김종학: 네, 알겠습니다. 질문지의 첫 번째, 두 번째 질문은 신종대 교수님께서 주셨는데

요, 질문 부탁드리겠습니다.

비핵화의 논리

신종대: 예 차관님, 제가 질문지도 드렸는데, 당시 남북 간 비핵화 협상에 있어서 국방부 군비통제관으로서 중추적인 역할을 하신 걸로 이해를 하고 있습니다. 제 질문은, 북한이 1989년 1월달에 외교부 성명을 통해서 조선반도의 비핵지대화를 창설하자, 그리고 90년 5월달에도 조선반도 평화를 위한 군축제한, 소위 말하자면 조선반도 비핵무기지대화, 이런 것을 계속 얘기를 해 왔는데, 당시 협상에 임하시면서 협상단 내부에서 이런 북한의 얘기에 대해서 어떻게 대응논리를 개발하셨고, 또 어떠한 근거를 갖고 계셨는지에 대해서 여쭙고 싶습니다.

박용옥: 지금 말씀하신 것처럼, 북한에서 한반도 비핵화선언 그 이전에 비핵지대화, 비핵무기지대화 이것을 제기하고 그랬어요. 그랬을 때, 우리 쪽의 입장에서는 비핵지대화, 비핵무기지대화라는 것은, 북한의 속셈이 미군의 핵, 한반도의 핵 진입을 방지하기 위한 그러한 수단으로써 나온 거라고 생각했기 때문에 이것을 일체 거론의 대상으로 삼지 않고 그냥 반박하는 걸로 응대했어요. 그리고 비핵무기지대화라는 것은 그렇게 이루어진 적도 없어요. 제 기억으로는, 전 세계적으로 비핵무기지대화 하려면 핵 강대국 중심으로 해야 할 거 아니에요? 사실 핵 강국들은 비핵무기지대화 하면 합의할 게 있고 합의 못 할 게 있습니다. 완벽히 합의할 수 있는 사항이 아니죠. 예를 들어서, 남태평양 지역에, 또는 어느 북극 지역을, 비핵무기지대화 한다면 그걸 어떻게 할 것이냐하는 거죠. 항공 루트도 문제가 되겠지만 특히 바다에 잠수함, 핵잠수함에 핵무기가 적재되고, 또 그 핵무기가 바다에 저장될 수도 있고요. 이런 거는 핵강대국으로서는 아예 거론조차도 안

하죠. 미국과 소련이 핵협상을 많이 하고 핵탄두나 미사일 협상도 많이 하고, 전략무기 협상도 하지만, SALT(Strategic Arms Limitations Treaty: 전략무기제한협정)나 START(Strategic Arms Reduction Treaty: 전략무기감축협정) 모두 하지만, 건드리지 않는 게 있어요. 핵잠수함에 관해서는 건드리지 않아요. 바다 밑에 무슨 핵무기가 있는지, 이것은 건드리지 않는다. 그 얘기는 뭐냐하면, 아마 지금도 그럴 거에요, 핵강국들 입장에서는 그런 것을 간섭받기가 싫은 거죠.

박용옥: 그러니까 북한이 비핵지대화를 거론하면, 북한도 알죠. 이거는 말이 안 되고 강대국에서 받아들여질 리도 없다는 것을 알죠. 알지만 자기들이 원하는 것은 한반도에서는 한미동맹에 의해서 군사훈련이 시작되면 여기 전략자산이 들락날락한다, 여기는 핵무기가 있을 수 있다, 단순한 비핵이 아니라 핵지대, 한반도 자체 핵지대에서 일체 그런 것들이 들어오지 못하도록 하는 것이라고 주장하죠. 그러니까 북한이 핵 관련 장비라든가 운반수단이 여기에 들어오지 못하도록 하려는 그런 저의를 가지고 이 문제를 구체적으로 제기할 때, 우리는 물론 그것에 대해 "말도 안 되는 소리 하지 말라." 이렇게 대답하지만, 북한은 그런 것을 하나의, 자기들의 캐치프레이즈로 항상 내걸죠. 실제로 저희들이 볼 때는 자기들도 이것이 안 된다는 건 잘 알고 있다, 이렇게 생각하고 있었어요. 그래서 비핵화협상 할 때에도 이런 문제는 거론된 적이 없어요. 협상, 회의 때 북한도 이걸 거론한 적이 없고 또, 우리도 물론 여기에 대해서 얘기한 적도 없습니다. 질문에 답변이 됐는지 모르겠습니다.

북한 비핵화 '실패'의 경과

신종대 교수

신종대: 또 한 가지는, 91년 9월 달에 부시(George H. W. Bush) 대통령이 전술핵무기 철수를 일방적으로 얘기를 했지 않습니까? 그래서 거기에 대해서 왜 그때 미국 또는 한국이 북한의 핵개발 포기와 이것을 바터(barter)로, 교환하려고 연결을 시키지 않았는지, 그 이유는 북한 핵문제의 심각성에 대해서 그때 당시에 우리 남측 당국, 또 미국이 낙관적으로, 그렇게 심각하게 보지 않았던 것 아닌지, 그래서 당시 북한 핵개발 포기로 연결시키지 못한 게 말하자면 굉장히 실패다, 정책적 실패다, 그런 평가가 사후에 나왔는데, 여기에 대해서 당시에 군비통제관으로서 상황을 어떻게 보고 계셨는지 궁금합니다.

박용옥: 그러니깐 부시 대통령이 전 세계적으로 전술핵 철수계획을 발표했죠. 그게 91년이죠?

신종대: 예, 91년 9월이죠.

박용옥: 그런데 왜 이것을 북한의 핵문제와 연결시켜서 하지 않았느냐. 우리가 그것을 잘못한 거 아니냐는 거죠?

신종대: 예.

박용옥: 그것은 문제가 간단합니다. 여러분들 다 잘 알다시피 미국의 핵정책은 NCND(Neither Confirm Nor Deny)죠. 핵문제는 어떤 나라에서든지 확인도 부인도 하지 않는, 이런 정책이기 때문에, 미국이 전 세계로부터 전술핵을 철수한다고만 얘기했지, 어디에서 철수한다 얘기는 하질 않습니다. 뭐 유럽에서 한다, 동북아에서 한다, 어디서 한다, 이런 얘기를 하지 않죠. 그러니까 어떤 핵무기를 얼마만큼 철수한다는

얘기를 일체 하지 않죠. 미국의 핵정책의 기본이니까요. 물론 한반도에 전술핵이 있었죠. 옛날에 전방에서. 우리가 옛날 초급장교 때는, 부분적으로 각 군단에 핵훈련이 있었어요. 그게 나중에는 없어졌어요. 전술핵이 있었지만, 절대 미국이 한국에 전술핵이 있다고 얘기한 적이 없고, 할 수가 없고요.

박용옥: 그렇기 때문에 우리가 전술핵무기를 갖는 걸 북한의 핵과 연계시킨다는 것은 논리적으로 연계가 될 수가 없는 거죠. 그러니까 우리도 미국의 핵정책을 알고 있고, 미국은 또 그 입장을 확실히 하고, 또 한국에 전술핵이 있지만 그것에 대해 전술핵이 있다 얘기하는 법이 없고, 우리도 그걸 얘기하는 법이 없고. 그렇기 때문에 북한에 "너희도 해라. 그럼 우리도 철수하겠다."는 얘기가 안 되는 거죠. 그건 NCND 자체를 깨뜨리는 거니까. 그런 측면에서 저희들이 그런 것을 연계하는 것은 고려하지 않고, 또 연계할 수도 없었다, 그리고 연계하려고 해도 그건 미국도 아마 동의할 수가 없었을 거에요.

신종대: 기록에 보면, 당시 백악관 스코우크로프트(Brent Scowcroft) 안보보좌관이 "양자가 연계돼야 된다." 이런 것을 부시 대통령에게 건의를 했는데, 부시 대통령이 이를 수용하지 않았다는 기록이 있거든요.

박용옥: 글쎄, 스코우크로프트가, 그 사람 안보보좌관 한 사람 아니에요? 그 사람이 그걸 모를 리가 없잖습니까. 미국의 핵정책이 NCND임을 모를 리가 없고, 북한의 핵문제를 거론하려고 자기들의 NCND 정책을 깨뜨릴 수도 없는 거죠. 그래서 부시 대통령에 그것을 건의했다는 것은 저는 그 사실을 들어 본 적도 없지만, 그게 어떤 기록에 그런 게 있죠? 그런 기록이 있다면 저는 그 기록을 신뢰하기가 어렵네요. 그 상황으로 봐서는, 미국의 대통령이 결국 허용을 안 한 것 아닙니까? 그리고 아마 됐다 하더라도, 참모진들이, 거기에 차관, 차관보, 그 밑에 부차관보, 국장들이 차례로 있었을텐데 아마 거기서는 협상 전략가들 차원에서도 그거는 아마 받아들여지지 않았으리라고 봐요. 저는 그렇게 이해하고 있습니다.

박용옥: 미국은 NCND가 굉장히 철저해요. 에피소드를 말씀드리면, 제가 나중에 정책실장 하기 전에, 당시 군비통제관 할 때, 미국의 한미연합군사령부에 기획참모, C-5라고, 이제 주로 해병 소장이 하는데, 주로 우리 국방부 정책파트하고 대화하고 정보를 교환하고 하는 어떤 커뮤니케이션 채널이 있었죠. 저하고는 아주 긴밀하게 유지를 했어요. 그래서 우리는 그냥 누가 시킨 것도 아니지만, 의제가 있든 없든 둘이서 매주 수요일 아침 조찬을 하자고 하고, 코미스키라고 용산 골프장이 있던 그 지역에 미군 클럽이 있어요. 거기에서 수요일마다 의제가 있으면 서로 논의하고, 또 자료를 교환할 건 교환하고, 없으면 없는 대로 식사하고 대화하는 모임인데, 그것이 유용하게 활용돼서 나중에는 외무부에 미주국장이 이 사람들도 참여하겠다 그래서 그때 정태익(鄭泰翼) 국장이라든가 참여하고 그랬어요. 그러다 보니까 연합사령부 측에서도 거기 참모장이었던 크라우치(William W. Crouch) 장군, 3성 장군이었는데 자기도 좀 참여하자 그래가지고, 몇 번 조찬을 같이 하던 때가 있었는데, 한번은 거기에서 미 C-5가 둘이 있을 때 나한테 슬쩍 얘기하더라고요. "미국의 전술핵 철수팀이 한국에 들어왔다." 나한테 귀띔을 하더라고요. 그런데 한국 정부에 공식 통보하기 전이에요. 외무부에도, 청와대에도 통보를 안 한 모양이었어요. 그런데 "지금 철수팀이 들어와서 작업 중이다"라는 거예요. 그래서 제가 바로 장관한테 보고하고, 청와대에 보고했더니 그때 청와대에서, "이런 정보를 어떻게 국방부의 일개 국장한테 말 할 수 있느냐"하면서 믿지를 않았어요. 그때 그건 사실이었거든요. 그래서 제가 장관님께 보고하고서는 비핵정책을 처음으로 검토하기 시작한 거죠. 그러니까 이런 식으로 한미 간에는 북한 핵문제에 대해 얘기할 때 따로 놀지 않았어요. 같이 긴밀하게 협조하고, 미국도 한국에 대해서 자기들 전술핵 문제를 얘기하지는 않지만, 그런 비공식 채널을 통해서 귀띔해 주기도 하고 그랬지요. NCND라는 것은, 아주 요지부동으로, 지금도 유지되고 있을 겁니다. 지금도 아마 NCND는 변하

지 않고 있을 거에요.

소련의 역할

엄구호: 두 개 질문만 드리겠습니다. 90년 9월달에 한소수교를 하고요, 91년 4월달에 제
주도에서 고르바초프(Mikhail Gorbachev)—노태우 대통령 정상회담이 있었습니
다. 그리고 91년 12월에 5차 남북고위급회담이 있었고 그때 한반도 비핵화 공동
선언도 합의를 하게 되는데, 혹시 소련하고 한반도 비핵화 문제 관련해서 어떤
협의나 접촉이 있었다고 기억하시는지요.

박용옥: 그때 분명히 소련 측하고는 북한 핵문제에 대해서, 비핵화 문제에 대해서 논의한
적이 없고, 또 우리는 중국하고도 이 문제에 대해서 거론한 적이 없어요. 제 생
각에는 아마 북한도 얘기하다 보면 중국을 굉장히 경계하고, 좀 싫어하는 감정
을 많이 나타낼 때가 있었어요. 저도 북한도 중국하고 이 문제에 대해서 그렇게
협의한다는 인상을 받지 못했습니다. 특히 소련하고는, 제가 90년에 소련을 방
문한 적이 있지만, 핵문제에 대해서는 소련하고, 그때는 이미 소련이 무너졌을
때지만, 그때 얘기한 적이 없고, 북한도 그렇지 않은 것 같았어요, 중국도 마찬
가지고요.

북한 비핵화와 한미관계

엄구호: 자료에 보면, 아까 말씀하신 부시 대통령이 91년 9월달에 전 세계 전술핵 철수를
선언하고, 미국이 한국에게 남북고위급회담에도 비핵화 의제를 포함해라, 그런

요구가 있었다고 회고록과 같은 데에 보면 그렇게 되어 있고요. 91년 12월 28일에는 공식적으로 남한에서 전술핵이 철수됐다고 선언이 됐습니다.

박용옥: 그게 9월이죠?

엄구호: 9월달에는 부시 대통령의 철수계획이 있었고, 91년 12월 28일에는 남한에서 전술핵이 철수됐다고 하는 선언이 있었죠.

박용옥: 12월 28일, 우리가 29일부터는 비핵화 공동선언 협상에 들어갔는데요.

엄구호: 맞습니다. 딱 그 언저리에 그렇게 되었습니다. 그래서 당시 남북기본합의서하고

엄구호 교수

한반도 비핵화선언을 동시에 처리하게 됐는데, 이제 일각에서는 노태우 정부의 기조가 남북기본합의서 합의에 조금 더 방점이 있었다는 해석도 있고, 그런데 비핵화 공동선언 협의에 있어서 미국이 사찰 문제와 같은 부분에 있어서 한국 정부에게 좀 과도한 간섭이 있었다는 해석도 있고, 특히 재처리 능력 조항이라든지, 한국 정부가 사찰에는 북한 합의가 있어야 된다고 합의한 부분에 대해서는 미국이 조금 부정적이었다는 해석도 있어서요. 결과론적이지만 비핵화를 같이 하면서 오히려 남북관계도 빨리 경색되고, 고위급회담이 무너지게 된 배경이 됐을 수도 있다 라는 해석도 있었습니다. 그래서 전반적으로 제동이 걸리게 됐다는 거죠.

박용옥: 고위급회담이 8차 회담까지는 잘 됐지만 그 후가 연결이 안 됐죠.

엄구호: 예, 간첩단 사건이 일어나고 무너지게 되는데, 남북관계 개선에 더 탄력을 받았던 게 비핵화 때문에 제동이 됐을 수도 있다는 거죠. 예를 들면 사찰의 횟수가 너무 많다든지하는 그런 미국의 간섭도 있을 수 있었다는 건데, 그래서 전반적으로 남북고위급회담 진행에 있어서 이 비핵화 문제가 미국과의 어떤 기조 속에서

이루어졌고, 또 한국 정부가 불편했던 점은 없었는지 궁금합니다.

박용옥: 고위급회담은, 서두에서 말씀드렸다시피 그 당시는 남과 북이 서로가 남북관계 개선의 필요성을 느낄 때였다고 봅니다. 그래서 89년부터 예비회담이 시작돼서 90년에서부터 총리급을 단장으로 하는 고위급회담이 열리기 시작했는데, 당시 서로가 속셈은 다를 수 있어요. 그러나 하여튼 표면적으로라도 남북관계가 개선되는 모습을 보일 필요는 있었다고 봐요. 북한도 굉장히 내부적으로도 그렇고, 또 주변 상황이 자신들한테는 좋지 않은 상황이었죠. 소련도 저렇게 되고요. 또 한국도 국내정치적으로도 그렇고요. 뭔가 신정부마다 대북 관계개선을 하려고 선언들을 많이 하니까요. 그래서 남북고위급회담은 순전히 남과 북의 주도로 이루어진 회담이었다고 봅니다.

박용옥: 비핵화 공동선언이 중간에 터져 나왔는데, 지금 말씀하셨다시피 부시 대통령이 91년 9월에 전술핵무기 철수계획을 발표하죠. 그때 한국은, 저는 외무부, 안기부 쪽은 잘 모르겠습니다만, 그걸 사전에 알고 대비했는지 안 했는지 저는 잘 모르겠어요. 하여튼 철수가 발표되니까, 한국은 '아, 우리 쪽에 있는 것도 결국은 철수되겠구나'하고 생각한 거죠, 그 얘기를 미국이 하지 않았지만요. 그러니까 우리가 이제는 북한의 핵문제를 본격적으로 검토를 해야겠다, 그래서 전술핵 철수할 때 우리가, 외무부, 또는 그 당시 안기부가 검토 작업이 이뤄지지 않을 때, 우리가 '아, 이건 비핵화, 비핵정책을 검토해야 되겠다'고 본 거죠. 왜냐하면, 그 당시 한국이 핵개발 위협국으로 국제적으로 상당히 부각돼 있을 때입니다. 그래서 실질적으로 피해도 봤어요. 어떤 화학제품이라든가 이런 관련 물질의 제약도 받고, 실제 한국이 핵개발 위협국으로 상위 그룹에 올라 있는 것을 우리가 피하지 않으면 국제적인 제재라든가 모든 문제에서 불이익을 당할 수 있겠다, 일단은 핵개발 위협, 여기서부터 벗어나야겠다, 그리고 우리도 일본처럼 비핵정책을 표방해야겠다는 판단이었죠.

박용옥: 이런 판단이 있어서 저희들이 그때, 국방부가 독단적으로 비핵정책을 검토했어요. 그러니까 이건 외무부나 안기부와 일체의 상의 없이 우리 자체적으로 검토했어요. 그래서 이종구(李鍾九) 장관이 국방장관 하실 때인데, 저는 그 전에 미국 C-5로부터 전술핵 철수팀이 지금 들어왔다는 얘기를 귀띔으로 들은 적도 있고, 그래서 장관님한테 보고하고 "비핵정책을 검토해야겠습니다." 해서 검토를 해서 장관님한테 보고를 드렸더니 "이걸 지금 어떻게 보고하려는 거냐" 하면서 좀 조심스런 표정이었는데, 그때 부시의 전술핵 철수 발표가 나오니까, 급히 저를 찾아서 빨리 들어가서 이 비핵정책을 청와대 가서 보고하자고 했던 그런 상황이었어요. 그때는 우리 안(案)에 재처리 농축을 포기하자는 말을 넣지 않았어요. 비핵정책은 표방하되 핵 옵션은 가지고 있어야 된다는 것이 국방부의 기본 입장이었어요. 그러니까 재처리, 우라늄 농축, 이거는 절대 비핵정책에 포함되지 말아야 된다 일본처럼, 그래서 핵 옵션을 우리가 버리면 안 된다, 그 방침을 바탕으로 그건 아예 언급을 하지 않고 보고를 했었죠.

박용옥: 그것이 나중에 알려지게 돼 가지고 그때는 외무부, 안기부에서도 같이 검토하자고 해서 그때 정부 차원에서 검토 작업이 이루어졌는데, 저도 여러 번 청와대 회의에 참석했어요. 그때 재처리 문제를 어떻게 하느냐 하는 문제가 논점이 됐는데, 그 당시에 미국은 반대했는데, 모든 결론이 미국이 철저히 반대하면 우리가 몰래 하고 싶어도 할 수가 없다, 이런 분위기로 흘러갔어요. 그런데 우리 국방부 입장에서는 핵 옵션을 완전히 버리게 되면 우리가 불안할 수가 있다는 입장이었는데요.

박용옥: 그렇게 해서 노태우 대통령이 한반도 평화선언을 한 거죠. 한반도 평화선언에서 우리는 핵개발 안 한다고 발표해 버렸죠. 그러면서 주한미군 전술핵도 철수했다는 이런 얘기가 그때 나왔을 겁니다. 확인해 보시면 알겠지만 그 기록이 어디 있다고 그랬는데, 우리가 전술핵 철수했다는 거는 우리 쪽에서 얘기했을 거에요.

그건 미국 쪽에서는 얘기 안 했을 겁니다. 우리 쪽에서 아마 11월 달일 겁니다. 노태우 대통령이 한반도 비핵화 평화선언 하면서 핵개발 하지 않겠다는 얘기를 하고요. 그래서 그 상황에서 당시 우리 국방부 측에서는, 그러면 우리만 비핵선 언을 하고 북한은 가만히 있으면 어떡하느냐, 이건 문제가 되지 않느냐, 그럼 안 된다, 빨리 북한한테 얘기를 해서 한반도 비핵화를 같이 검토하자고 우리가 제 의를 해야 된다고 얘기를 했어요. 그때 마침 또 남북고위급회담이 진행되고 기 본합의서도 다 이루어져 가고 있던 분위기 좋은 때이기 때문에 이럴 때 한반도 비핵화 공동선언을 하자고 해서 북한에 제의하고, 북한도 금방 받아들여서 하자 고 해서, 91년 12월에, 제 생각에는 12월 29일부터 회의를 3일간 꼬박 했어요, 하루 종일 29, 30, 31일 꼬박하고 31일에 합의안을 채택했어요. 발표는 그 다음 1월 1일이 휴일이니까 아마 1월 4일쯤 발표됐을 겁니다.

박용옥: 그러니까, 저는 그렇게 생각해요. 이 비핵정책이란 것은 미국이 이걸 하라 그래 서 한 게 아니라, 그때는 노태우 대통령이 우리가 비핵정책 선언했는데, 우리만 선언하고 북한이 가만히 있으면 우리만 일방적으로 포기하는 거 아니냐, 그러니 까 북한도 같이 물고 들어와야겠다고 그래서 제의를 해서 같이 비핵회담을 했어 요. 3일간 마라톤 회의를 해 가지고 31일에 합의안에 도달한 겁니다. 그 전엔 핵 회담 같은 건 남북기본합의서 할 때 안 했어요. 왜 북한도 적극적으로 이걸 생각 하고 있었냐 이렇게 판단하냐 하면요, 이와 관련된 에피소드를 말씀드릴게요. 핵 회담 29일날 판문점(板門店)에 가서 앉았는데, 그때 7인 대표회담에 대표로, 그때는 반기문(潘基文) 미주국장도 외무부 대표로 같이 있고, 국방부는 제가, 청 와대도 있었고, 이동복 씨, 임동원 씨 등 일곱 명이 마라톤 회의를 했었는데요. 그때 갈 때는 제 기억으로는 우리가 구체적으로 비핵화안을 어떻게 하느냐, 대 강이 있었지만 그렇게 확실히 조율해 가지고 가지는 않았어요. 그런데 회의에서 최우진(崔宇鎭)이 북한 측 수석대표인데 김영철(金英徹) 정찰총국장도 물론 그때

거기 있었어요. 김영철은 제가 처음 만났을 때는 별 하나였는데, 지금 별 네 개까지 올라갔더라고요. 또 원 모라고 하는 친구도 거기 있었고요. 그럼 어떻게 할거냐, 누가 안을 제시할 거냐, 하고서는 조금 침묵이 흐르고 우물쭈물하는데, 북한의 최우진이 "아, 남측이 준비가 안 된 모양인데 그럼 우리 측 걸 발표하죠." 이렇게 나왔어요. 그러니까 "잘 됐다, 발표하시오" 그랬는데, 발표하는데 보니까, 재처리 안 하겠다는 말이 들어가 있어요. 재처리 안 한다, 우라늄 농축 안 한다, 이게 들어가 있어서요, '아, 이제는 됐다' 그랬어요. 우리는 재처리 안 한다고 그랬는데 북한이 재처리한다고 하면 안 되니까요. 북한도 안 하면 이제는 잘 됐다, 저 안 가지고 충분히 조율할 수 있겠다 그래서 비핵화 공동선언이 큰 무리 없이 합의됐습니다.

비핵화 공동선언 사찰 조항

박용옥: 그런데 어디에서 문제가 됐느냐 하면, 검증 문제, 사찰 문제에 대해서 문제가 됐어요. 많은 사람들이 우리가 협상을 잘못해서 지금 이렇게 되지 않았느냐? 이렇게 이야기하는 사람들이 있는데, 그건 그 당시에 우리를 모르니까 하는 소리입니다. 저는 그렇게 봐요. 왜냐하면 검증 대상을 어떻게 하느냐 하는 문제에 관하여, 우리는 그 당시에, 검증이 제대로 되려면 강제사찰(Challenge inspection)을 해야 한다고 했거든요. 그건 뭐냐면 상대방 측에서 여기라고 하면 바로 들어가서 사찰해야 된다는 게 강제사찰인데, IAEA(International Atomic Energy Agency: 국제원자력기구)도 강제사찰할 때는 통보를 하고 바로 들어가서 사찰해야 한다고 하죠. 그거를 남북한이 해야 된다 우리는 그걸 주장하고, 북한은 "무슨 말이냐, 너희들 그러면 우리나라 군사기밀 탐지하려는 그 목적으로 지정할 거 아니냐?" 이

렇게 논쟁이 붙었어요. 이거 논쟁하다가는 비핵화 선언도 깨지게 생긴 상황이었어요. 그러니까 우리는 일방이 지정하는 시설에 대해서 무조건 사찰하자, 심지어는 주한미군기지까지 우리는 다 공개할 수 있다고까지 북한에 얘기했어요. "주한미군기지, 너희들 들어와서 사찰해라."까지 얘기해 줬어요. 그래도 북한은 뭘 못 받냐면, 어느 한 일방이 지정하는 걸 용어로 못박는 걸 못 받았어요. 그래서 타결이 된 게 '일방이 지정하고 쌍방이 합의하는 시설에 대해 사찰한다', 이렇게 됐어요. 이거는 비토(veto)권입니다. 쌍방이 합의하는 시설이라는 건 상대방이 합의 안 하면 그만이거든요.

박용옥: 북한의 이런 입장은 우리 비핵화 공동선언에서뿐만 아니라 미국과의 6자회담, 또 제네바(Geneva) 회담 사찰문제에서도 그 조항이 끝까지 들어갔어요. 결국 미국도 강제사찰을 관철 못 했어요. 북한은 상대방이 지정하고 쌍방이 합의하는 시설, 이걸 끝까지 관철해서 자기들이 보여 주기 싫은 데는 절대로 안 보여 주는 거예요. 그건 지금까지도 북한이 변함이 없어요. 그러니까 우리 비핵화 공동선언이 왜 사찰을 쌍방이 합의하는 시설로 규정했느냐, 사찰을 포기한 거 아니냐, 그러니까 그건 실패다, 이렇게 얘기하는 사람이 있는데요. 저는 그 당시 협상 당사자로서 어떻게 생각하냐면, 그건 그렇지 않다는 거예요. 당연히 일방이 지정하는 걸 하는 것이 맞지만, 북한이 그 당시 "그러려면 이거 못 한다" 하면, 선언 자체가 불가능해지거든요. 북한이 자기 입으로 비핵화를 하겠다 그러고, 자기 입으로 재처리 안 한다, 농축 우라늄 안 한다고 세계 만방에 선포하는 그런 선언이고, 또 사찰을 받는 선언인데, 이것이 통째로 날아가면, 한국은 뭐냐 이거지요. 일방적으로 비핵정책 발표해 놓고 이거 성공 못 하면, 아무것도 아닌 게 되잖아요. 그래서 옥신각신하다 북한의 검증 사찰을 받아들인 거예요. 왜냐하면, 비핵화 공동선언 자체를 살리기 위해서였던 거죠.

박용옥: 그러니까 결국은 북한이 비핵화 공동선언하고 그 다음에 이어서 사찰 받는 걸 다

합의했기 때문에 IAEA 사찰 받다가 좌초한 거예요. 북한은 IAEA 사찰 받을 때 얼마든지 속일 수 있다고 생각한 것 같습니다. 그런데 실제로 찾아보니까 북한이 숨겨놓은 게 다 들통이 나 버렸거든요. 그러니까 북한이 IAEA 탈퇴하고 이런 난리를 부리게 되는 거죠. 그러니까 IAEA 사찰을 받아들인 것이 북한으로서는, 북한의 핵의 실체가 다 노출되는 계기가 된 거죠. 그건 한반도 비핵화 공동선언 때문에 북한이 IAEA 사찰을 받아들였고, IAEA 사찰요원들이 북한에 가서 상주하게 됐고, 진행이 그렇게 된 거죠.

박용옥: 그러나 검증하는 데 있어서는 일방적인 강제사찰은 북한이 절대로 양보 안 하는 것 때문에 완벽한 사찰은 될 수가 없었어요. 그래서 비핵화 공동선언은 어떻게 보면 미국이 압력을 넣어 가지고 하라고 한 차원보다는, 우리 쪽으로서는 미국이 전술핵 철수 발표하고, 우리 대통령이 11월달에 비핵선언을 해 버렸고, 그러니까 우리는 우리만 하면 안 된다, 북한을 끌고 들어와야 된다고 봤던 측면이 컸어요. 그래서 마침 남북고위급회담이 순조롭게 진행되고, 기본합의서도 12월 중순인가에 타결이 되고 그런 상황에서 이어서 바로 12월 말에 비핵화 공동선언이 급작스레 타결된 거죠. 29, 30, 31일, 3일간 마라톤 회의를 해 가지고서 타결됐고 그리고 1월 4일 발표하게 된 거예요. 그래서 검증 사찰 문제에 대해서는, 당시에 불가피했어요. 그건 비핵화 공동선언을 살리기 위해서는 어쩔 수가 없이 북한의 검증사찰 조항을 우리가 받지 않을 수가 없었다. 그런 걸 저는 여러분들한테 말씀드리겠습니다. 그때 아마 우리가 그걸 끝까지 우겼으면 깨졌을 거예요. 깨졌으면 결국 공동선언도 안 나오고, 나중에 또 어떻게 됐을지 모르겠습니다만.

김종학: 한반도 비핵화 공동선언에 관해서 오늘 하신 말씀 중에서, 처음 듣는 얘기도 많이 나왔는데요. 다음 질문으로 넘어가기 전에 혹시 추가 질문이 있으십니까?

북핵문제와 미국

조동준 교수

조동준: 제가 질문 하나 드리고 싶습니다. 1991년 2월쯤이 되면 미국 쪽에서 북한의 영변 (寧邊) 쪽에 있는 핵시설에 대한 우려가 중국한테도 전해질 만큼 언급을 하기 시작하거든요.

자료를 보면 91년 2월달이 분기점인데, 그때 왜 갑자기 미국이, 그 전에는 영변 핵시설을 바라보면서 저게 양면으로 갈 가능성이 있다고 생각을 했지만, 91년 2월서부터 본격적으로 국제사회의 캠페인이 벌어진 걸 봐서는 미국 쪽에서 어떤 큰 변화가 있었는지 궁금합니다. 그게 첫 번째 궁금한 사항이고요. 두 번째는, 우리가 남북 비핵화 공동선언을 하게 됐던 것이, 북한 영변에 있는 핵시설의 위험성을 인지했기 때문에 그것과 연결돼 있었는지 궁금합니다.

박용옥: 네, 우선 두 번째 질문에 관해서 말씀드리면요. 비핵화 공동선언을 할 때에 영변에 있는 원자로 시설 같은 건 인지하고 있었죠. 그때 몇 메가와트(MWh)라던가, 개발한다는 것도 알고 있었고요. 그 전에 우선은 북한이 하기 전에 우리가 일방적으로 비핵화를 선언했으니까 우리는 빨리 북한을 끌여 들여야겠다는 것이 우리의 급선무였기 때문에, 우리는 비핵화 공동선언을 했다고 저는 봐요. 그리고 영변에 그것이 있는 것을 알았기 때문에 했느냐, 그건 아니에요. 핵개발 하고 있다는 걸 이미 알고 있었어요. 80년대 초부터 쭉 하고 있다는 거는 알고 있었지만, 그것을 본격적으로 한반도 비핵화 쪽으로 논의한 것은 미군이 철수 발표하고 노태우 대통령이 발표하는 과정에서 우리가 한 거라는 겁니다.

박용옥: 왜 미국이 91년 2월에 정책이 변화됐느냐, 왜 갑자기 북한 핵문제를 공론화해야

됐는가 하는 것은요, 그 당시 전체적인 환경을 보면, 91년에는 미국이 걸프(Gulf) 전쟁을 했죠. 부시 대통령 초기에 걸프전쟁을 하고, 그다음에 북한의 군사위협에 대해서 재평가가 이루어집니다. 미국 자체가 북한의 군사력을 재평가를 했어요. 그래서 당시에 그게 좀 화제가 됐었죠. 획기적으로 재평가가 됐거든요. 예를 들어서, 그전에는 우리가 북한의 화학무기 보유량이 2,500톤 정도였다고 알고 있었는데 그런데 미국의 정보기관이 다시 분석해 보니까 한 5,000톤 된다, 이렇게 재평가가 된 겁니다. 저도 기억납니다만, 국회 가서 답변할 때, 우리 장관님을 통해서 2,500톤 얘기하다 이게 갑자기 5,000톤이 돼 버린 거예요. 탱크 숫자도 2천, 3천 대 하다가 한 4천 대 이렇게 올라가고요. 군사력이 획기적으로 증가된 겁니다. 그래서 왜 이렇게 갑자기 점프가 됐느냐 하면, 물론 우리 정보기관도 있고 그렇지만, 미국은 정보기술을 통해, 예를 들어서 부대 숫자를 세고, 탱크의 수를 거의 하나하나 세다시피 하는 겁니다. 갑자기 이렇게 된 것은 미국의 기준을 우리는 모르니까, 그것을 받아들일 수밖에 없는데요.

박용옥: 그러니까 미국의 철수계획이 카터(James E. Carter) 때 나왔다가, 다시 동결됐다가, 다시 부시 때도 걸프전 거치면서 또 주한미군 철수 3단계 계획이 발표됐거든요. 아마 기록에도 다 나와 있을 거예요. 보신 분들 있을 거예요. 80년대 말 90년대 초에 주한미군 철수 3단계 계획이 나와 있을 거예요. 그때 한 4만 5, 6천 되는 병력이 결국 한 3만 명으로 다운되는 그 1단계가 90년에 철수가 되고 2단계도 부시 대통령 때 철수가 되고, 3단계 하려고 할 때 동결이 됩니다. 동결이 된 것이 북한의 군사력 재평가와 다 맞물려 가지고 이루어진 겁니다. 그러니까 미국이 그 전에 중동 전쟁하고 이럴 때는 북한 전문가들도 별로 북한에 대해서 들여다보지 않다가, 이제 걸프전도 끝났으니까, 좀 진정되면서 북한을 다시 들여다보다가 그렇게 된 것 같아요. 그렇게 되면서 주한미군 3단계 철수계획도 다 동결이 된 가운데, 북한의 핵 문제에 대해서도 미국이 이건 그냥 방관할 문제가 아니다,

이제는 본격적으로 거론해야겠다, 이렇게 되지 않았느냐 저는 그렇게 평가를 하고 있습니다. 미국이 북한 군사위협을 재평가하는 상황에서 주한미군 철수 3단계 계획도 동결이 되고, 그에 의해서 북한 핵 위협도 재평가되는 가운데 이 문제가 공론화되면서, 중국에도 얘기하고, 또 한국한테도 핵 관련 얘기를 하면서 진행된 게 그 당시 전체 상황이라고 봅니다.

박용옥: 그러면 북한이 핵개발 할 때, 미국이 어떻게 북한의 핵에 간섭을 하려 했느냐 이것도 아마 기록에는 없을 거예요. 그때 아마 공로명(孔魯明) 장관이 핵통제공동위원회 위원장이었죠. 우리 핵 훈련 연습할 때 북한의 핵사찰 때문에 검증사찰 팀을 우리 국방부만 가지고 있었어요. 그때는 청와대에서도 이런 인원과 장비 가지고 할 수 있는 데가 국방부밖에 없으니까, 국방부가 검증사찰을 책임지고 다 하라, 그래서 국방부에 군비검증단을 군비통제관 밑에 창설해 가지고 인원을 보강해서 전방에 가서 핵시설 사찰 연습하고 훈련하고 장비도 도입하고 또 해외도 파견하고 그랬지요. 그래서 지금 유럽의 IAEA를 포함한 사찰팀에 우리 군비통제관 요원들이 파견됐습니다. 거기 파견돼 가지고 사찰요원으로 활동하다 다시 돌아오고 그랬는데요.

박용옥: 그래서 그 당시 미국이 사찰에 관심을 표명하면서, 앞으로 북한하고 사찰이 이루어지면 거기에 미국 요원도 참여할 수 있도록 조치를 해 달라는 요청이 왔어요. 그러니까 북한하고 검증사찰 협상할 때 미국 요원이 참여하도록 해 달라는 것이지요. 이 문제를 가지고 북한하고 검증사찰 협의가 이루어진 적은 없어요. 아마 얘기했으면 북한이 펄쩍 뛰고 반대했겠죠. 그러나 여하튼 미국이 그걸 요청해 올 정도였다는 것입니다. 그때는 우리가 사찰을 할 때 제가 단장이 돼서 우리 원자력연구소의 일류 위원들과 같이 미국에 가서, 군축국(ACDA: Arms Control and Disarmament Agency)이라고, 지금은 없어졌는데, 거기 가서 회의하고, 미국의 원자력 시설들을 다 시찰하고, 사찰하는 교육도 받고 그러니까 미국도 한국의 사

찰에 대해서 상당히 관심을 가지고 있었어요. 그 한 예가 자기들도 좀 포함시켜 달라 얘기했다는 것이죠. 그래서 비핵화 공동선언 검증사찰은 그 당시만 해도 한국 주도로 이루어지고, 미국은 여기서 지원하고, 가급적 자기들도 참여했으면 하는 입장이었지 않나 라는 그런 생각을 저는 합니다.

박용옥: 그래서 고위급회담에서 비핵화 논의를 해라, 이 부분은 미국이 어떤 기회에 그런 얘기를 했는지 모르지만, 아무래도 비핵화 공동선언을 하는 데에서는 고위급회담에서도 앞으로도 비핵화 논의가 필요하다, 얼마든지 얘기 나올 수 있죠. 그런데 미국이 그것 때문에 비핵화 공동선언을 주도했다, 이렇게까지 얘기할 사안은 아니라고 봅니다.

팀스피리트 재개 경과

이동률: 제가 드리는 질문은, 남북회담 할 때 팀스피리트(Team Spirit) 훈련 문제가 굉장히 큰 쟁점이었다고 알고 있습니다. 그래서 92년에는 합의해서 중단하기로 했고, 그런데 93년에는 다시 재개가 됐던 걸로 알고 있습니다. 그 과정에서 아무래도 차관님께서 국방부에 계셨으니까, 어떻게 그런 논의가 진행됐는지 혹시 기억나시면 말씀해주십시오. 특히 미국하고도 협의를 하셨을 것 같은데, 미국하고 협의는 어떻게 진행되었는지 중단되었던 상황하고 재개되는 과정, 그것에 대해서 기억나시는 대로 말씀 부탁드리겠습니다.

박용옥: 네, 팀스피리트 훈련은 북한이 상당히 민감해했어요. 그 당시 북한 고위급회담 대표에 김광진(金光鎭) 차수라고 있었어요, 그 사람이 그런 얘기를 했어요. 팀스피리트 훈련을 하면 자기는 전방 야전사령관으로 나가야 되고, 팀스피리트 훈련 하는 기간 동안에는 북한의 군사대비태세, 군사이동 하는 데, 제가 기억이 확실

한지 모르겠지만, 평양(平壤) 시내 1년분 월동 기름이 다 없어진다, 이런 얘기를 했어요. 팀스피리트 훈련 하는 동안에는 그만큼 자기들한테 출혈이 심하다, 그걸 좀 하지 말아야 되지 않느냐, 우리가 언제 다른 훈련 그만두라 그러느냐, 한국군 당신들끼리 하는 훈련을 우리가 언제 그만두라 그런 적 있느냐, 그러나 팀스피리트 훈련은 자기들이 이렇게 심각하니 그걸 그만둬야 된다는 것이 북한 측의 상시적인 강력한 주장이었죠.

박용옥: 그래서 91년 12월 31일 비핵화 공동선언 합의서를 채택할 때, 북한은 'IAEA 사찰은 자기들이 받아들인다, 한국은 팀스피리트 훈련을 중단한다'를 주장했어요. 그때 우리는 "중단은 안 된다. 그러나 92년 일 년에 한해서 팀스피리트 실시를 유보하겠다. 중단은 안 된다." 이렇게 강력하게 얘기를 해서 결국 북한은 그걸 받아들이고 합의서를 채택하고 IAEA 사찰 받기로 하고, 우리는 92년 팀스피리트를 중단하기로 했고, 이것을 미 측하고 협의를 한 거죠. 미국은 이해를 하죠. 왜냐하면 우리는, 미국도 바라는, 북한이 핵을 개발하지 않는다는 비핵화 공동선언도 중요하기 때문에 그 일 년, 92년은 중단한다는 것에 대해서 미국도 양해를 했어요. 그래서 모든 것은 잘 해결됐고, 92년 1월 19일인가 2월 19일인가, 정식으로 절차를 밟아서 발효시키고 서로 문서를 교환했어요. 그리고 92년 팀스피리트는 그래서 중단이 된 건데요.

박용옥: 그리고 남북고위급회담은 계속 진행돼서 92년 9월 달에 8차 고위급회담이 평양에서 있을 때, 저도 그때 평양에 갔었지만, 남북공동위원회도 다 구성됐어요. 그래서 남북 간에 부속합의서가 모두 타결이 됐어요. 정치 분과 부속합의서, 불가침 부속합의서, 화해 협력 부속합의서, 모두 타결됐어요. 그리고 군사공동위원회도 마지막으로 평양에서 김영철과 회의를 하면서 구성 운영에 관한 합의서를 타결 했어요, 새벽에 결렬될 뻔 하다가 결국 타결을 했어요. 제가 이제 북한 건 못 받아들인다 하고 회의를 끝장내고 나와 버리니까, 새벽에 다시 전화가 와서

"이렇게 끝나면 어떻게 되느냐" 그렇게 다시 해서 결국은 합의를 했는데요. 그때는 그러니까 아주 잘 돼 가지고, 8차 고위급회담이 끝나고 10월, 11월, 12월, 계속 공동위원회가 열리기로 날짜까지 다 정해졌어요. 군사공동위원회는 언제, 화해공동위원회는 언제, 교류협력공동위원회는 언제 이렇게 말입니다. 왜냐하면 부속합의서가 다 체결됐고, 그 다음에 부속합의서의 합의사항을 이행 실천하기 위한 게 공동위원회니까, 공동위원회 구성 운영에 관한 합의서가 다 됐고, 이제는 웬만하면 다 된 거예요. 그러면 이제 공동위원회가 열려서 실천할 것 실천해 나가면 될 정도로 잘 됐는데요.

박용옥: 그 해 10월달에 한미안보협의회의(SCM: Security Consultative Meeting)가 열렸는데, 거기에는 항상 팀스피리트 조항이 들어가거든요, 내년에 팀스피리트는 어떻게 한다 라는 조항이지요. 그러면 93년도에 팀스피리트 문제가 나왔을 때 그거는 실시하는 것을 원칙으로 하고, 상황에 따라서는 변경될 수 있는데 일단은 하는 것으로 했어요. 그건 또 우리 군에도 확고한 입장이니까, 특별한 상황이 없는 한 하는 걸로 했고, 92년 한 해만 중단하기로 됐고요. 그리고나서 한미안보협의회의 공동선언문이 발표되니까 그때 북한이 발칵 뒤집어진 거지요. 그걸 계기로 모든 접촉은 단절이 됐어요. 공동위원회 구성 합의에 관한, 합의서에 의한 모든 회의 일정도 다 취소가 되고 그때부터 남북관계는 단절된 거예요. 그래서 팀스피리트 훈련은 93년에는 실시가 됐고, 이후까지 계속되는 거고요.

박용옥: 요즘은 팀스피리트 훈련 같은 건 더 이상 안 하죠. 왜냐하면 군사 장비라든가 군사 전략도 많이 변했기 때문에 그렇게 대규모 병력이 와서 군이 안하죠. 그 팀스피리트 훈련이라는 거는 다른 훈련이 아니라, 한반도 유사시 작계 5027에 의해서 미국 증원전력이 한국에 투입되는데, 그렇게 투입되는 실제 훈련이거든요. 그럼 미국도 전군이 미국 전역에 흩어져 있는데 모두 다 한데로 집결시켜서, 한국으로 수송을 해 가지고, 한국에 와서 다시 집결해가지고 이것을 다시 훈련시키는데 그 훈

박용옥 전 차관 구술회의 사진 (2022.8.17)

련이 굉장히 중요하다 이거지요. 그 훈련을 한 해 두 해 안 하면 절차도 다 희미해져 버리면 곤란하다는 입장이지요. 팀스피리트 훈련은 대규모 병력이 미국은 미국대로 국내에서 집결하고, 한국으로 이동해서, 한국에서 다시 병력을 전방 배치하는 훈련이기 때문에 미국도 굉장히 중요시하는 훈련이고, 우리도 한미 군사동맹의 상징으로 중요하게 생각했는데요. 이제는 모든 환경이, 통신 수단이라든가 전략 개념이라든가 이런 것들이 많이 바뀌어 가지고, 그런 대규모 병력이 왔다 갔다 할 필요가 없기 때문에 훈련도 많이 변화가 됐죠. 그러니까 실제 훈련이 되지 않더라도 지휘소 훈련이 되고, 이렇게 바뀐 거죠.

박용옥: 그래서 북한으로서는 하여튼 팀스피리트 훈련에 대해 그 당시에 그렇게 강력하게 얘기했고, 그것을 또 불가침 부속합의에서도 강력히 얘기했는데, 그건 제가 군사분과위원장으로 회의하면서 일체 받아들이지 않았던 거죠. 그래서 보시면 알겠지만 불가침 부속합의서에 보면, 다 합의하고 거기에 첨언 식으로 북한이 제기한 문제에 합의하지 못한 것, 또 남한이 제기하였지만 합의하지 못한 것은 추후에 다시 합의하기로 한다. 부기 식으로 포함시키고 그렇게 합의됐던 거예요.

팀스피리트 훈련과 불가침 부속합의서

박용옥: 그러니까 예를 들면, 제가 이걸 좀 가져왔는데, 남북 사이의 화해와 불가침 및 교류협력에 관한 합의서, 이게 기본합의서입니다. 기본합의서 제2장, 남북 불가침의 이행과 준수를 위한 부속합의서, 여기의 제3조에 "남과 북은 쌍방의 합의에 따라 남북 사이에 오가는 상대방의 인원과 물자, 수송수단을 모의 공격하거나 그 진로를 방해하는 일체의 적대행위를 하지 않는다." 이게 합의가 됐는데, 이

밑에 어떻게 돼 있냐 하면 "이 밖에 남과 북은 북측이 제기한 군사분계선 일대의 무력을 증강하지 않는 문제, 상대방에 대한 정찰활동을 하지 않는 문제, 상대방의 영해, 영공을 봉쇄하지 않는 문제와, 남측이 제기한 서울 지역과 평양 지역의 안전보장 문제를 남북한 군사공동위원회에서 계속 협의한다." 이렇게 돼 있어요. 이제 군사공동위원회를 열게 되었으니까 이런 문제를 거기서도 계속 협의하겠다 이거죠. 그런데 북한이 제기하는 문제가, 나중에 알지만, 여러분 9·19 선언 아시죠? 문재인(文在寅) 정권 때 선언인데, 거기에 북한이 제기한 문제가 그대로 합의가 됐어요. 북한이 여기에서 제기했던, 여기서 합의되지 않았던 문제가 9·19 선언에서 북한이 제기한 그대로 합의가 된 거죠. DMZ(Demilitarized Zone: 비무장지대) 지역에 무력증원 안 하고, 영공에 정찰하지 않고, 북한이 제기한 내용을 그대로 했기 때문에 많은 비난을 받고 있는 거죠. 그래서 팀스피리트는 그런 과정을 통해서 중단이 된 거고, 미국이 여기에 대해서 92년도에 중단하는 건 양해를 했고, 93년 열린 건 당시 한국하고 그렇게 갈등할 이유는 없었습니다.

이동률: 결과론이긴 하지만, 북한은 93년에도 팀스피리트 안 할 줄 알고 있다가 실제로 하니까 당황해서 그런 건지, 아니면 근본적인 반대인가요?

박용옥: 북한의 원래 입장은 팀스피리트는 영구 중단하라는 것입니다. 한국은 북한의 위협이 있는 한 영구 중단은 안 된다. 그건 앞으로 한반도 기본합의서가 다 이행된 상황에 따라서 검토될 문제이지, 지금 상황에서는, 실천도 아무것도 안 돼 있는데, 그러니까 영구 중단은 안 되고, 일단 92년 한 해는 중단한다, 그렇게 된 거죠. 그러니까 93년도에는 안 할 것으로 북한은 그렇게 예상 못 합니다. 예상할 수가 없었어요. 우리 입장이 그렇지 않았으니까요.

박용옥: 그러니까 이것은 뭐냐면, 저는 이렇게 생각해요. 북한이 남북기본합의서를 합의하고, 화해 부속합의서, 불가침 부속합의서, 교류협력 부속합의서를 합의할 때, 특히 불가침 군사분야합의서 할 때, 이것을 실천하겠다는 의지를 가지고 한 것

이 아니라고 봅니다. 남북기본합의서대로 하면 평화협정이 필요없고 평화조약이 필요없어요. 여러분들 남북기본합의서 잘 보면, 평화협정에 들어갈, 평화조약에 들어갈 모든 조항이 다 들어가 있어요. 거기다 부속합의서까지 다 타결돼 있어요. 그대로 실천되면 그야말로 한반도 군사긴장 완화이고 평화입니다, 된다면 말입니다.

박용옥: 그래서 해상경계선 문제가, 또 지금 NLL(Northern Limit Line: 북방한계선)으로 아직도 돼 있지만, NLL 문제도 이것은 나중에 검토해 나갈 문제로 남겨 둔다고 했는데, 이것에 대해서도 비난하는 사람들이 많아요. 왜 그걸 그때 남겨 뒀느냐는 것이지요. 그때 합의할 때는, 이 NLL 문제는 남북문제가 완전히 해결되거나 남북이 통일되거나, 그때 가서야 해결될 문제지, 그 전에는 이건 해결될 문제가 아니다. 그래서 그때까지는 지금까지 남북 쌍방이 관할해 온 구역을 각각의 관할구역으로 한다고 한 겁니다. 그건 뭐냐면, 지금 NLL, 북방한계선의 북쪽은 북한 관할구역, 남쪽은 남한 관할구역, 그건 그대로인 겁니다. 지금까지 관할해 온 구역으로 한다, 이것이 확정될 때까지는요. 이건 언제 확정되느냐, 통일돼서 확정되든가, 남북기본합의서가 이행 실천이 돼서 완전한 긴장완화가 이루어지는 그때에 해결되거나, 그런 상태를 의미하는 것이지 당장 시한부적으로 해결한다, 그런 문제가 아니었거든요. 그러니까 그것을 그대로 남겨 뒀다는 얘기는 결국 통일 문제를, 남북기본합의서가 완전 실천될 문제를 남겨 둔 것이나 마찬가지인 것이죠.

북한의 교차승인과 한국

이동률 교수

이동률: 제가 추가로 한 가지만 더 질문드리겠습니다. 그러니까 92년 10월 한미안보협의 회의에서 팀스피리트를 얘기하기로 했는데, 그 전에 92년 8월에 한중수교가 이루어져요. 북한 입장에서는 점점 더 고립되고 어려운 국면에 처한 상황인데, 혹시 남북대화 과정 속에 북한이 교차승인에 대한 어떤 기대같은 걸 가지고 있었는지요?

왜냐하면 중국은 한중수교를 하기 전까지 북한을 UN 동시가입을 수용하도록 끌어내는 과정 속에서, 그 당시 북일회담도 진행되고 있었던 만큼 중국은 북한에게 교차승인 방안을 제시하고 설득했을 가능성이 높다고 보거든요.

박용옥: 중국이 한국 승인하고 미국이 북한 승인하는 과정을 말하는 건가요?

이동률: 예, 북일수교하고 북미수교하는 과정, 그러니까 중국이 결국은 한중수교를 설득할 때, 그런 맥락이 있었을 것이라는 것이 중국에서는 얘기가 나오고 있는데, 북한이 그나마 기대할 수 있었던 것은 그런 과정이 아니었을까, 하는 생각이 들어서요. 그런 인상을 받으셨는지 질문드리는 겁니다.

박용옥: 그런데 교차승인은 이미 돼 있던 것 아닙니까? 우리와 중국의 한중수교가 이루어지는 것은 이행된 것이고, 또 미국이 정식 국교관계를 수립 안 한 것과 관련, 왜 정식으로 외교관계를 수립 안 하느냐 이런 걸 북한은 주장했죠. 그러나 그것은 미국의 정책이죠. 또 중국하고 우리하고 한중수교하고 나서, 그게 92년 8월이고, 미국하고 북한은 아직도 외교관계는 수립 안 됐죠? 그것은 미국의 정책이고요. 그러니까 북한은 미국의 북한 승인과 미국과의 국교수립을 줄기차게 요구

했지만 그것이 핵 문제를 비롯해서 여러 가지 문제가 나오면서 관철이 안 된 거죠. 그러니까 북한에게 '너희 핵 내려놔라, 핵 내려놓으면 문제가 다 해결되지 않느냐' 이렇게 지금 얘기를 하고 있는 거죠.

북한 비핵화·대량살상무기 문제

박용옥: 그런데 여기서 한 가지 우리가 알아야 될 것은, 북한이 핵을 완전히 내려놨다, 그러면 문제가 해결되느냐 하는 겁니다. 다른 대량살상무기는 어떻게 할 거냐는 거죠. 북한이 가지고 있는 막대한 화학무기, 5천 톤에 달하는 화학무기, 또 각종 생물학무기, 이건 어떻게 할 거냐는 겁니다. 지금 우리는 화학무기금지협정에 가입했어요. 이상옥(李相玉) 장관이 외무부장관 할 때 가입했는데, 제가 당시 국방부 군비통제관을 하면서 이상옥 장관을 수행해서 제네바에 가서 개회식도 참석하고 그랬는데, 우리는 화학무기금지협정에 가입하고 나서 화학무기를 모두 폐기했습니다. 여러분도 아실지 모르지만요, 우리가 가지고 있는 화학무기, 이원화 화학탄은 북한이 가지고 있는 화학무기보다 훨씬 강력한 것이었습니다. 훨씬 강력한 화학무기를 우리가 80년대 초에 다 가지고 있었어요. 그것은 분리해서 보관하니까 사고 날 염려도 없고 쓸 때는 결합해서 쓰니까 안전한 것이었고요. 그것을 우리는, 국민한테 보고한 적 없고 노출시킨 적도 없고, 국회에서도 지금 야당은 이렇지만, 그 당시 야당, 민주당도 "이것은 국가기밀입니다. 지금 있는 것을 다 폐기합니다."라고 할 때 야당도 다 협조했어요. 그때 야당은 안보 문제가 나오면 다 협조하고 일체 여기에 대해서 잡음이 나가지 않았어요. 일부 시민단체에서 이걸 눈치 채 가지고 데모한 적도 있지만, 우리는 그 화학무기를 다 폐기했어요.

박용옥: 그런데 북한은 아직 화학무기금지협정에 가입도 하지 않았어요. 가입도 하지 않고 5천 톤이라는 어마어마한 화학무기를 가지고 있어요. 그래서 미국이 또 크게 관심을 갖는 것은 북한의 화학무기, 거기에 또 천연두 이런 무기가 있는지 인데요. 그때 뉴욕타임스(The New York Times)의 기자들이 국방부에도 찾아와서 그런 걸 자꾸 묻고 그랬습니다. 생물학 무기는 그대로 건드리지 않고 핵무기만 없앴다고 해서 북한 위협이 없어지냐, 북한이 가지고 있는 특수군, 과거에는 10만이라고 하던 것이 지금 20만 이상으로 불어났고, 이런 여러 가지 문제를 놓고, 핵무기 하나 해결되면 한반도 문제가 해결됐다 그래서 다 만족해 할 거냐, 그건 천만의 말이다 이거죠. 계속 나올 문제가 있다는 거죠.

박용옥: 그러니까 북한 문제, 이 남북문제는 핵무기 해결됐다고 해서 끝나고 그럴 문제가 아니에요. 그래서 저는 언제 국제회의 세미나에서 "그러면 한반도 통일은 언제 될 수 있냐?" 그래서 제가 한 마디로 이런 얘기를 했어요. "둘 중에 하나 없어져야 된다. 그렇지 않는 한 통일은 안 된다"라고 얘기한 적이 있는데, 진짜 한반도의 통일 문제는 쉽지 않습니다. 우선 북한이 핵을 포기한다는 전제가 있을 수 있냐 하는 겁니다. 참 복잡합니다, 지금.

미국의 대북정책 변화 배경

이정철: 차관님 아까 말씀 들으면서 생각난 게, 북한 군사력 재평가가 있었다고 말씀하셨 잖아요. 그게 아마 제 생각에는 92년 3월에 미국이 국방기획지침(DPG: Defense Planning Guidance)을 발표를 하는데, 임동원 장관님 말씀은 그 국방기획지침을 발표한 후에 미국 쪽 분위기가 달라졌다, 이렇게 평가를 하시더라고요.

박용옥: 예, 거기서 어떤 내용으로 발표됐는데요?

이정철: 소위 미국의 군사전략을 완전히 재평가하는 보고서인데, 그게 부시 때 네오콘 (Neo Conservatives: 신보수주의자)들의 전략의 기초가 거기에 다 담겨 있다, 이렇게 평가받는 보고서고, 그 보고서를 쓴 사람이 월포비츠(Paul D. Wolfowitz), 그리고 그때 국방장관이 체니(Dick Cheney; Richard B. Cheney), 그 팀들인 거죠.

박용옥: 그렇죠. 아주 강경파들이죠.

이정철: 그러니까 그 보고서가 나온 이후에 미국의 정책이 달라졌고, 그게 팀스피리트 재개로 가는 과정이었기 때문에 한국의 의사가 반영될 여지가 별로 없었다, 그러니까 92년 3월에 그 보고서가 나오고 92년 10월에 한미안보협의회의에서 이듬해 강행하기로 하고 93년에 실행되고 하는데, 이게 우리 의사와 무관하게 미국의 전략의 변화가 소위 북한 협상에도 영향을 줘서, 우리가 어쩔 수 없었다는 것이 임동원 장관님 설명이거든요.

박용옥: 제가 볼 때는, 외무부 측 견해가 그럴지도 모르겠어요. 그러나 국방부, 그 당시 제 판단으로는, 국방부는 팀스피리트 중단에 대해 생각해 본 적이 없어요. 그때 92년도 팀스피리트 중단은 비핵화 공동선언이라는 큰 국가적 과제를 놓고 한 것이고, 그 뒤에 팀스피리트 중단하는 것은 카터 때 중단한다든가, 이런 식으로 미국이 일방적으로 중단하면 그건 어쩔 수 없이 받아들이지만, 미국이 하자고 해서 우리가 하기 싫은 것 했다, 이것은 저는 말이 되지 않는다고 봐요. 그렇게 팀스피리트를 하기 싫어한 적이 없어요.

이정철: 그러면 92년도 팀스피리트를 중단하는 과정은 어떠했나요?

박용옥: 그것은 미국과 협의되기 전에, 비핵화 공동선언이라는 우리의 큰 목표가 있으니까, 이걸 달성하고, 그 다음에 IAEA 사찰을 북한이 받아들이도록 하는 그 전제조건이 팀스피리트였으니까요. 북한이 팀스피리트 영구중단을 요구했지만 우리는 "영구중단은 안 된다, 그러나 우리가 92년 한 해 중단은 하겠다." 이렇게 합의된 거예요. 미국이 무슨 중단하라고 해서 중단한 것도 아니고, 그것은 우리가 북

한을 비핵화 공동선언에 끌어내기 위해서 중단 결정하고 미국과 협의를 한 거죠. 그리고 93년 팀스피리트를 한 것은, 우리가 중단하고 싶은데 미국의 압력 때문에 우리가 할 수 없이 했다는 것은, 저는 그런 생각은 해 본 적이 없습니다.

이정철: 그런데 이제 그레그(Donald P. Gregg) 대사의 글을 읽어 보면, 자기가 한국 대사로 있으면서 가장 큰 업적이 92년 팀스피리트 중단을 만들어낸 것이다, 이렇게 얘기를 하거든요.

박용옥: 92년 우리가 비핵화 공동선언 때문에 그걸 중단한 거지요.

이정철: 이제 우리가 한 건데, 그레그 대사는 본인이 역할을 해서 미국 대통령을 설득했다, 이렇게 얘기를 하는 거거든요.

박용옥: 저는 그레그 대사, 그 CIA(Central Intelligence Agency: 미국 중앙정보국) 출신 그레그 대사, 별로 그렇게 크게 신뢰하는 인물이 아니지만, 그 말에 대해서는 지금, 뭐 어떻게 얘기할 수 없네요. 그게 사실인지 아닌지.

이정철: 네, 알겠습니다. 그 문제가 하나 있고, 두 번째 제가 궁금한 것은, 아까 차관님께서 8차 고위급회담이 순조롭게 진행이 됐다, 이렇게 말씀을 하신 것 같은데요.

박용옥: 공동위원회가 순조롭게 진행되지 않았을 때는 아니고요. 그때 그것을, 군사공동위원회는 결렬이라고 결심하고 회의를 중단하고 저는 나왔었어요.

이정철: 본회담, 8차 본회담은요?

박용옥: 8차 본회담은 그렇게 큰 문제 있었다고 보지 않는데요.

훈령 조작사건

이정철: 그런데 이제 8차 본회담과 관련해서, 나중에 훈령조작사건이 문제가 됐잖아요.

박용옥: 아아, 그건 있었죠.

이정철: 네, 그러니까 어쨌든 노태우 대통령은 8차 본회담에서 이인모(李仁模) 노인 송환 등을 합의할 것을 지시를 줬고, 훈령을 줬고요. 그런데 그게 훈령이 제대로 전달이 안 됐든 하여튼 논란이 있지만, 사실은 합의가 안 되고 돌아온 거잖아요, 평양에서.

박용옥: 그러니까 뭐가 합의 안 되고 돌아온 거죠?

이정철: 이인모 노인 송환.

박용옥: 송환하는 문제, 예.

이정철: 3대 합의사항에 대한 훈령을 줬는데, 그 3대 사항을 합의를 못 하고 온 거죠. 그

이정철 교수

런데 그 훈령이 이제 이동복 선생님 같은 분은 늦게 전달돼서 뒤집을 수가 없었다, 이렇게 얘기를 하시는 것이고요. 나중에 감사원 감사에서는 조작이었다, 정부에서 보낸 지시가 조작됐다, 이렇게 감사원이 94년에 발표한 것이고요. 그러나 어쨌든 8차 고위급회담이 원래 목표한 성과를 못 거두고 온 것이잖아요, 그것은 팩트인데. 그 8차 고위급회담이 안 되면서 발생하게 된 이후 사건들이 팀스피리트가 재개되고, 또 간첩단 사건이 발생하고, 이런 것이 아니었는가요.

박용옥: 저는 그 훈령 사건, 평양에 대표로 가 있었지만, 우리는 전혀 몰랐어요. 그 훈령이 뭐 왔다갔다 했다는 걸, 다른 대표들은 하나도 몰랐고 저 자신도 하여튼 몰랐고요. 아마 그것은 국정원, 거기에 국정원에 파견관이 하나 있었는데 그 쪽 그룹

에서 왔다 갔다 했고, 나머지 대표들은 그에 대해서 알고 있는 게 없었어요. 또 그것이 대표들 사이에서 협의가 된 적도 없고요.

이정철: 정원식(鄭元植) 총리님이 다 소집해서 회의를 했다고 나와 있는데요.

이정철: 총리님이 평양에서 그 훈령이 뒤늦게 온 것 때문에 소집해서 회의를 했고, 그래서 추가 협상은 없는 것으로 하고 내려왔다, 이렇게 돼 있거든요.

박용옥: 글쎄, 저는 전혀 기억이 없네, 그게 어떤 거였는지. 저만 빠졌는지, 전혀 기억이 없습니다.

이정철: 네, 그 뒤에 감사원 감사결과는 아시는 것이죠?

박용옥: 글쎄, 자세히는 보지 않았고 그건 아직도 이동복 선배님하고 가깝게 지내지만, 임동원 선배와 이동복 선배 두 분이 얘기가 완전 달라요.

이정철: 저희가 이제 여쭤 봤는데, 임동원 장관님의 입장은 딱 이렇게 표현되죠. "감사원 감사결과가 있는데 뭔 소리하냐?" 이게 이제 임동원 장관님 표현이고요. 이동복 장관님은 "그게 왜 조작이냐, 뒤늦게 와서 나는 그대로 전달했을 따름이다" 이렇게 말씀하시고요. 이렇게 두 분의 입장은 여전히 다르신데요.

박용옥: 하여튼 그 두 분 다 잘 아는 분들인데, 그 문제에 관한 한 전혀 어떤 타협을 할 여지가 없더라고요. 이제 그건 뭐 아예 우리는 생각도 안 하고 있는 거지요. 그건 아직도 해결 안 됐을 거예요. 감사원이 뭘 했는지 몰라도, 이동복 씨는 아마 전혀 동의하지 않을 겁니다.

고위급회담의 좌초

이정철: 하여튼 그때 협상을, 이제 차관님은 순조롭게 됐다고 평가하시는 거죠?

박용옥: 훈령 사건 그런 걸 저는 모르고요. 다른 것은 지금 거기에서 각 공동위원회 구성 운영이 다 합의가 이뤄지고, 앞으로 이어질 남북회담 절차가 다 합의가 됐으니까, 그러니까 상당히 성공적으로 보는 거죠. 그 훈령 사건 빼면 10월부터 매달 간격으로 남북 간의 공동위원회, 이것은 그냥 위원회가 아니라 합의사항을 실천하는 위원회거든요. 이 위원회가 합의가 쭉 되어 그 결과를 낳았다는 것은, 8차가 상당히 성공적이었다 보는데요. 문제는 뭐냐. 저는 이 부분을 이동복 선배한테 들은 얘기지만, 남북고위급회담 기본합의서가 합의가 딱 되니까, 하나 좀 미심쩍은 것은, 군사공동위원회 구성합의서 할 때 전혀 입장이 맞지 않는데, 완전히 결렬 될 것처럼 보였는데, 마지막에 북한이 갑자기 다 받아들이기 시작하는 거예요, 쟁점사항을 다 받아들이고 넘어가는 거예요. 그래서 이상하다 생각하며 그때 우리들의 해석은 '아, 위에서 무슨 지시가, 다 받아라'하는 거였어요. 그렇지 않으면 북한 대표들이 절대 그걸 받을 리가 없어요. 그런데 다 받거든. 다 받고 나서 수심어린 얼굴이 아니라, 모두 환한 얼굴이에요. 자기들 말로, 이게 어디 자기들의 합의냐, 당신들의 합의서 아니냐, 이렇게 얘기하면서도 얼굴에 걱정하고 근심하는 빛이 없더라 이거지. 그래서 제가 생각했을 때, 아마 이것은 위에서 군소리 말고 다 받아라, 그래서 전격적으로 합의가 됐다고 봐요.

이정철: 그게 무슨, 언제 합의서인데요?

박용옥: 그게 8차 때 각종 부속합의서와 공동위원회 구성 운영에 관한 합의서 아닌가 생각되는데, 그래서 우리끼리 결론은 그거에요. '아, 이거 위에서 무슨 지시가 있었겠구나.' 그 다음에 평양에서 개성(開城)까지 돌아오는데, 물론 김영철하고 나하고 같이 뒤에 앉았고, 앞에 운전수하고 보좌관이 앉아 있는데, 그때도 김영철 애

기가, "박 위원장, 이게 당신네 합의서고, 우리 것은 다 어디 갔냐." 그 얘기가 그 거에요. 팀스피리트다 뭐다, 자기들이 하자는 건 합의가 지금 안 돼 있지 않느 냐, 그러니까 이게 어떻게 자기들 합의서냐, 이런 얘기를 차 안에서 했어요. 그 래서 제가 어떤 생각을 했느냐 하면, '아, 기본합의서, 부속합의서, 이것은 끝났 다. 이건 이제는 이루어질 수가 없다' 그런 생각을 했어요. 왜냐하면, 북한이 자 기네 합의서가 아니라 이건 너희들 합의서다, 자기들 것은 없다, 이렇게 얘기할 때, 실천할 의지가 있다면 그렇게 얘기를 못 할 텐데, 실천할 의지가 없는 거다. 저는 속으로 그렇게 판단했어요.

박용옥: 그래서 한번 미국의 대사관에 오버도퍼(Donald Oberdorfer)라고 있죠? 한번 제 방 에 찾아와서 그에게 이런 얘기를 한 적이 있어요. "김영철하고 올 때 나는 그때 남북기본합의서, 불가침합의서 이거는 실천은 불가능하겠다, 이렇게 판단했다" 고요. "왜 그러냐?" 그래서, "그때 북한에서 이것은 자기들의 합의서가 아니다, 남측 합의서 아니냐, 자기들이 핵심으로 냈던 게 다 어디 갔느냐, 이런 얘기를 하더라. 난 그래서 일단 그렇게 판단했다." 그랬더니 『투 코리아즈(The Two Koreas: 두 개의 한국)』라는 책에다 그 얘기를 썼더라고, 제너럴 박(General Park)이 이런 얘기를 하더라고요.

박용옥: 또 한 가지는, 이동복 씨가 들은 얘기에 따르면, 합의하고 나서 김일성(金日成)이 당 간부들을 다 소집하고 있을 때, 그런 얘기를 했다는 거에요. "자, 이제는 됐 다. 남북 간에 기본합의서가 채택됐다. 그러니까 이제는 너희들, 맘대로 나가서 미군철수 주장하고 맘대로 나가서 한반도 평화 주장하고, 맘대로 할 수 있게 됐 다." 이렇게 김일성이 치하했다는 거죠. 난 그 얘기를 전해 들었어요. 그래서 저 는 개인적으로 저것이 북한의 속셈일 거라는 생각이 들고, 핵문제도 마찬가지인 거죠. 핵문제도, 북한은 결코 핵을 포기하지 않겠다는 것이 저들의 속셈이란 얘 기예요. 요즘도 북한 방송에서 밤낮으로 서울을 뭐 어떻게 하겠다고 협박하고

하는 것, 저들의 속셈은 바로 그럴 것이다. 이렇게 봐서, 이미 남북기본합의서를 북한도 벌써 사문화시킨 지 오래 됐죠. 이제는 그것을 거론하지도 않는다고 봅니다. 대신 이제 새로 나타나는 것이 6·15 남북공동선언이라든가, 이런 것들이고, 이제 남북기본합의서는 완전히 소멸된 것 같아요. 이제는 그냥 올드 스토리(old story)로 회고하는 대상이지만, 그러나 그걸 통해서 '아, 북한의 대남전략의 속셈이 어땠고, 내부가 어떻게 돌아가겠다'는 것을 우리가 짐작할 수 있지 않느냐는 생각이 들죠.

북한의 의도와 변화가능성

조동준: 지금 차관님 하신 말씀에 덧붙이는 질문인데요. 그러면 남북기본합의서도 만드시고, 남북 비핵화 공동선언도 만드시느라고 정말 고생 많이 하셨잖아요. 북한이 지킬 의사가 전혀 없이 그걸 했다면, 그럼에도 북한이 그걸 한 이유가 시간을 벌기 위해서, 혹은 그 합의를 했기 때문에 아까 김일성이 말한 것처럼 북한이 요구하는, 미군 철수라든가, 비핵화라든가 이런걸 요구할 수 있는 공간을 벌기 위해서였는지, 어느 쪽인 것 같으신지요.

박용옥: 전 속으로는 그 후자 쪽이라고 생각해요. 사실은 모르겠지만요. 나는, 여러분들한테 솔직히 얘기하지만, 저는 북한을 신뢰하지 않습니다. 그게 그래서 아마 임동원 선배나 정원식 씨하고 나하고 다른 점일 거예요. 저는 북한을 결코 신뢰하지 않아요, 저들의 대남정책을. 적화통일이 저들의 정책이지, 한반도 평화? 한반도 평화는 북한 공산독재체제의 소멸을 의미하는데, 적화통일을 하지 않는 한 북한 공산독재체제가 유지될 수 있겠습니까? 평화롭게 통일되고 생활수준이 높아지고 인권이 신장되고 그러면, 김일성, 김정일(金正日), 김정은(金正恩), 세습체

제가 유지될 수 있겠어요? 불가능하죠. 그러니까 제가 그때 어떤 대통령 자문회의에서도 얘기했지만, 남북신뢰라고 할 때 북한이 제일 경계하는 말이 신뢰라는 말이다. 북한은 신뢰라는 말에 대해서 발작한다, 신뢰관계가 진짜 형성된다면, 북한의 체제가 유지될 수가 없다고 저는 그런 생각을 해요.

박용옥: 예를 들어서 이걸 봅시다. 연형묵(延亨默)하고 정원식 총리하고 남북고위급회담할 때 이런 말을 했어요. "여러분들은 북한이 남측을 무력 침공한다고 지금 계속해서 얘기하고, 걱정하면서, 대책으로 팀스피리트도 하고 있지 않느냐. 우리도 마찬가지다. 남쪽이 자유의 바람을 북한에 넣어가지고, 북한 체제를 무너뜨리려고 당신들이 지금 노력하고 있지 않느냐, 마찬가지다." 이거에요. 그러니까 서로 지금, 그런 것이 어떻게 보면 현실이죠. 우리는 북한이 자유화되기를 바라지 않습니까. 또 자유화 바람 불어넣기를 우리는 바라고 있죠. 이것이 아마 요즘 보수와 진보의 자유의 차이일지 모르지만요. 또 북한은 노동당 규약이라든가 모든 걸 봐도, 남한 적화통일, 그건 불변이거든요. 주체사상, 적화통일은 불변이란 말이죠. 그런데 어떻게 신뢰관계가 구축돼서 공존이 되고 평화롭게 통일이 되겠어요. 저는 남북관계에 대해 이런 견해를 가지고 있습니다. 그래서 이런 견해를 가지고 제가 말씀드리는 이 상황적인 해석하고, 다른 사람들이 말하는 것은 차이가 날 수 있어요. 온도에서, 각도에서, 아마 차가 날 수 있다고 봅니다. 오늘 제가 이렇게 말씀드린 게 여러분들에게 얼마나 도움이 될지는 모르겠습니다만, 하여튼 이런 얘기라도 자유롭게 할 수 있어서 감사하게 생각합니다.

김종학: 저희가 차관님께 허락받은 시간이 다 되었기 때문에 오늘 구술회의는 여기에서 마무리하도록 하겠습니다. 장시간에 걸쳐서 귀한 말씀해 주신 차관님께 깊이 감사드립니다.

박용옥: 감사합니다.

김종학: 오늘 해 주신 말씀은 저희 센터에서 정리하여 귀한 사료로 남기도록 하겠습니다.

박용옥: 제가 북한 김영철하고 처음에 판문점에서 군사회담을 할 때, 저는 회담을 우리 식으로 생각해서 요점(talking point)을 가지고 나가서 자유롭게 얘기하면서 상대 방 입장에 대한 제 견해 얘기하고, 잘못된 점이 있으면 지적하고 이렇게 대화를 이어 나가는 회담을 생각하고 나갔어요. 처음에 회담을 하는데, 저는 그런 입장 에서 준비된 기조발언을 하는 거죠. 기조발언을 쌍방이 끝내고 나면 서로 대화 를 이어가는데, 김영철 그 친구를 보면 정제된 얘기를 해요, 딱 적혀있는 대로 만. 저는 그런 것 없이 메모지 가지고 얘기하다 보면, 좀 불필요한 말도 나오기 도 하고 그렇거든요. 소위 자연스럽게 한다고 그렇게 했는데 나중에 와서 대화 기록을 보니까, 이거 안 되겠더라고요. 북한 측 얘기를 보면 쫙 정리된 얘기가 나오는데, 제가 얘기한 건 다 중구난방 같아요.

박용옥: 그래서 저도 '아, 이건 아니다.' 준비해 가지고 나갔습니다. 절대 대화할 때 상대 방이 얘기하면 거기에 맞대응하는 식의 대화는 절대로 안 된다, 기조발언 하고 나서는 본인이 하고자 하는 말을 준비해 가지고, 준비된 말을 다 풀어 놓고 나오 는 것이 대화의 성공입니다. 거기에서 절대 타협, 협상이란 건 없습니다. 남북대 화가 그래요. 그 자리에서 협상해서 선은 이렇고, 후는 이렇고, 양보하고, 이런 거 없어요. 서로가, 북한도 그렇고, 기조발언, 그 다음에 추가로 자기가 할 수 있 는 얘기에 대해 이슈별로 얘기해서, 상대방이 뭘 얘기하든 관계없이, 뭐 관계있 는 것도 있을 수 있지만, 준비된 발언을 완전히 다 풀어 놓습니다. 상대방도 그 렇고요. 그 다음에 회의 끝나고 돌아가서 북한이 이런 얘기했지, 우리는 그 다음 에는 이런 데에서는 이런 내용을 가지고 나가야겠구나, 똑같이 나가서 또 그런 식으로 자기 입장 얘기하고, 상대방이 얘기하고, 이렇게 해서 점점 수렴해 나가 면서 합의사항이 만들어지는 그런 식이죠. 그래서 북한하고 대화할 때는, 제가 후배들한테도 "나가서 네 멋대로 자연스럽게 한답시고 절대 함부로 얘기하지 마 라. 딱 정리된 말 가지고, 우리가 해야 될 말을 조목조목 완전히 다 풀어 놓고, 회

의를 끝내라." 그렇게 얘기해요. 그래서 북한에서 나온 사람들은 회의를 하다가도 대화가 길어져서 준비했던 얘기가 떨어지면 그만하자는 사인(sign)이 온다고요. 이제 대화 그만하자고, 눈빛으로 사인이 와요, 그만하자고. 감사합니다.

IV

백주현 대사 구술

일　시 : 2022. 8. 29. 10:30-12:00

장　소 : 국립외교원 2층 세미나실

질문자 : 엄구호(한양대), 이동률(동덕여대)

　　　　이정철(서울대), 전재성(서울대)

엄구호: 지금부터 제3차 한국외교사 구술회의, 남북한기본합의서와 한반도 비핵화 공동

엄구호 교수

선언에 관한 회의를 시작하겠습니다. 우선 오늘 바쁘신데도 귀한 시간을 내주신 백주현 대사님께 감사의 말씀을 올리겠습니다. 사실은 90년부터 시작된 남북 고위급회담 당시에 저희가 한소수교 교섭과정에는 있었지만 남북기본합의서나 비핵화 공동선언에 관해서 러시아가 어떤 입장을 표명하거나 또 영향을 미쳤다는 내용이 별로 없기 때문에 대사님께서 답변을 준비하실 때 조금 어려움이 있었을 것 같습니다. 그래서 제 생각에는 남북고위급회담이나 비핵화 공동선언에만 초점을 맞추지 마시고 전반적으로 수교과정이나 남북한 UN 동시가입까지 포함해서, 시기를 1, 2년 정도 조금 넓혀서 폭넓게 질문해 주시면 더 많은 좋은 말씀을 들을 수 있지 않을까 그렇게 생각을 합니다.

엄구호: 대사님이 답변을 중심으로 유인물을 정리를 해 주셨는데요. 혹시 말씀하시기 전에 전체적인 소회나 총평이 있으시면 먼저 그 말씀을 듣고 개별 질문을 하는 것으로 진행하겠습니다.

외교관으로서의 여정과 러시아

백주현: 1990년, 지금도 기억이 생생한데, 1990년 1월 30일날 제가 모스크바에 우리 외교관으로서 처음 도착을 해서 주모스크바대한민국영사처, 굉장히 이름이 이상하잖아요. 그 이상한 기구에 창설요원으로 부임을 했습니다. 그리고 그에 앞서서 국립외교원, 옛날에 외교안보연구원이 사실은 북방정책의 기초를 만드는 산

백주현 대사

실이었는데, 공로명 대사님을 비롯해서 차관급 분들이 소련하고 수교하기 몇 년 전부터 논의를 했어요. 우리가 결국은 중국하고 소련을 끝까지 적대시하고만 살 수는 없다, 언젠가 관계 개선을 해야 되는데 우리가 준비를 해야될 것 아니냐, 이런 말씀들을 하셨다고 해요. 그래서 중견 외교관들을 대만과 미국, 영국 등에 파견하여 중국어와 러시아어 연수를 시키기로 결정했다고 해요. 그 당시에 중국은 대만에 주로 유학을 많이 시켰는데, 그것을 넘어서 중국 본토와의 관계 개선을 위한 준비가 뭐가 필요하겠는가, 또 러시아하고는 아예 담을 쌓고 관계가 없고, 소련에서 발행된 책자도 금서가 돼가지고 한국에 갖고 들어오기 힘든 상황인데 우리가 뭘 준비해야 되겠는가, 이런 논의 끝에 어학준비는 시간이 걸리기 때문에 미리 준비해야 된다고 생각했습니다. 러시아어 같은 경우는 우리나라에 노어노문학과가 고려대학교와 외국어대학교, 두 군데만 있었던 것 같아요. 제가 서울대에 복학을 해서 개인적인 흥미로 러시아 정치, 러시아 어학을 들으려고 교양과정부에 있나 해서 찾아보니까 그 당시에는 없더라고요. 그래서 좀 많이 아쉬웠습니다. 다른 나라에서 공부하더라도 그런 교수님이 있어서 이야기를 들어봤으면 했는데 결국은 대학 졸업할 때까지 그럴 수 없었어요. 외교부에 들어가자마자, 외교부에서 제일 가고 싶어하는 북미1과에 근무를 하면서 내가 러시아 연수를 가겠다, 이렇게 선언을 해서 그 당시에 동료들이 다 말리고 절대로 하지말라고 그랬는데 제가 고집을 피워서 미국에 가서 공부를 했어요. 미국 캘리포니아에 있는 국방언어연수원(DLI: Defense Language Institute)에서 2년 동안 공부를 했는데, 그 사이에 한국이 헝가리하고 수교를 했습니다. 88년 정도로 기억을 하는데, 그래서 거기라도 한번 가보려고 지원을 했더니 좀 기다려라,

지금 진행되고 있는 게 있으니 좀 기다리라고 그래서 89년에 일단 서울로 들어왔어요. 그 사이에 한소 간에는 영사처 교환설치에 합의가 이루어져서 90년 1월, 그러니까 한 7개월 만에 자원을 해서 소련에 근무하러 가게 됐습니다.

그로부터 지금 30년 이상이 지났는데 여기 답변에도 썼지만, 지나고 보면 그때 저를 비롯한 외교관 동료들이 갖고 있었던 의문과 우려가 오늘의 현실을 만든 것 같아요. 소연방이 해체되고 15개 독립국가가 탄생했지만 우크라이나전쟁, 러시아의 조지아 침공 등 CIS국가들 간의 끊임없는 갈등과 대결구도가 만들어진 것이죠.

소련이 경제적으로 완전 피폐한 상황이 됐기 때문에 그 사람들은 '지금 15개 국가들이 다 독립을 하려고 그런다, 그래서 이걸 막을 방법이 없다.' 이런 주장을 굉장히 강하게 하는 거예요. 제가 90년에 소련에 들어갔을 때, 하나의 국가인데 국가마다 수많은 문제점들이 있을 텐데 문제점이 있다고 갈라지기 시작하면 나라가 수만 개는 되겠다라고 의문을 제기하고 그랬는데요. 그때 들었던 이야기로 제가 아주 생생하게 기억하는 것은 우리는 합의 이혼을 해야 한다, 그래서 합의 이혼의 이유가 뭐냐 하면 첫 번째, 다른 공화국에서는 모스크바가 자기네들을 조종하면서 좋은 걸 다 가져간다, 이런 감정들을 가지고 있고, 반대로 소련, 그러니까 러시아의 중앙본부에 있는 정치국과 같은데서는 엄청 부담스럽다 라며, 경제력도 취약한 지방 공화국들을 다 데리고 하나의 국가로 유지해 나가려니 나라 전체가 가라앉게 생겼으니까 우리 각자 헤어지고 각자의 방식으로 국가를 건설하는 게 좋겠다, 이렇게 해서 사실은 소련이 해체됐다는 거예요. 1990년대 초반 만나서 40여년 간 친구로서, 외교관 파트너로서 지내온 러시아 외무성의 친구들, 예를 들면 티모닌(Alexander Andreevich Timonin) 대사, 수히닌 대사 등과 제가 끊임없이 그 이야기를 했어요. 너네는 이게 합의 이혼으로 평화적으로 국가가 없어졌다고 생각하고 독립했다고 생각하지만 나중에 피를 부르는 전쟁이

날수도 있다. 그거 감당 못할 수 있다고 말했습니다. 우리같이 남북한으로 갈라져 있는 나라는 국가가 분열되고 전쟁으로 비화되는 것은 끔찍한 걸로 생각이 된다고 했어요. 그리고 사회주의 기간 동안 내내 민족적으로 산업적으로 모든 민족을 다 섞어 놓았어요. 그런데 15개 국가로 분열되면 이산가족이 속출하고 인도주의적 관점에서의 갈등과 비극이 발생할 것이 자명하잖아요. 정말 아무 생각 없이 소련인들은 비극적 상황을 잉태하고 있었던거죠.

소련의 '사회주의적 민족주의'와 민족문제

백주현: 스탈린이 주장한 사회주의적 민족주의라는 말이 있잖아요. 피에 의한 민족은 있으면 안된다는 거예요. 그렇게 되면 그 분파주의에 의해서 사회주의의 일체성이 손상된다, 이렇게 주장을 해서 이념에 의한 민족이 있어야 한다, 소련 민족이라는 게 있어야 된다, 이런 주장을 했다고 그래요. 그 결과가 뭐냐 하면 모든 민족을 섞어서 혈연에 의한 분파 활동을 하지 못하게 하자는 거였고, 그 결과가 1933년 고려인들을 연해주에서 중앙아시아로 강제 이주하는 사건으로 연결이 됩니다. 우리만 그런 게 아니고 모든 민족을 그렇게 섞었어요. 러시아 민족도 섞었거든요? 러시아 민족들을 각 공화국에 다 강제 이주시키는 과정이 있었어요. 제가 카자흐스탄에서 대사를 했습니다만, 카자흐스탄이 독립할 당시에 러시아 민족이 45%였어요. 그런데 지금은 22%입니다. 그리고 수도를 알마티에서 아스타나로 옮긴 이유도 러시아인들을 북쪽으로 밀어내기 위해서 그렇게 한 거고 장차관에는 러시아인을 기용하지 않는 그런 정책을 써서 밀어낸 거거든요. 소련방 공화국들이 헤어지면서 주장했던 논리들이 그 당시로 봐서는 타당했던 거죠. 모스크바의 간섭도 싫다, 지방의 경제적 부담을 러시아한테 지우는 것도 싫다, 그

런 양자의 주장 모두가 타당성이 있었는데 결과적으로는 오늘날 우크라이나를 무력 침공해가지고 거의 동족이라고 그래야 되나, 동족 비슷한 형태라고 해야 하나, 그런 사람들에게 총부리를 겨누는 상황인건데, 이제와서 생각해보면 소련 의 붕괴로부터 이 사건이 잉태가 돼가지고 현재 이 상태까지 왔는데 앞으로 한 30~40년간 러시아는 국제적으로 고립된 국가가 되지 않을까 그런 염려가 있고, 또 러시아 정치를, 러시아 관계 관련하여 오래 일했던 사람으로서 그런 회환이 큽니다. 그리고 또 젊은 교수님들 입장에서는 끔찍한 사건이 벌어진 거죠. 저희 가 지금까지 주장하고 논리적으로 설명했던 게 일관성이 전부 무너져버리는 일 대 획기적인 사건인데요. 1991년 12월 24일에 소련이 붕괴되고 크렘린에 있는 그 빨간 깃발이 하강하는 걸 그때 제가 붉은 광장에서 직접 봤는데 그 깃발이 내 려오면서 미국에서 준비하고 있던 소련 정치 관련된 박사 논문이 3만 개가 날아 갔다는 거예요. 소련이 오랫동안 냉전의 한 축으로 건재한다는 대전제가 끝났기 때문에 논문으로서 더 이상 가치가 없는 거예요. 고쳐서 쓰려고 해도 논문이라 는 게 중간 중간 짜깁기하는 게 아니잖아요. 그 주장이 처음부터 일관성이 있어 야 하는데 그 일관성이 다 깨져버린 거예요. 2022년 사건이 1991년 사건의 두 번 째 버전이다, 저는 그렇게 보고 있습니다.

제가 2월 이십며칠에, 전쟁 시작하기 며칠 전에 중앙일보 오피니언란에 러시 아의 우크라이나 침공가능성에 관해 글을 썼는데 그때까지만 해도 제가 의기양 양해가지고 전쟁이 일어난다고 하는 것은 허구다, 이렇게 썼어요. 그랬는데 중 앙일보에서 전화가 와서 "대사님, 좀 너무 위험하지 않으세요?" 그래서 제가 "뭐 가요?" 그랬더니 "미국은 전부 전쟁한다고 하는데 대사님 혼자 그렇게 주장하다 가……." 그래서 제가 "바보가 되면 어때? 내가 학자도 아니고, 나는 그렇게 보 이는데? 합리적으로 도저히 설명할 수가 없는 상황이기 때문에 전쟁은 안 한다. 부분적으로 갈등적으로 하지 않겠는가?" 이렇게 주장을 했는데 역시 언론인들이 감각이 있어서 "한 표현만 넣자. '지금으로서는'을 넣자" 그래서 지금으로서는 허구다. 이렇게 그 문장이 표현이 됐습니다. 그래서 그 다음 단계로 조·중·동 이렇게 써가고, 진보진영 신문들은 나한테 오지를 않아서 안썼는데, 한 번 할 때마다 계속 양치기 소년이 된 거예요. 그렇게 서너 번 쓰니까 전문가가 아니라 이건 허풍쟁이 같은 사람이 돼버렸어요. 제가 그런 감정을 갖고 있지만, 다른 분들도 그런 자괴감을 갖고 있는 게 아닌가 할 정도로 러시아 상황이 그렇게 전개가 돼버렸습니다. 그것을 머릿속에 넣고 이 당시에 어떤 일이 있었고, 이게 어떤 의미를 갖는가를 한번 살펴보면 좋을 것 같습니다.

엄구호: 예, 감사합니다. 질문이 있었는데요. 말씀하시기 편하게 질문지에 나와있는 순서대로 나가되, 보완 질문이나 추가 질문, 연관 질문이 있으시면 다른 교수님들도 참여하셔서 말씀하시면 될 것 같습니다.

이동률: 예, 제가 러시아를 잘 모르고 그래서 어떻게 보면 가장 원론적, 기본적인 질문을

이동률 교수

일단 먼저 드리는 게 도리일 것 같아서요. 그 당시에 중국 입장에서도 남북한 기본합의서가 채택되는 상황을 내심 놀라운 변화라고 생각했을 것 같습니다. 그리고 이런 남북대화의 진전은 중국이 한중수교를 추진하는데 있어 중요한 계기가 된 측면이 있습니다. 이미 러시아는 한국과 수교한 이후였습니다. 러시아는 당시 이런 한반도의 변화에 대해서 어떻게 바라보고 있었을까하는 궁금증이 있습니다.

소련의 붕괴와 진통

백주현: 사실 제가 질문을 받고, 있는 그대로 아주 적나라하게 이야기를 해줘야 그 당시의 상황을 알 수 있다는 생각을 했고요. 남북기본합의서를 다시 뒤돌아보니까 91년 12월 13일인데, 24일 날 소련이 붕괴가 됩니다. 그 당시에 소련의 입장에서 남북기본합의서에 대해서 뭐라고 지지를 하거나 외교를 할 만한 상황은 아니었다고 보고요. 1991년 8월 19일, 한 넉달 전이죠. 그때 쿠데타가 처음 일어납니다. 소련체제로 다시 가야한다고 하는 반동세력들이 쿠데타를 일으켜서 결국은 고르바초프의 개혁 정책이 와해되고, 체제가 붕괴되는 그런 단계가 있고, 이미 91년 말쯤 되면 소련이 어디로 가야 되는지를 모르고 헤매다가 결국은 각 나라로 갈라지는 것으로 거의 합의가 될 때가 되거든요. 그런 상황이 있었고, 그 다음에 참 슬픈 이야기이지만, 곡창지대가 있는 러시아에 식량이 부족해져서 미국이나 유럽의 경제 원조를 위해 비행기에 밀가루를 싣고 모스크바 공항에 내리는 그런 장면이 저는 생생하게 기억이 납니다. 여러 방송에도 나왔고, CNN에도 나왔는데, 그런 경제적인 극심한 곤경에 처해 있었기 때문에 내부에서의 제1화제는 이러다가 소련이 15개 공화국으로 갈라지는 건 괜찮은데 러시아 내부도 내전이 일어나지 않을까 하는 우려였어요. 내전의 역사가 있잖아요? 공산혁명이 일어나서 적군 백군이 싸웠고, 치열한 과정이 있었기 때문에 그런 화제가 아주 팽배했던 그런 시기로 기억을 합니다. 이런 과정에서 이제 15개 공화국으로 갈라지면, 러시아 때부터 굉장히 어렵게 획득했던 전략적인 기지라든가, 영토라든가 이런 것을 다 상실하게 되는데 이게 얼마나 큰 손해가 될까에 대해 저희들 외교관이나 외부 정치학자들한테는 보이는데, 정작 내부적으로는 그것을 논의할만한 상황조차 되지 않았다고 하는 것을 제가 강조하고 싶습니다.

또 이때는 이미 8월 쿠테타 이후에 보리스 옐친(Boris Yeltsin)이 실권을 잡을

백주현 전 대사 구술회의 사진 (2022.8.29)

때죠. 그 당시에는 해체되기 이전 소비에트 연방의 일부로, 러시아 공화국이죠. 아직 국가가 안됐죠. 러시아 공화국의 옐친 대통령이 당시에 소련은 악의 제국이었다라고 이야기를 하고 민주 러시아가 되어야한다, 그런 소련의 악행은 우리가 단절하고 반성한다, 이런 이야기를 할 때예요. 한국전쟁에 대해서는 소련이 지원했던 것은 잘못된 것이다, 그 다음 1983년 KAL 007기 격추사건에 대해 진정으로 사과한다고 이야기했던 과정이 있었습니다. 이 KAL 007기 격추사건에 대한 사과는 굉장히 극적인 과정을 거칩니다. 그때 외무성 영빈관에서 그 당시의 발사 단추를 눌렀던 조종사에 대한 조사가 있었어요. KAL 007기를 폭파시킨 오시포비치(Геннадий Осипович)라는 사람인데, 이 사람이 시골에서 숨어서 살고 있었는데, 옐친 대통령이 이 사람을 찾아서 외무성에 데리고 옵니다. 그래 갖고 대질 심문을 하는 거죠. 대질심문이라기보다는 대질해서 그때 상황을 설명하는 과정을 거치는데 한국, 일본, 미국 가족들이 다 앉아있고, 그 오시포비치가 앞좌석에 앉아 유가족들을 바라보면서 격추 당시의 상황을 설명했어요. 제가 9시간을 통역을 했습니다. 그러니까 러시아말로 듣고 통역을 하면 우리 가족석은 난리가 나는 거죠. 그런데 우리 가족석은 반응을 하는데 일본, 미국은 못 알아듣는 거예요. 그걸 다시 영어로 통역을 내가 하고, 그 다음 일본어까지는 안되니까, 여기 있는 한국 가족 중에 일부가 일본어로 통역을 해줘서 그 당시에 그런 결정을 왜 내렸는지를 상세하게 설명했어요. 저는 통역을 하면서 러시아가 어떤 민주주의 국가보다도 투명성있고 진솔하게 과거의 잘못을 바로 잡으려는 노력에 감동 받았어요. 이러다가는 한 20~30년 지나면 완전 민주주의 사회가 되겠다하는 착각이 들 정도로 옐친의 러시아는 굉장히 과감한 정책을 폈다고 기억됩니다.

냉전의 종식과 한소수교

백주현: 그런데 이런 모든 게 선의에서 시작된 것도 있지만, 가장 중요한 것은 소련이 냉전의 한 축이었잖아요. 냉전의 한 축인데, 이 축이 이념과 체제전쟁 이런 걸 떠나서 이제는 완전히 붕괴돼서 내려앉게 생긴 거예요. 저는 위기감에서 시작된 정책이 대부분이라고 봅니다. 그래서 소련이 남북기본합의서를 찬성한다, 지지하는 의견이 당연히 있었지만 그것을 적극적으로 표명하기에는 이미 내부 문제가 곪아서 체력이 고갈된 그런 상태였다, 저는 그런 생각을 하고 있습니다. 특히 1990년 9월 30일 UN에서 한소수교 합의를 하게 되거든요. 그리고 2년 후에 중국하고 수교를 하게 되는데, 그 전에 두 가지를 했어요. 하나는 셰바르드나제 (Eduard Shevardnadze) 외상이 북한을 직접 방문해서 설명을 합니다. 그런데 설명이라기보다는 일방적인 통보죠. 조러동맹은 더 이상 존재하지 않는다, 이렇게 함으로써 동맹합의를 그냥 툭 끊어버린 거예요. 그 당시에는 우리 한국의 언론들은 지면이 16면에서 32면으로 증면이 됩니다. 그 이유는 소련과 관련된 기사를 쓰기 위해서, 너무 쓸 게 많은데 지면이 절대 부족했던 것이죠. 지금까지도 보니까 32면이더라고요. 아주 어마어마한 성과를 거둔 것으로 평가가 됐죠. 조러동맹을 한방에 날려버리고 우리가 적국이었던 소련과 수교함으로써 이제 한반도에서는 남한 정부가 유일한 합법정부일 뿐만 아니라 주도권을 쥐고 이 정세를 이끌어나갈 수 있다는 그런 자신감들이 지면과 방송에 범람을 할 정도로 상황이 전개가 됐었죠. 그래서 남북기본합의서에 대한 입장을 이야기한다는 것은 상당한 무리가 있고, 우리가 소련하고 수교가 된 다음 한 1년 쯤 지나서 관계가 진전이 되고부터는 이 사람들이 항상 한반도 문제에 대해서 일관되게 이야기한 게 있어요. "мирным путем че́рез диало́г." 무슨 이야기냐 하면 "평화적인 방법으로 대화를 통해서" 문제해결을 하라, 당사자 간에. 이게 멋있는 말 같지만,

속을 들여다보면 내가 참견을 해서 영향력을 미칠만한 여지가 별로 없다, 그러니까 남북대화를 통해서 문제를 해결하라는 이야기지요. 그 이면을 좀 더 들여다보면 결국은 핵문제라든가 남북대결 문제에는 그 배후는 미국과 중국이지, 러시아는 아니다. 러시아는 극동지역의 그만한 이해(interest)를 갖고 있지도 않고, 또 적극적으로 나설 계제도 아니다. 이런 판단이 있었던 것 아닌가 하는 생각을 하고 있습니다.

남북관계와 러시아의 입장

엄구호: 제가 연관해서 여쭤보고 싶은 것은요. 대사님이 영사처 설치요원으로 가셨기 때문에 그것 관련해서 여쭤보겠습니다. 대사님은 남북기본합의서 자체에 대해서 러시아가 입장을 보이기 어려운 상황이었다는 것은 절대적으로 그랬을 것 같은데 사실은 89년에 소련은 영사기능을 상공회의소 한국대표부에, 또 한국은 주로 코트라에 일부 기능을 두자 이렇게 주장했는데요. 저는 외교부가 일관되게 공식관계를 통한 영사기능을 주장한 것은 일관된 입장을 유지하며 아주 잘한 외교로써 하나의 좋은 사례다, 이렇게 생각합니다. 그런데 당시의 골라노프 부의장이나 여러 사람들의 진술을 보면 소련이 그렇게 주장한 배경에는 여전히 북한의 입장이 소련에 중요하다, 따라서 한국과는 여전히 경계 관계이지, 이렇게 정식적인 외교관계는 아직 시기상조다, 그런 입장을 보이다가 89년 10월 그때 소련이 다행히 영사 기능협의를 합의해서 89년 11월, 12월에 영사처 설치가 합의가 됐습니다. 그래서 제가 여쭙고 싶은 것은 사실은 남북고위급회담도 그때 협의가 된 거거든요. 그래서 당연히 남북기본합의서 자체에 대해서야 입장이 없었겠지만, 남북관계 진전에 대해서 당시의 기본 입장은 평화적이고 대화를 통해서 해

라라고 했지만 현장에 계시면서 혹시 당시에 소련이 북한을 그렇게 고려하다가 그냥 영사합의로 넘어가게 된 당시의 분위기나 배경에 대해서 기억하시는 게 있으시면 같이 설명해주시면 좋겠습니다.

이동률: 지금 이야기하신 것 듣고 저도 좀 놀랐는데, 사실 중국에서도 시종일관 똑같은 표현을 사용하고 있습니다. 그런데 중국에서는 그런 표현을 쓴 이유가 제가 해석하기로는 첫째, 평화적으로 대화를 통한 해결을 주장하는 것은 사실상 흡수통일에 반대한다는 의미입니다. 그리고 두번째는 당사자 간이라는 걸 주장한 것은 미국을 다분히 의식한 부분이에요. 미국이 개입돼서는 안 된다는 점을 강조한 것이라 생각합니다. 러시아도 그런 입장에서 이야기를 한 것인지 좀 궁금합니다.

백주현: 그렇습니다. 실제로 그때 3등서기관으로 공관부임하는 경우가 별로 없습니다. 경력이 한 5년 정도 되면 2등서기관을 달아주기 때문에 그렇게 하는데, 제가 워낙 빨리 공관근무를 나갔기 때문에 3등서기관 겸 부영사를 달고 나갔는데, 그러니까 제 호기심을 위해 참을 수가 없는 거예요. 그래서 소련 외교관들과 만나면 자주 물어보곤 했었어요. 우리 정부 결정으로 내가 외교 아카데미에서 더 공부를 하면서 박사학위까지 하게 되니까 러시아 학자들과 의견 교환의 기회가 많았어요. 그때 주요 관심사는 지금 교수님이 말씀하신 그런 것, 첫 번째는 흡수통일에 대한 우려였죠. 그러니까 우리한테 접근하면서 북한을 약화시킨 상황에서 그냥 흡수해버리려고 하는 전략이 그 배경에 깔려있지 않을까 하는 걸 끊임없이 생각을 하고 있었고, 공식적인 회담이나 면담에서는 이것을 너무 세게 하지는 않았지만, 그 사람들을 개인적으로 식당에서 만나거나 물어볼 때는 항상 이야기가 나왔고요. 또 하나는 당사자 간이라는 거에 중국과 똑같이 미국이 조정해서 하는 방식은 곤란하다는 우려를 갖고 있었어요. 그건 분명히 있었습니다.

한소수교의 배경과 경과

백주현: 그러면 왜 엄 교수님이 말씀하신 것처럼 경제적인 협력관계만을 하려고 했는데 왜 갑자기 영사관계로 갔다가 그 다음에 몇 개월도 안돼서 수교를 하게 됐는가, 하는 건데요. 이 배경에는 제가 93년에 러시아 외교아카데미 박사학위를 받게 됐는데, 그 과정에서 지도교수가 서울 올림픽 취재보고서 하나를 꼭 한번 보라고 하여 외교아카데미 아카이브에 들어가서 봤는데요. 뭐냐면, 1988년 서울 올림픽 때 임원이라고 있잖아요. 선수단 중에 임원이 있고, 선수들이 있는데, 임원들이 서울에 가서 한국 사회의 곳곳을 정밀 취재를 한 거죠. 임원들 중의 반은 정보 요원들이었는데 그들이 구로공단까지 직접 들어갔다는 거예요. 그래서 "구로공단을 어떻게 가느냐, 한국 경찰들이 전부 감시를 했을텐데." 그랬더니 "한국 보안당국의 통제를 넘어가는 것은 우리한테 별로 어려운 일이 아니었다." 이렇게 이야기를 하면서 구로공단 같은 데에 들어가서 자기네는 그냥 외국에서 온 기자처럼 인터뷰를 하는데, 공단 근로자들이 노태우 정부를 그렇게 욕을 하더라는 거예요. 군사정권이고, 형편없는 경제정책을 하고, 우리 서민들을 돌볼 생각은 않고 돈을 많이 들여서 올림픽이나 개최한다고 불평을 하더래요.

　　그래서 불만이 많구나 하면서 공단 여공 방을 둘러보니 조그만 냉장고, 다리미부터 시작해서 선풍기 등 자기네들의 가정에 없는 걸 다 갖추고 있더라는 거예요. 다 갖추고 잘먹고 잘사는 것 같은데 그렇게 욕을 하더라는 거예요, 정부를. 그런데 이런 부분들이 결정적인 게 된다는 거죠. 그래서 한국 사회 전반을 살펴보니까 이 사람들 생활 수준은 북한하고 비슷한 게 아니고 이미 미국과 비슷한 생활 수준을 하고 있고, 그 다음에 언론이라든가 표현의 자유 이런 부분도 아주 위험해 보일 정도로 자유롭게 이야기하고 사는데, 그것을 정부에서 통제하는 것도 거의 불가능해진 상황이라는 거예요. 군사정권이라 통제가 심할 것으로 예상

했는데 실제 상황은 전혀 달랐다는 것이죠. 이런 내용들이 상세히 적혀있는 거예요. 그래서 그 폴리트뷰로(Politburo)라는 게 아주 유명한 거 아닙니까. 옛날에 소련의 폴리트뷰로, 공산당의 정치국인데, 그 정치국에서 토론할 때, 올림픽 전에는 한국과의 영사관계 수립 등, 관계 개선을 하자 이랬을 때 97%가 절대 반대였다는 거죠. 우리는 북한의 동맹국인데, 그리고 같이 피를 흘린 동지들인데 어떻게 북한을 버리고 한국하고 관계 개선을 하느냐, 절대 불가하다, 그런 정책 결정을 하면 안 된다, 이런 식으로 면박을 주고 그랬는데요. 이 보고서가 보고가 되고, 그것을 설명을 하며 다시 토론을 몇 번 하는 과정 중에서 97%가 수교찬성으로 돌아 섰다는 거죠. 그러나 단계별로 하자, 왜냐하면 우리가 너무 빨리 갈 경우에 다른 나라의 관계에도 전부 영향을 미친다, 북한과의 관계뿐만 아니라 다른 동맹국과의 관계에도 영향을 미치니까 천천히 가면서 충격이 오는 것을 방지 하자라고 의견이 모아졌다고 해요. 엄 교수님이 이야기하신 89년 말의 싱가폴인가에서 합의할 때는 '영사관계에 국한하여' 이렇게 합의를 한 거예요. 그래서 이름이 영사처인데, 하여간 외교사에 처음이자 마지막으로 나온 명칭일 거예요. 그래서 처음 파견된 우리 대표부의 이름이 '코트라 산하 대한민국 영사처'였어요. 우리 정부 조직법에도 맞지 않는 명칭이죠. 그럼에도 불구하고 편의상 그런 명칭을 써가면서까지 소련 땅에 서둘러서 우리 대표부를 파견하게 된거죠. 여기 오기 전에 공로명 장관님의 구술에 의한 메모를 쭉 보니까 거기서 나오는데, 우리 정부는 처음부터 끝까지 목표가 수교예요, 수교. 그러니까 수교에서 멀어지는 방향으로 이야기가 되면 자꾸만 이것을 다시 끌고와서 수교 쪽으로 이끌어 가는 것으로 했는데, 그래서 "선수교 후경협" 원칙을 강력하게 유지를 했어요. 소련은 반대였는데, 소련이 우리한테만 그런 게 아니라 일본하고도 마찬가지입니다. 일본에 대해서도 먼저 경협을 하고, 그 다음에 영토문제나, 정치, 안보 문제를 토의 할 수 있다는 입장을 견지했어요. 반면에 일본은 소련이 변해야 우리가 경협할 수 있다, 계속 그 논리가 반복이 돼서 서로 주장을 하게 된 거죠. 올림픽 개최를 추진할 때 우리 국내에서는 우리가 그 많은 돈을 낭비해가면서 올림픽을 할 필요가 있느냐 하는 반대여론도 굉장히 강했던 것으로 알고 있는데 올림픽 개최가 결과적으로는 소련하고 수교하고, 소련의 입장을 바꾸는 데는 결정적 계기가 됐던 것 같아요. 그러니까 우리 정부가 올림픽을 계기로 소련을 잘 설득시킨 것도 있지만, 그게 30% 정도 된다고 하면 70%는 소련 대표단들이 와서 직접 본 한국의 모습 때문에 한국 쪽으로 확 기울어졌던 거죠. 그 다음에 그 과정이 90년 1월에 창설요원들이 들어가고 3월에 영사처장인 공로명 대사님이 부임을 하시고 6월 5일 날 샌프란시스코에서 첫 번째 한소정상회담이 열립니다. 그 당시에 그것에 대해 처음 정보를 입수한 게 저인데, 제가 동시에 여러 가지 일을 하고 있었습니다. 제가 영사를 하고 있는데 주요 인사들에 대해서는 사증 발급 전에 전부 인터뷰를 하게 돼있었어요. 그런데 어느날, 중견 관리로 보이는 사람이 찾아와서 문서를 내미는데 보니까 도브리닌(Анато́лий Фёдорович Добры́нин)이라고 써있더라고요. 두 사람이 가는데 그 중 한사람이 도브리닌이라고 써있어요. 내가 알기로는 주미대사를 한 사람이 도브리닌인데, '아 이거 중요한 사람같다' 그래서 모르는 척하고 접수하면서 사증발급을 위해서 인터뷰를 해야 하니까 3일 후에 도브리닌이 직접 우리 영사처로 오는 것으로 인터뷰 날짜를 잡은 거예요. 그리고 나서 앉아 있으니까 그 러시아 비서가 한 세시간 쯤 있다가 몸이 달아 가지고 나한테 와서 큰일났다고 그러는 거예요. 오늘 사증발급 신청한 사람들이 아주 중요한 사람인데 직접 오라고 했기 때문에 소련정부가 굉장히 불쾌하게 생각을 하고 있다는 거예요. 그래서 내가 영사로서 인터뷰하는 것은 우리 규정이니 그대로 할 것이라고 설명해 주라고 했어요. 소련 측도 그런 문제에는 설명도 유연성도 보이지 않고 있었고요. 공로명 대사님께 보고를 드렸더니 "과연 도브리닌 특보가 직접 인터뷰하러 진짜 오겠느냐?"하고 걱정도 하셨죠. 몇 시간 후에 도브리닌 특보의 보좌관이 나에게 전화를 걸어 "인터뷰를 위해 영사처를 방문은 하는데 그 대신 영사님을 직접 만나는 것보다는 대사님하고 면담하는 형식을 갖춰 달라."라고 그래서 "그건 가능하다. 내가 거기 배석을 하겠다."라고 했죠.

백주현: 그렇게 해서 공로명 영사처장은 도브리닌 특보의 방한 전에 그를 직접 면담하여 소련정부의 향후 정책 방향에 대한 정보를 파악하여 서울에 보고할 수 있었어요. 도브리닌은 그때 29년간의 주미대사를 마치고 고르바초프의 외교안보 특보로 와있던 거예요. 도브리닌 특보는 서울에서 개최되는 국제 현인그룹회의인가에 초청이 되었던 거예요. 사증발급을 위한 인터뷰 대신 만찬으로 이어진 그날 도브리닌 특보는 "6월 초에 세상이 깜짝 놀랄 일이 생긴다"라는 은유적인 표현으로 외교상 큰 이벤트가 임박했음을 우리 측에 알렸습니다.

만찬이 끝나자마자 영사처는 전시 암호체계로 청와대에 긴급보고를 했어요. 서울에서는 영사처 보고를 접하고 즉시 노태우 대통령 주재로 외교, 경제 참모진들이 회의를 해서 "이거 큰 일 아니냐? 바로 수교하는 거 아니냐?"하면서 우리의 대응 조치를 취해 나가기 시작했어요. 그리고 한 달여가 지난 6월 5일 샌프란시스코에서 역사적인 첫 한소정상회담을 합니다. 그리고 9월 30일에 수교를 했고, 그 전에 셰바르드나제가 북한을 방문해서 조러동맹 파기를 선언하죠. 왜 이렇게 빨리 갔을까? 지금 엄 교수님이 이야기하신 것에 의하면 89년 말까지도 아주 견고했어요. 한국하고 그렇게 가면 안 된다. 그런데 갑자기 이렇게 숨 쉴 사이도 없이 3개월마다 큰 사건이 터진 거예요. 그 중 제일 큰 원인은 돈 때문이었을 것입니다. 소련의 경제상황은 피폐했어요. 대러경협 자금이 많이 급했던 거예요. 고르바초프 대통령을 비롯한 소련 당국자들은 국민들이 아사(餓死)할 상황이 되고 이러다가 민란이 일어나고 내전이 터지지 않을까 우려하고 있었던 것 같아요. 그런 사정 때문에 1990년 한 해에 너무나 빠른 속도로 변화가 일어났다, 저는 그렇게 보고 있습니다.

한소정상회담과 한반도 안보문제

엄구호: 예, 두 번째 질문은 사실은 북한의 핵무장에 관해서 그 당시에 소련이나 러시아가 구체적으로 어떤 반응을 보였는지에 대한 자료가 상대적으로 상당히 적습니다. 제가 배경을 조금 말씀드리면 91년도에 부시 대통령이 세계 전술핵 철수를 선언하고, 한국의 남북고위급회담에도 비핵화를 의제로 하라고 하는 요구가 있어서 91년 12월 5차 회의에서 한반도 비핵화협정이 합의가 되는 데에 미국의 상당히 강력한 요구가 있었다고 되어있는 것 같습니다. 91년 4월 20일이 고르바초프-노태우 대통령 제주도 정상회담이 있었고요. 그런데 사실은 이게 제주도 정상회담이 약간 인포멀(informal)한 정상회담이어서 그랬는지 회담의 내용이나 기록이 잘 밝혀져 있지 않고요. 그래서 혹시 그때쯤 해서 제주도 정상회담까지 포함해서 소련이 북한 핵문제에 대해서 구체적으로 어떤 입장을 보였는지, 또는 어떤 반응이 있었는지 혹시 기억하고 계신 부분이 있으면 말씀을 부탁드리겠습니다.

백주현: 제주도 정상회담은 91년 4월인데, 그때까지 비핵화문제가 아직 터져나오지 않았었고, 그래서 그것에 대해서 소련 측이 어떤 이야기를 했다? 그것은 잘 모르겠어요. 찾아보니까 그것은 메모에도 없더라고요. 그래서 그것은 확인이 필요한 대목인데, 91년 4월에 왜 기록이 그렇게 충실하지 않느냐하는 것은 제가 그 정상회담을 처음부터 끝까지 봤기 때문에 그리고 통역도 했기 때문에 느끼는 건데 그것은 고르바초프가 일본을 방문하고 난 후의 방문이었어요. 그런데 일본 방문을 하고 지방 일정을 한 다음에, 오사카였는지, 어디를 방문하고 그 오후에 와서 한국에 방문을 하겠다 그렇게 된 거예요. 이렇게 우리가 끈질기게 주장을 하니까요. 우리는 이미 수교도 했고, 90년 12월 14일 노태우 대통령의 역사적인 첫 번째 소련 방문이 이루어졌기 때문에 답방 형식으로 4월에 한국에 와 달라, 일본

방문기회에 연계해서 와 달라 그랬고, 그것에 대해 일본이 굉장히 기분 나빠했어요. 자기네들은 영토문제를 해결하기 위해서 고르바초프의 단독 방문을 성사시켜 그를 환대하고 영토문제 해결 분위기를 띄우려고 했는데, 우리가 거기에 연계를 하니까 뭐 당연히 기분 나빠했겠죠. 그래서 오후 6시에 일본에서 이륙해서 한 7시 반, 8시면 제주공항에 도착하는 것으로 됐는데 이게 굉장히 늦어졌죠. 일본이 방해를 해갖고 지방 일정에다 계속 껴붙이기를 한 거예요. 그래서 제 생각에는 제주공항 도착이 한 10시쯤 됐던 게 아닌가 이런 생각이 들고요, 그 다음에 제주도에 중문 신라호텔에 들어오게 되는데 처음에는 숙소가 없었어요. 왜냐하면 두세 시간만 경유하면서 잠깐 차 한 잔하고 바로 소련으로 가기로 했었으니까요. 처음에는 숙소가 없었는데, 교섭하는 과정에서 하여간 서너 시간을 있더라도 우리가 숙소를 마련할테니까 눈을 붙였다가 떠나라고 해서 1박을 하게 된 거죠. 우리도 고르바초프가 가급적 긴 시간 체류 하도록 작전을 쓰는 거죠, 계속. 그러면서 참 재미난 일화가 있었는데, 당시에 중문 신라 호텔이 새로 개장을 해서 신혼여행하는 젊은 부부들한테 엄청나게 인기가 있었어요. 돈만 있다고 예약되는 게 아니고, 여행사 통해서 웃돈을 주고 예약하기도 했다고 해요. 그런데 우리 정부는 고르바초프 대통령 일행을 최고의 숙소에 머물게 하고 싶어했죠. 그래서 당시 호텔 대표가 일일이 신혼부부들에게 양해를 구하고 인근 호텔로 옮겨주었다 합니다.

그런데 우리 국민들이 때로는 굉장히 슬기로운 사람들이 많은 것 같아요. 이 사람들이 조건을 건 거예요. 숙소는 양보할테니 고르바초프가 들어올 때 자기네가 입구에서 환영하게 해달라고해서 백여 명의 신혼부부들이 꽃단장을 하고 고르바초프 대통령과 라이사 여사를 열렬히 환영해주었어요. 그 덕분에 만찬 분위기는 축제 같았어요. 만찬이 한 12시쯤 끝나서, 1시쯤 끝났나? 그런데 구체적인 합의라던가 하는 내용은 별로 없었어요, 우리가 이제 수교를 했으니까 정치, 외교, 경제에 관한 관계를 획기적으로 발전시키자, 그럼 상대방이 우리도 획기적으로 발전시키기를 원한다, 그 내용이 반복이에요. 어떤 구체적인 사건, 예를 들면 거기에서 경협문제를 논의한다던가 하는 그런 분위기 자체가 아니에요. 경협문제는 앞으로 참모들이 잘 논의하자하는 분위기였어요.

결국은 그 다음날 아침에 양국 정상 내외는 화창한 날씨에서 호텔 근처를 산보까지 합니다. 그래서 떠나는 것은 11시인가 12시에 떠나요, 그러니까 일본으로서는 방문 한 두 시간 이내로 줄이려고 하다가 늦게 보내는 바람에 한국에서 1박까지 하고 더 늦게까지 있는 상황이 생겼고, 전세계 언론들이 대대적으로 보도를 했어요. 소련이 냉전의 터널을 빠져나와 경제적으로 급성장하는 역동적인 한국과 친해지고 있다는 내용이 많았던 것 같아요.

사실 오히려 제주도 정상회담이 굉장히 빠른 속도로 한소관계의 진전을 만들어 냈고, 고르바초프가 그 계기뿐만 아니라 박준규 국회의장이 3월인가 4월에 소련을 방문했을 때도 마찬가지였는데요. 9선 의원이 방문을 해갖고 5분만이라도 만나 달라 했는데, 실제로 딱 들어갔는데, 55분 동안 만나고 내가 통역을 했는데, 국회의원들이 과도 흥분 상태가 되더라고요. 당시 총선이 바로 눈앞에 있었어요. 총선이 바로 눈앞에 있으니까 이 사람들이, 박 의장이 대표니까, 사진을 둘이서 찍고 나머지도 다같이 사진을 찍으려고 했는데, 고르바초프가 굉장히 센스가 빠른 사람이에요. 이 사람이 온화한 사람이기도 하지만 아, 저 사람들이 뭘 원하는지를 금방 알아가지고 "한 사람씩 사진을 찍자, 아무 문제없다." 그래서 그 여야의원들이 한명씩 다 사진을 찍고, 전체사진도 찍고, 이런 식으로 해서 한국의 팬클럽을 만든 거예요. 고르비 클럽을. 그렇게 함으로써 우리 경협차관도 빨리 진행이 됐고, 핵문제 이런 게 나오면 항상 "мирным путем че́рез диало́г." 평화적인 방법으로 대화를 통해서 문제해결을 하라, 당사자 간에 라는 이야기를 계속 하면서 남북한 간에 얘기 못할 게 뭐있냐, 동일한 민족이고, 그 다음에 서로 죽이려고 하는 의도를 왜 갖느냐, 옛날에 소련이 한국전에 북한을 지원하여 같은 동족상잔을 지원한 것은 정말 잘못된 것이라는 입장을 피력하곤 했어요. 러시아는 우리의 안보 문제에 대해서 방해하는 세력이 아니고 한반도 평화 조성에 기여하려는 국가로 급변하게 된 거죠. 그런 과정을 거쳤습니다.

북핵문제와 러시아 입장

이동률: 첫번째로 드린 질문과 비슷한 맥락인데요. 지금도 비핵화 관련해서 중국의 역할과 영향에 대해서 많이들 이야기하는데 당시에 어쨌든 중국과 러시아가 북한을 놓고 서로 줄다리기를 하고 영향력 경쟁을 하고 있던 상황이었던 것으로 알고 있습니다. 이전에도 그래왔고요. 그래서 북핵문제에 대해서는 러시아는 어떤 역할을 할 생각을 가지고 있었고, 어느 정도의 영향력이 있다고 보시는지 말씀 부탁드리겠습니다.

백주현: 이 문제에 대해서 러시아 외교관들은 일관성있는 설명을 반복합니다. 예외적인 사례나 징후가 포착된 적도 없는 것으로 알고 있습니다.

북한이 1963년에 소련 측 초청으로 모스크바의 쿠르차토프 연구소에 일단의 학자들을 파견했었고, 그 사람들이 거기에서 핵무기를 개발하는 기술을 배운 게 아니라, 원자력발전 등에 대한 것을 배웠는데 그러면 그 이후에 소련이 체계적으로 북한의 핵프로그램을 돕거나 지도 내지는 연수를 해주었냐 물으면 전혀 없었다라고 답하곤 했어요. 소련 측에서는 북한의 에너지문제 지원을 위해 원전기술을 교육시키려했던 것인데 북한이 핵무기까지 개발하는 단계까지 가서 당황스럽다는 것이었어요.

특히 1990년 9월 한국과 수교한 다음부터는 러시아-북한간의 원자력 협력은 완전히 끊겼다고 합니다. 그러니까 그런 핵기술에 관한 학자를 북한으로 초청한다든가 하는 것을 완전히 금지시켜버렸어요. 경제적 지원을 받는 상황에서 한국정부의 반발이라든가 미국의 반발 이런 걸 고려해서 결정을 내렸던 것 같습니다. 그 이후 러시아와 북한간의 핵개발관련 징후나 팩트를 발견해서 논문을 썼거나 어떤 주장을 했거나 하는 것을 본 적이 없습니다. 엄 교수님은 어떠셨어요? 사실 제가 과학자가 아니기 때문에 확신은 못하지만, 제가 한미 미사일협상 실무책임자였는데, 그때도 미국이 그렇게 우리한테 강력하게(harsh) 하더라고요. 우리 미사일 기지에 대해서 탄두중량이라든가 사거리라든가 이런 것을 확인하는 것, 그 다음에 사찰을 굉장히 세게 합니다. 그래서 동맹국인데 왜 이렇게 세게 하느냐, 우리 더 이상은 안 한다고 했지 않느냐, 그랬는데 나중에 만찬 끝나고 나서 비공식적으로 친해진 다음에 이렇게 이야기를 하더라고요. 국가별로 차이가 있다는 거예요. 그런데 한국은 못 믿는다는 거예요. 그게 무슨 소리냐, 도대체 동맹국인데 어떻게 그런 황당한 소리를 하느냐 했더니 한국은 MIT, 하버드, 조지아텍 이런 데에 이미 수만 명이 다녀갔기 때문에 충분한 지식과 노하우가 습득이 되어 있고, 그 다음에 핵개발했던 과거의 흔적이 있잖아요. 그렇기 때문에 한국이 안 하다고 해도 뭘 하고 있는지 알 수가 없다, 그 다음에 이 사람들이 지금도 한국에서 연구하고 있을 가능성을 배제할 수 없다라고 하는 거예요. 북한도 마찬가지이고요. 그러니까 남북한의 그런 능력과 가능성에 대해서 소련도 미국도 의심을 굉장히 크게 갖고 있었던 것 같아요.

그리고 90년 이후에는 러시아가 북한과 관련하여 강력하게 유지한 원칙이 있어요. 첫 번째, 핵협력은 없다. 두 번째, 북한에 대해서 공격용 무기는 제공하지 않는다. 이 두 가지 원칙이 계속 유지가 됐어요. 그런데 그 배경에는 러시아가 한국과의 관계를 좋게 하기 위한 것도 있지만, 북한이 러시아에 갖고 있는 채무를 상환을 못하니까 채무상환문제가 해결되기 전까지는 북한에 대해서 인도적 지원이외에는 어떤 식의 경제원조도 하기가 힘들다는 입장을 갖고 있었습니다.

한국의 안보 · 경제 환경과 러시아

이정철: KGB가 북한에 갔다와서 새로운 보고서를 냈는데, 북한을 사실상 배제하면서 한국과 관계를 맺는 것에 대한 소위 군사적인 공백이나 이런 고민들은 많지는 않았나요?

백주현: 많았죠. 여러 가지로 많았고요. 예를 들면, 한국하고 관계가 전격적으로 좋아지면 미국이 무기를 전진배치 한다든가 해서 한반도에 대한 영향력이 완전히 상실된다는 우려죠. 러시아보다는 중국이 더 아파하는 문제지만 그런 염려를 굉장히 크게 갖고 있었던 것 같아요. 그러니까 내부적으로도 치열한 다툼을 했고, 특히 쿠데타 일어나기 전인 1991년 초, 1991년 말에 소련이 붕괴되기 직전, 한 1년간은 외부적으로 표출되지는 않았지만 내부적으로는 치열한 논쟁이 있었다고 봅니다. 제가 93년 6월에 박사학위 학위논문심사를 하는데 그때 아주 웃기는 일이 있었어요. 그 논문이 「한국의 한반도의 재통일과 그 과정에 있어서의 러시아 요인의 역할」 이렇게 제목이 되어있는데, 그 심사를 할 때 한 교수가 나를 노려보면서 트집 잡는 질문을 하는 거예요. 이상하다 했는데 그 사람이 끝까지 논문을 반대했어요. 그래서 내가 무엇 때문에 반대를 하는지 설명을 해주면 설명을 더 드리겠다 했는데, 제 논문에 보면 "러시아는 통일된 한국에 안정적인 자원공급처로서도 중요하다" 이렇게 러시아말로 되어있는데 그 교수는 이런 시각을 갖고 한국 사람들이 자기들하고 수교했다 이거예요. 자기네 나라를 자원이나 공급하는 제3국으로 생각하고 수교를 하고, 한국이 러시아를 이용해 먹으려 한다는 거였어요. 그래서 내가 아니라고 이야기를 해도 자기는 인정할 수 없다는 거예요.

그런데 그 사람 반대에도 불구하고 논문이 통과가 됐는데 나중에 궁금해서 지도교수님하고 다른 분들에게 왜 저 사람이 저렇게 이야기를 하냐고 물어봤더니, 정치국이나 이런 데 가면 아직도 한 30~40%는 그 교수와 비슷한 의견을 갖고 있다고 합니다. 그리고 한국이 소련하고 수교하는 의도가, 심하게 이야기하면 미국의 스파이 노릇을 하기 위한 게 아니냐 이런 식으로까지 생각하는 사람이 굉장히 많다고 하더라고요. 사실은 그게 갑자기 변하는 게 이상한 거잖아요. 소련이 북한하고 동맹을 맺고 있다가 한국하고 가까워지면서 이것을 일방적으로 파기하고 한국에서 경제원조를 받는 모습을 치욕적이라고 느끼는 사람들도 많았던 것 같아요.

지금 생각해봐도 그 과정이 우리한테도 별로 안 좋았던 것 같아요. 그러니까 수교를 하되 북한과의 갈등관계가 있으면서도, 만약에 그 동맹관계를 유지했더라면 북한에 대해서 조금 더 영향력이 있지 않았을까하는 아쉬움이 계속 있어요, 저는. 그러니까 우리 헤드라인을 장식하기에는 너무 좋았죠. 조러동맹이 더 이상 존재하지 않고, 한국하고 본격적으로 경협 한다, 외교적인 성과로는 선전효과도 크고 국민에 대한 메시지도 크죠. 전쟁은 끝났다, 김영삼 대통령이 러시아를 방문하고 김포공항에 들어오다가 그런 이야기를 했다고 해요. 그러나 그건 정치적인 구호에 불과하고 실질적으로 외교관계라든가 이런 걸 생각할 때는 굉장히 섣부른 결정이었다는 생각이 들고 그 이후에 소련을 전공했던 사람, 러시아를 전공했던 학자, 외교관들이 계속 아쉬워하는 것은 중국식으로 갔었어야 된다는 거죠.

백주현: 그러니까 지금도 보면 러시아가 우크라이나를 침공했는데 이거 어떡할거냐, 제가 외교라인에다가도 조언을 할 때 러시아가 우크라이나를 침공했지만 두 가지는 우리가 지켜야 된다고 얘기해요. 하나는 러시아가 비확산 체제를 강력하게 유지하겠다는 그 원칙이 변하지 않게 한러관계를 관리해야 된다. 러시아가 직접

북한 비핵화를 결정적으로 해결해 주지 못할망정 만약에 중국과 북한과 러시아가 한 팀이 돼서 그 원칙을 파기하겠다고 나오면 우리는 대책이 없다, 미국하고 아무리 힘을 합쳐도 그것을 이겨낼 방법이 없다는 거예요. 그게 하나고, 다른 하나는 우리 기업들이 러시아하고 갖고 있는 결정적인, 그리고 잘 변하지 않는 경제적인 이익을 파기하면 안 된다. 예를 들면, 조선업입니다. 지금 LNG운반선이 러시아에서 100척, 카타르에서 100척 등 약 200척 정도가 건조되어야 하는데 우크라이나 전쟁으로 이 수요가 더 늘어났어요. 이제 파이프라인을 막아버리면 LNG는 미국에서 실어가고, 호주에서 실어가고, 카타르, 이집트 별 게 다 나오잖아요. 고품질의 LNG운반선을 만드는 것은 우리 조선소밖에 없습니다. 중국에도 주문해봤지만 이미 A/S에 돈이 너무 많이 들어갔기 때문에, 그러니 한국이 절대적인 우위를 갖고 있는데, 부울경지역이 두 가지로 지금 경제적으로 살아날 수 있거든요. 하나는 원전이고 하나는 조선이에요. 그 두 개가 다 죽어있었거든요. 그 두 개가 살아나는 문제는 우리가 소홀히 취급하면 안 된다 라고 저는 계속 주장하고 있어요. 이런 비핵화문제 관련해서는 중국의 입장이 우리 마음에 다 안들지만 그래도 북한에 대해서 제한적이나마 영향력을 갖고 있고, 중국은 자기들 말을 북한이 잘 안 듣는다고 계속 반복적으로 이야기하고 있지만 최소한 북한이 중국에 대한 의존관계가 있기 때문에 완전히 무시하지는 못하죠. 그런데 북한은 한소수교 이후에는 소련이나 러시아의 말은 아예 귓등으로도 안 들었어요. 그랬다가 우크라이나 전쟁이 터지고 미러관계가 복잡해지는 과정에서 북한이 지금 러시아에 계속 우호적인 제스처를 취하고 있는 겁니다. 그런데 그동안 30년 간은 상당한 공백이 있었다, 그렇게 보고 있습니다.

한소수교 후 북러관계

이정철: 제가 추가 질문 두 가지만 더 여쭐게요. 조러 군사우호조약의 폐기가 공식적으로

이정철 교수

는 96년으로 알고 있는데요. 그러니까 한소수교 직후에 김일성이 북한이 소련과 단교한다라는 발표도 했었거든요. 그런데 실제 단교가 된 것 같지는 않고 러시아 공화국으로 넘어가면서 북러관계가 자동으로 이전되는 과정에 군사우호조약도 그대로 연장되고 수교도 그대로 가는 것으로요. 그러고 나서 96년에 군사우호조약에서 자동 조약이 빠지는 것이 정확한 과정이 맞나요?

백주현: 그렇습니다. 90년에 셰바르드나제가 가서 일방적으로 더 이상 존재하지 않는다고 선언을 했잖아요. 바로 수교를 해버렸잖아요? 그러니까 북한으로서는 단교하겠다는 이야기를 안할 수가 없는 거예요. 우리 같아도 했을 거예요. 그렇게 해서 설전을 벌였지만 바로 거기서 문서화하지는 않고 사문화한 상태로, 조러우호동맹조약이 더 이상 작동하지 않는 상태가 몇 년간 지속된 것 같아요. 1996년부터는 과거 군사동맹조약을 변경하는 교섭이 시작되었고 공식적으로는 2000년 9월 라브로프 러시아 외교장관이 북한을 방문하여 "북러 우호선린협력 조약"을 체결하였죠. 러시아와 북한간의 공식관계가 끊겨버리면 동북아 안보에도 불안정성이 증가될 수 있다는 우려를 많은 사람들이 공유하고 있었던 것 같습니다.

소련 핵물질 이전과 비확산체계

이정철: 두 번째 질문인데요. 약간 떠도는 속설 같은 건데요. 당시에 소련 해체과정에 소련의 핵과학자나 소련의 핵물질이 이전이 됐다, 여러 나라로. 그중의 하나가 북한이고, 북한의 핵물질이 우리가 계산한 것보다 더 많은 물질이 있지 않느냐 하는 이런 속설들이 있지 않아요? 실제 그럴 가능성이 있었을까요?

백주현: 그런 이야기가 굉장히 많았죠. 왜냐하면 그 증거로 중앙정부는 아니었는데, 지방에 있던 군사기지에서 항공기 팔아먹은 사건이 있었어요, 전투기였죠. 그걸로 봐서 뭐는 안 팔아먹었겠느냐 하는 거죠. 북한 핵문제가 터져 나온 92년인가 그 이후에는 북한이 굉장히 필사적이었을 텐데 분명히 빼다 팔아먹은 사람이 있지 않겠는가 하는 가정은 많았지만, 그것에 대한 결정적인 이야기는 없었어요. 파키스탄의 칸 박사 이야기는 신문에 많이 나왔잖아요. 그런데 러시아는 그게 없었던 거예요. 신기하다고 생각하지 않겠어요? 왜 러시아에서 나온 것은 없을까? 러시아가 비확산체제를 강력하게 유지한 것은 한국을 위한 게 아닙니다. 근본적으로 비확산체제가 깨지면 러시아의 안보는 굉장히 흔들린다고 보고 있는 거예요. 러시아는 분쟁지역이 수도 없이 많습니다. 시간대가 13개이고 아주 넓은 영토를 가진 나라이기 때문에 역사적인 여러 과정을 설명하지 않더라도 다게스탄(Dagestan) 지역, 체첸 지역부터 시작해서 조지아 등에서 만약에 전술핵무기라도 오고가는 상황이 생기면 남부 국경은 불바다가 되는 거예요.

1979년 소련이 아프간을 침공합니다. 그러니까 미국에서는 소련의 침략전쟁을 하는 속성이라고 할지 모르지만, 침공한 이유가 있어요. 침공한 이유가 뭐냐면 그 당시 인구 구성상 소련의 인구 중에 무슬림이 16%였어요. 그것이 한 15년 정도 지나면 30%를 넘어서고 한 20년이 지나면 인구 다수가 무슬림이 된다는 분석이 있었어요. KGB가 다 분석한 거예요. 사우디에서 발달된 이슬람교 근본주의 와하비즘(Wahhabism) 이런 것이 계속해서 중앙아시아에 침투를 해서 들어오기 시작하는 거예요. 그래서 이슬람 학교를 만듭니다. 학교를 만들고 경제적인 지원을 합니다. 그런데 경제적으로 피폐해진 사람들이 쉽게 넘어가는 거예요. 지금도 보면 독립국가연합(CIS: Commonwealth of Independent States) 국가 중에 이슬람 근본주의에 가깝거나 그런 데가 없어요, 아직도 없는 이유 중의 하나가 러시아가 굉장히 철저하게 관리를 한 겁니다. 그것이 들어오는 것을요. 만약에 그게 밀고 들어오면 남부국경은 보장 못 한다고 해서 비확산체제는 한국을 위한 게 아니라는 거죠. 이것을 한국을 위한 것이라고 생각하면 헷갈리는 거예요. 러시아의 안보를 위해서 이 비확산체제를 유지하는 것이 굉장히 중요하다는 생각을 그때도 지금도 갖고 있다고 보고 있고요. 그 다음에 우크라이나 전쟁의 레드라인이 어디냐. 저는 그것은 화학무기하고 핵무기 사용일 것이라 보고 있는데, 만약에 러시아가 우크라이나에서 그것을 쓴다, 그러면 우크라이나에 대해서는 굉장히 위협이 되고 우위를 점할 수 있을지 모르지만 잘못하면 안보 체제 자체를 흔드는 게 됩니다. 주변국에서 그런 상황이 일어나는 것에 대해서 러시아가 대응하기 힘든 상황으로 몰려가기 때문에 쉬운 선택이 아니라고 저는 보고 있습니다.

이정철: 소련 과학자들이 이전하는 경우도 없었던 건가요?

백주현: 없는 것으로 저희들은 보고 있어요, 현재까지는. 그러니까 그게 나왔으면 우리나라 언론이라든가, 우리나라 언론만 있겠습니까? 미국의 CIA라든가 그걸 계속 추적하고 있을 텐데 현재까지는 나온 건 없는 것 같습니다.

러시아의 동북아 방위구상

전재성 교수

전재성: 네, 제가 질문지 5번, 6번 작성했는데 연결해서 말씀드려도 될 것 같습니다. 5번은 고위급회담에 대한 러시아의 입장이었는데 아까 말씀해주신 것처럼 당사자 간에 평화적인 방법으로 대화를 통해서 해결하라는 것이었죠. 그리고 작년에 저희가 남북한 UN 동시가입 과정에 대해 연구를 했었는데 그때 저희가 러시아 입장에 대해 연구를 많이 못해서요. 거기에 대한 추가 말씀이 있으시면 굉장히 도움이 될 것 같고, 6번 답안 주신 것은 흥미로운 것 같아요. 동북아 안보구도에 관한 말씀도 있으시고, 요즘 한참 논의되고 있는 90년에 부시 대통령이 약속했다는 나토 확장 반대 약속에 대한 논의들이 국제정치 전체 입장에서 많이 있어서요. 그래서 90년대 초 소련이 생각하고 있었던 동북아나 유럽을 포함해서 안보구도에 대한 생각이 어땠는지 말씀 해주시면 감사하겠습니다.

백주현: 사실 UN 동시가입 문제는 우리 국내적으로도 논란이 굉장히 오랫동안 지속이 됐고, 북한하고 같이 갈 바에는 안가는 게 좋겠다는 논란도 굉장히 심했는데요, 이제 소련하고 수교가 되면서 북한을 굳이 그렇게 취급할 필요가 없게되고, 그것 자체가 우리에게 위협이 되지 않는다고 본 거죠. 냉전구도가 상당히 깨진 거 잖아요. 중국과 소련이 우리를 반대하고 우리를 코너에 몰 것 같은 분위기는 이제 없어졌기 때문에 북한이 들어와도 큰 문제가 없다는 우리 내부적으로 결론을 내렸던 것 같고, 러시아로서는 굉장히 반가운 소식이었던 것 같아요. 그 이후에 지금까지 러시아가 갖고 있는 입장을 보면 자기가 주도권을 상실했잖아요. 진영 간 대결에서 주도권을 상실하면서 계속 주장하는 게 다자주의입니다. 그리고 다

국적인 국제질서가 형성되어야만 자기가 낄 자리가 있다고 생각하는 게 있고, 우리 한소정상회담, 한러정상회담과 관련된 모든 문서를 찾아보시면, 다자주의에 관한 부분이 끊임없이 나옵니다. 그 부분을 한번 찾아보시기 바랍니다. 우리는 정상회담 공동선언을 채택하기 위해서 초안을 받아보면 너무 불쾌한 거예요. 양국간 정상회담인데 왜 다자주의에 대한 내용을 길게 넣어야하는 것인지. 그러다가 사고가 한번 났죠. 그게 ABM사건입니다. ABM(Anti-Ballistic Missile: 탄도탄 요격미사일)에 관해서 미국과 러시아가 일부 내용을 수정을 해서 이 체제가 잘 유지되게 하자고 했는데, 정상회담 공동선언에서 문제가 된 그 단어가 '인포스먼트(enforcement)'이에요. 그런데 제가 90년에 러시아 과장으로 발령이 났는데 그 직전에 정상회담에서 채택이 돼서 우리가 러시아 편을 들었다, 이런 말도 안 되는 논란이 생기면서 차관부터 대거 경질되는 사건이 벌어졌죠. 그 당시에 제가 후임 과장으로 문안을 받아서 어떻게 생각하냐고 그럴 때, 러시아가 수교 이후에 끊임없이 다자, 다국적 질서를 의식하고 넣는 문안에 대해서 우리가 웬만한 건 받아주지만 일단 논쟁적인 건 받으면 안 된다는 것이죠. 그런데 나하고 똑같은 의견을 가진 사람이 너무 많았어요. 러시아 대사관에 근무하는 참사관도 그랬고, 우리 유럽국 심의관도 그랬고 다 그랬는데, 이제 이게 임박해오면서 하루 이틀 뒤에 정상회담을 해야 되니까 청와대에서 빨리 끝내라고 하는 상황에서, 여기서 다시 문제제기를 하면 러시아하고 협의를 해야하는데 언제 그걸 다해요. 그런데 서울에서 협의를 하고 있는데 서울에 있는 러시아 대사관 공사 이런 사람이 무슨 힘이 있어요. 모스크바에 협의해서 알려주겠다고 하니까 이게 거기에서 진행된 거예요. 그게 대형사건으로 벌어졌고, 내가 기자들한테 그랬어요. 이게 인포스먼트라는 단어가 어떤 의미의 인포스먼트인지를 생각해보면 되지 그거를 '강화한다'고 그래갖고 문제가 되지 않았느냐? 그러니까 미국은 반대하는 거고 러시아 입장이 강화하는 건데 그래서 러시아 편을 들었다라고 해석하게 되버린 거 아니냐? 소용없더라고요. 그게 소용돌이가 돼서 기사가 첫날에 세 줄 났어요. 생생하게 기억을 합니다. 눈덩이처럼 커져갔고 외무부가 완전히 친러 반미정권 비슷하게 가는 것으로 돼서 그 사건으로 연결이 되죠. 그래서 그런 걸 볼 때, 전 지금도 마찬가지입니다. 지금도 윤석열 정권이 들어와서 한미동맹 강화 이런 과정에서 여러 마찰들이 생길 수 있는데, 우습지도 않은 논리에 의해서 마찰로 가는 그런 거 있잖아요. 우리나라 수준이 아직도 거기에 있나 그런 생각이 저는 듭니다. 그 사건이 굉장히 컸다라는 생각이 들고요.

백주현: 그 다음에 소련이 동북아에 대해서 어떤 전략적인 구상을 갖고 있었느냐 하는 겁니다. 이것도 90년 수교 직전에 블라디보스톡에서 셰바르드나제가 갑자기 회의를 한다고 해서 소련과학아카데미가 주최하는 아시아태평양회의가 "대화, 평화 그리고 협력"이라는 제목으로 열렸는데 국제적 관심을 끌었어요. 미국에서도 직접 기자들이 오고 했는데, 우리는 거기서 큰 게 나올 줄 알았는데 그런 것 보다는 그냥 그 제목 그대로예요. 결국은 탈냉전구도로 가자라고 하는 그러한 제스처를 보인 거예요. 이 배경도 지금 생각해보면 그 당시 소련이 이미 경제적인 어려움 때문에 미국과 유럽 등의 원조를 굉장히 갈급해서 받았고, 특히 90년에 독일 통일이 이뤄지잖아요. 독일 통일이 이뤄지는 것도 소련이 그렇게 경제적으로 어렵지 않았으면 쉽게 이루어지지 않았을 것 같아요. 그런데 그 과정을 독일 전문가가 쓴 책을 처음부터 읽어보니까 콜(Helmut Kohl) 수상하고 겐셔(Hans-Dietrich Genscher) 외상, 그리고 고르바초프와 다른 참모들이 만나는데 거의 한 달에 한두 번씩 만나는 과정에서 독일 측이 제안을 한 10개 정도 만들어 온다는 거예요. 1안부터 10안까지. 독일 측은 7안 정도에서라도 받아주면 좋겠다고 생각하는데 소련 측은 독일 측에 유리한 안들을 덥석 받아 드렸다는 거예요. 소련이 독일 측의 경제적 원조를 기대하면서 과감하게 양보를 많이 했다고 해요. 소련은 경제적인 원조를 받아내고 통일을 시켜주자 라는 쪽으로 이미 기울었다는 거죠. 대

표적으로 바르샤바 조약기구(WTO)에 파견되어 있던 소련군이 철수하는 대신 그 철수한 군인들이 살 수 있는 주택을 독일이 소련 내에 건설해줍니다. 우린 돈이 없다고 하니까 그럼 우리가 철수비용부터 시작해서 주택건설까지 해주고 직업훈련까지 시켜주겠다는 식의 과정이 있었거든요. 한소수교도 같은 맥락에서 볼 수 있어요. 동북아에서도 데탕트(détente)를 추구하면서 적대행위를 그만하자, 군비경쟁도 그만하고 경제적인 협력은 확대하고 인도적인 협력도 확대해 달라, 이런 식으로 간 것으로 봅니다. 왜냐하면 그 당시에도 극동지역은 전략적인 요충지가 아니었고, 극동을 돌볼 만큼 소련이 그렇게 여유가 있었던 게 아니었기 때문입니다. 지금도 러시아 인구가 1억 4천 약간 넘는데 그중에 650만 명밖에 없기 때문에 동북아지역이 자기네들한테 전략적으로 엄청나게 중요한 지역은 아니라는 거죠. 항상 보면 모스크바와 상트페테르부르크를 중심으로 해서 유러피안 파트라고 해요. 유러피안 파트에 모든 중점이 놓여 있고, 모든 국부가 거기에 있고, 그 다음에 자산가들도 다 거기에 거주하고 있기 때문에 유럽관계를 굉장히 신경을 써왔는데, 맨 처음에는 평화를 위한 파트너십(Partnership for Peace)이라고 나토하고도 계속 대화를 추진하였죠.

백주현: 그러다가 평화무드가 깨지기 시작한 것은 1999년 헝가리, 체코, 폴란드 등 3개국을 나토에 가입시키면서 부터입니다. 옐친 말기에 나토는 민주 러시아의 성공 가능성을 낮게 보았는지 나토의 확산을 시작한 것입니다. 푸틴 대통령은 2000년에 당선되자마자 소련의 붕괴와 나토 확산에 대해 기회가 있을 때마다 부정적인 지적을 했습니다. 그러니까 지금 유튜브(Youtube)에 들어가 보면 푸틴이 나토 확산에 대해서 어떻게 반발하고 논리적으로 대응을 했는가가 이십 몇 차례에 걸쳐 계속 나와요. 그걸 다 들어보면 아주 일관성 있어요. 왜 우리한테 민주 러시아가 되라고 하고, 시장경제로 이전을 하자, 같이 협력하자고 하면서 너희들은 나토를 확산해갖고 우리를 위협하느냐하는 논리가 일관성이 있습니다.

그 다음에 동북아에 대해서는 6자회담 내용을 기억하시는 분이 지금 있는지는 모르겠지만, 6자회담에 여러 가지 위원회라든가 합의사항 이행기구가 있는데 러시아는 경제협력파트를 맡고 있습니다. 그러니까 핵 합의에 대한 게 다 끝난 다음에 경제협력 분야 위원장을 하고 있는데, 이 사람들 생각은 그거예요. 북한 핵문제가 단지 북한의 핵개발 여부를 따지는 문제냐 이러는 거죠. 북한 핵문제는 미국과 중국의 헤게모니 쟁탈전에 이용되고 있는 측면이 강하다는거죠. 그 다음에 북한이 핵을 보유하게 되면 동북아 안보에 심각한 위협이 되지 않느냐고 물어보면 농담하냐고 물어봐요 솔직하게. 러시아가 갖고 있는 핵탄두가 8천 여 기인데 그게 5개가 되든 6개가 되든 10개가 되는 무슨 차이가 있냐. 그 다음에 미국이 갖고 있는 게 7천기, 8천기인데 미국이 이걸 대응할 능력이 없느냐. 그것은 뻔한 거다. 북한이 아무리 양산을 해도 진짜 몇백기를 갖기 전까지는 의미가 있는 것은 아니다 라고 생각하고 있는 것 같고요. 그래서 러시아 입장에서는 이제 그런 논쟁을 계속하지 말고 남한이 동족이니까 북한을 포용해서 경제적으로도 도와주고 먹고 살게 해주면서 안보 위협을 해소 해줘야만 이 문제가 해결될 거 아니냐라는 이야기를 일관성 있게 하고 있는 겁니다. 다분히 북한 측의 논리를 대변하고 있는 것 같아요. 그러는 이유는 미국이 중국이나 러시아에 대결적으로 나오는데에 대한 반감이 있는 것 같아요.

한반도 평화와 러시아

엄구호: 네, 이제 시간이 거의 됐기 때문에 결론 삼아 정리하는 질문을 드리겠습니다. 90년 9월 2일에 셰바르드나제가 평양에 방문했는데 당시 만약에 김영남이 한소수교를 하면 북한은 핵무기를 개발하겠다라고 이야기했다고 그 당시 평양대사 회고록에 기록이 되어 있습니다. 그래서 일각에서 우리가 한소수교 밀어붙인 게 오히려 북한 핵무기 개발 위기를 초래했다는 평가가 있어서 우리가 교차승인, 북미, 북일 외교정상화 노력도 같이 했으면 좋지 않았을까 하는 의견도 있습니다. 그래서 이것을 포함해서 북방외교 당시에 대한 총평을 부탁드리고요. 또 하나는 아까 러시아가 남북고위급회담에 대한 반응이 없었다고 했는데, 찾아보면 유일하게 소련 물리학자 카피차(Пётр Леонидович Капица)가 한국에 와서 남북고위급회담을 지지는 하지만 한국이 흡수통일의 입장을 갖고 있는 한 어렵다, 고려연방제가 가장 현실적이고 그것을 지지해야 된다는 견해가 있었는데, 어쩌면 그 견해가 오늘날까지 러시아의 입장으로 이어진 것 같습니다. 한반도 문제에 대한 러시아 입장, 그것에 대한 소회 내지 평가를 결론으로 말씀해 주시면 정리가 될 것 같습니다.

백주현: 현재 러시아 지식인들, 교수를 포함한 사람들 머릿속에 어떤 생각이 있는지는 잘 모르겠지만, 그 당시에 교차승인 이야기도 많이 있었죠. 그러니까 우리가 교차 승인 이야기를 할 때는 소련이 우리하고 일방적인 수교를 하지 않을 것이라는 의구심이 굉장히 강했어요. 그러니까 90년 9월에 수교를 할 거라고 생각한 사람은 한 명도 없다고 봐요. 적어도 한 93년쯤 가야 수교 이야기가 의제로 올라오지 않겠는가 그랬죠. 그런데 90년 3월에 공로명 영사처장이 부임했을 때, 오자마자 너무 스트레스를 받는다고 해서, 이제 오셨는데 무슨 스트레스를 받나 그랬더니, 노태우 대통령이 만나자마자 연내 수교를 해야 한다고 하더라는 거예요. 연

내 수교를 반드시 해야 한다고. 공 대사님은 당시 대통령이 군 출신이고 참모들도 그런 성향이 있으니 무조건 목표를 세우고 밀어붙이려는구나 하는 생각이 들더래요. 연내 수교 의지가 저렇게 강한데 실무적으로 못 받쳐주면 무리수가 나올 텐데라는 걱정이 되었대요. 공 처장님은 대소 경협차관으로 3억 불 정도면 충분하다고 주장했는데, 청와대 참모 중에는 300억 불을 이야기한 사람도 있었다는 거예요. 그렇게 해서라도 빠른 시일 내에 수교를 해야 된다고 그래서 30억이 됐다고 합니다. 지금 뒤돌아보면 교차승인을 해서 단계별로 갔으면 북한이 핵무기를 개발하려 하면 미국이나 중국이나 러시아가 전부 통제하는 그런 구도가 되지 않았겠는가, 일방적인 수교를 하니까 북한이 분기탱천해 가지고 핵문제를 국제사회에 터뜨렸을 때 중국도 러시아도 말릴 수 없는 상황이 된 게 아닌가라는 생각이 듭니다. 여사한 학술적인 분석은 충분히 가능하지만, 그때의 분위기로 보면 우리 청와대 논의나, 관계부처 논의에서 그런 것은 1%도 안 됐을 거예요. '아이고, 한가한 이야기 그만하시고, 다음으로 갑시다' 이랬을 가능성이 아주 높고요.

소련도 남한의 북한 흡수통일에 대해서는 깊은 우려를 갖고 있었어요. 흡수통일은 한반도에서 또 한 번의 유혈사태를 의미하는 것이고, 그렇게 되면 동북아 안보질서가 흔들려서 러시아에게도 커다란 부담이 된다고 생각했던 것 같아요. 수교 이후에 남북한 간 충돌이 벌어질 때마다 러시아는 평화적인 방법으로, '대화를 통해서' 해결하는 것이 바람직하다고 강조했죠. 남한이 흡수통일을 시도하면 미국이 한반도 문제에 더 깊숙이 개입할 것이고 그러면 러시아의 행동반경도 그만큼 제한될 것이라고 생각했던 것 같아요.

김영남도 굉장히 급하니까 셰바르드나제한테 핵무기 개발한다는 것을 이야기를 했을 텐데 제가 소련 외교관들한테 이런 부분을 물어봤을 때는 그 당시에 소련 외교관들도 북한이 온전하게 핵무기 개발을 할 거라고 생각하지 않았다는 거예요. 그 단계까지 와있지 않다. 그러니까 북한이 열심히 하는 건 알겠지만 핵무기 개발을 위한 관련 산업분야의 발달은 아직 유치한 단계이다. 그러한 상황을 고려하면 북한이 핵무기를 개발한다는 것은 일종의 환상이라는 생각을 하고 있지 않았던가 싶은 거죠. 김영남이 러시아 측에 그렇게 이야기를 했을 때는 북한이 앞으로 핵무기를 개발하겠다는 결의를 보인 것일 뿐 실제로 핵무기를 개발하여 동북아의 심각한 안보 위협까지 되지는 않을 것이라고 생각했다는 거죠.

한소수교가 성사될 당시에는 북한이 핵무기를 보유하고 있지는 않았죠. 시간이 가면서 핵물질이 축적이 되고 그다음에 핵무기를 개발하는 과정을 거쳤기 때문에 어떻게 보면 그 당시에 러시아로서는 북한이 제기한 핵개발 프로그램은 직접적인 위험은 아니라고 봤던 게 아닌가 그렇게 생각을 하고 있습니다.

엄구호: 오늘 아주 생생하고 유익한 말씀을 해 주신 대사님께 박수 한번 드리면 좋겠습니다.

백주현: 감사합니다.

V

유명환 장관 구술

일　시 : 2022. 9. 22. 14:30-16:30
장　소 : 국립외교원 4층 세미나실
질문자: 신종대(북한대학원대), 엄구호(한양대)
　　　　이동률(동덕여대), 이정철(서울대)
　　　　전재성(서울대), 조동준(서울대)

조양현 교수

조양현: 안녕하십니까? 국립외교원 조양현 교수입니다. 오늘 제4차 한국외교사 구술회의에 다망한 가운데 참석해주신 모든 분들께 감사드립니다. 오늘 정말 귀한 분을 모시고 남북기본합의서와 한반도 비핵화에 관한 공동선언 주제에 관해 말씀을 듣고 질의하는 시간을 갖도록 하겠습니다. 오늘은 유명환 장관님을 모시고 이 주제에 대해서 구술을 하게 되었습니다.

　　우선 참석해 주신 면담자 선생님들께서 간단한 자기소개를 하시고 바로 장관님께 인사 말씀 내지는 모두(冒頭) 말씀을 겸해서 말씀을 듣고 나서, 이미 전달해 드린 질문지에도 질문이 나와 있습니다만, 거기에 구애받지 않고 자유롭게 질의, 그리고 장관님께서 대응해 주시는 식으로 진행 하고자 합니다.

조양현: 장관님 인사 말씀 전에 제가 간단하게 장관님의 경력을 소개해 드리겠습니다. 73년에 외무고시 합격 이후에 싱가포르 그리고 일본 근무를 거치셨습니다. 86년에 외무부 미주국 북미과 과장 그리고 88년에 주미대사관 참사관, 91년에 외무부 미주국 심의관, 92년부터 외무부 대변인 그리고 94년에 UN 대표부 공사, 95년에 대통령 외교비서관, 96년부터 외교부 북미국장, 98년부터는 주미대사관 공사를 지내셨습니다. 미국 관계 업무 그리고 청와대 근무 등을 통해서 미국 관련 업무를 많이 하셨기 때문에 오늘 남북기본합의서 그리고 한반도 비핵화에 관한 공동선언에 대한 장관님 구술도 미국과의 관계를 중심으로 많은 말씀을 해 주시지 않을까 하고 기대해 봅니다. 그러면 장관님 간단하게 인사 말씀 부탁드립니다.

모두 발언

유명환: 감사합니다. 오늘 이렇게 각 대학에 저명하신 교수님들을 모시고 구술회의를 하게 돼서 매우 영광스럽게 생각합니다. 오늘 주어진 과제가 남북기본합의서와 한반도 비핵화 공동선언 관련해서 당시에 한미관계에 있어 어떤 논의를 했고 어떻게 전개됐는가 하는 부분에 대해서 논의 하는 것으로 알고 왔습니다. 제가 여기에 대해서 먼저 말씀드리기 전에 지금 조양현 교수님께서 저에 대해 소개를 했습니다만, 제가 한미관계에 관하여 직접적으로 일을 시작한 것은 85년, 전두환 정부 당시에 제가 외교비서실에 근무를 했고 그 다음에 미국 담당 과장으로 86년에

유명환 장관

내려왔죠. 그래서 과장을 2년 하고 그 다음에 최광수(崔侊洙) 외무장관 보좌관을 했을 때 88년 올림픽이 있었고, 올림픽 끝나자마자 그해 12월에 워싱턴의 정무참사관으로 부임을 했어요. 88년 서울올림픽을 계기로 한반도의 여러 가지 새로운 바람이라고 할까 그런 게 생겨났다고 생각합니다. 지금 얘기하는 남북기본합의서와 비핵화 공동선언이 태동한 역사적 배경은 역시 88올림픽과 그 당시 소련체제의 붕괴라고 그럴까요, 얼마 전에 러시아 고르바초프 대통령이 돌아가셨습니다만 저는 그 당시의 상황과 부시-고르바초프 관계 속에서 아마 남북기본합의서와 비핵화 공동선언이 나왔다 이렇게 생각을 합니다. 이 부분은 조금 있다가 상세하게 말씀을 드리겠습니다.

그리고 92년도 봄에 서울로 들어와서 외교부 대변인을 하면서 한중수교를 제가 발표 했어요. 그리고 그 해 8월 24일 조어대(釣魚台)에 이상옥(李相玉) 장관을 모시고 가서 서명하고요. 한중수교 당시 제가 옆에서 증인으로서 있었고, 역

시 한중수교도 우리 외교의 엄청난 큰 변화였죠. 그리고 제가 곧바로 UN을 갔어요. UN에서부터 소위 94년에 제네바 합의, 비핵화 문제 등을 쭉 다루다가 제가 95년에 김영삼 대통령 외교비서관으로 청와대에 들어갔어요. 그리고 96년 2월 겨울에 비핵화와 관련해서 4자회담을 앞두고 유종하(柳宗夏) 외교안보수석과 비밀리에 방한한 미국의 토니 레이크(Anthony Lake) 안보보좌관과 수행원, 저 이렇게 넷이서 제주도에 몰래 내려가서 2박 3일 동안 4자회담에 대한 구상 등 모든 계획을 만들어서 올라왔던 기억이 있습니다. 그것을 바탕으로 96년 4월인가 꽃 필 무렵에 클린턴 대통령이 제주도에 와서 김영삼 대통령과 4자회담 구상을 발표 했고 그 후 한 2년 가까이 4자회담 가지고 논의하다가 다 망가졌죠. 그리고 저는 96년도에 미주국장으로 나가서 2년 동안 4자회담을 쫓아다니다가 98년에 김대중 정부 들어오자마자 워싱턴 공사로 갔어요. 워싱턴 공사로 가서 2000년에, 결국은 성사는 안 됐습니다만, 소위 클린턴 방북 문제를 다뤘고, 직전 윌리엄 페리(William J. Perry) 북핵조정관의 이른바 페리 프로세스(Perry Process)에 제가 처음부터 개입을 했고요. 1998~2001년 워싱턴에서 근무하고 있다가 제가 9·11 사건 직전인 2001년 7월에 귀국을 해서 그 이후에 미국 관계 일은 조금 놓고 있었지요. 그러다가 이스라엘 대사로 갔고, 2004년에 필리핀 대사로 있다가 2005년에 제2차관으로 들어왔죠.

그래서 제 외교부 생활을 이렇게 돌아보면 가장 활동적으로 일했던 1988년 후반에서부터 2000년대 초반까지 오랜 동안 핵 문제를 가지고 세월을 다 보낸 것 같아요. 그러나 아직도 핵 문제는 해결이 안 됐고 북한의 핵 위협이 점점 커져가고 있잖아요. 지난주 9월 8일인가요? 김정은이 9·9절 북한 정권 수립 기념일 전날 전술핵무기의 사용에 관한 구체적인 지침과 그것을 법제화하는 데에까지 이르렀죠. "지금까지 북한 핵은 남한의 동포를 겨냥한 것이 아니고 미국을 겨냥한 것이다. 그래서 북한이 전략 핵무기를 개발하고 ICBM을 만든 것이다." 이런 말도 안 되는 변명을 하던 것이, 작년 1월에 이미 전술핵무기에 대한 자신이 있으니까 김정은이 전술 핵무기 개발에 대한 지시를 했던 것입니다. 김정은 체제가 과거를 돌이켜보면 그렇게 가능성이 없는 허튼 말을 하는 스타일은 아니거든요. 작년 1월에 좀 뜨끔하더라고요. 이제 전술핵무기라는 것은 우리를 겨냥한 것이란 말이에요. 북한의 핵무기 개발이 협상력 향상이나 미국만을 위협하는게 아니고 이제는 노골적으로 한국을 직접 협박하고 위협하는 무기가 된 것을 생각하면, 제가 외교부 경력 평생을 핵 문제 가지고 씨름하고 살던 게 어떻게 보면 여러 가지 면에서 아쉽게 생각되지요. 이와 관련하여 오늘 남북기본합의서와 한반도 비핵화 공동선언에 관해서 논의한다고 하니 남다른 감회를 느끼고 있습니다.

.

기본합의서 및 비핵화 공동선언의 역사적 배경

유명환: 조금 거슬러 올라가서 북한이 그러면 왜 남북기본합의서와 비핵화 공동선언에 응했는가 하는 것인데, 결국은 아까도 말씀드렸지만 88년 서울올림픽과 UN 동시가입, 그리고 소련 체제의 멸망이죠. 북한도 소련이 그렇게 나서서 남북한 UN 동시가입을 추진할지에 대해서는 준비를 못했었습니다. 사실 북한으로서는, 그러한 큰 시대적인 동북아시아의 세력균형 변화가 일어나는 상황에서 북한 나름대로의 생존 전략으로 남북기본합의서와 비핵화 공동선언까지 가지 않았나 생각하고요. 또 20년 더 거슬러 올라가면 여러분 7·4 남북공동성명 기억나시죠? 그게 72년 7월 4일 공동성명이잖아요. 그것 역시 제가 보기에는 미중 데탕트의 산물이고 월남전의 종결 움직임 등 여러 가지가 복합적으로 작용한 것이죠. 큰 정세 변화는 역시 그해 닉슨 방중으로 상징된 미중 간의 데탕트이고 그것은 다시 월남하고 연결돼있죠. 그것은 이제 미국이 특히 중국하고 관계 개선을

하려고 했던 건, 다른 사람은 어떻게 볼지 몰라도, 어떻게든지 월남전에서 패배했다는 인상을 주지 않고 전쟁을 종결시키기 위한 미국 나름대로의 글로벌 전략이라고 저는 생각합니다. 그래서 키신저-저우언라이(Kissinger-周恩來) 회담, 그 다음에 닉슨의 중국 방문, 소위 닉슨 쇼크라는 것인데 이때 일본이 가장 쇼크를 받았죠. 전혀 협의도 안 하고 미중관계가 이렇게 급작스럽게 발전이 된 것에 대해서 일본은 뒤통수를 얻어맞던 것이죠. 저는 북한도 큰 쇼크를 받았다고 생각합니다. 철천지 원수인 미국과 중국이 정상회담을 하고 가까워진다? 또 월남전이 이렇게 종결된다? 그리고 당시에 대만이 쫓겨나고 그 결과 미중 데탕트의 결과로 중국이 안보리 상임이사국이 되는 분위기가 있었기 때문에 72년도 7·4 공동성명이 나오게 된 것이죠. 두 달 전에 이후락(李厚洛) 중앙정보부장이 평양에 가서 김일성을 면담하고 또 이어서 박성철(朴成哲) 부주석이 내려와서 몰래 박정희 대통령을 면담한 것은 아마 그 준비가 상당히 오랫동안 비밀리에 진행됐을 거예요. 이런 상황에서 북한이 7·4 공동성명에 합의했듯이 저는 남북기본합의서하고 비핵화 공동선언도 그런 테두리 속에서 나온 것이 아닌가 생각합니다. 그래서 제가 오늘 회의에 오기 전에 기억을 되살리는 의미에서 다시 보니까 올림픽이 끝난 직후인 88년 11월 16일 연형묵(延亨默) 북한 부총리급을 단장으로 하는 남북 군사 고위 정치회담을 북한이 제의했어요. 거기에 대응해서 88년 12월 28일 강영훈(姜英勳) 당시 총리께서 남북고위급회담을 개최하자고 해서 그 다음에 예비회담을 거쳐서 정식으로 90년 9월 4일 제1차 남북고위급회담이 서울에서 개최되고 이러한 시대의 변화 속에서 남북기본합의서와 비핵화 공동선언이 이루어졌는데, 그건 하나의 짝입니다. 남북비핵화 공동선언은, 제가 다시 기억을 더듬어 보니까 하나의 프로세스에서 시작이 된 거예요.

그리고 제가 워싱턴에서 미북관계를 살펴보고 한미관계 업무를 시작한 게 앞서 말씀드렸듯이 88년 12월입니다. 부임해서 한 6개월은 미국 의회를 담당하다가 89년 6월부터 양자 관계로 국무부를 드나들었어요. 그때는 매일 국무부에 출근했습니다. 사실 요즘은 안 그렇습니다만 제가 왜 이 말씀을 드리냐 하면 80년대 당시에도 한미관계는 어떻게 보면 일거수 일투족, 특히 북한 관계에 대해서는 상세히 조회를 했어요. 그럼에도 미국 사람들은 항상 불만이 있었어요. 또 외교부도 모르는 사건이 많았고 아마 이미 구술하신 정세현(丁世鉉) 전 장관이나 송한호(宋漢虎) 전 차관 이런 분들은 아실지 몰라도, 남북 간에 비밀리에 하는 것에 대해서는 사전에 미국에 충분히 알리지 않은 게 많았어요. 그래서 당시에 미국 쪽에서는 거기에 대해서 상당히 불만도 있었고, 또 우리가 걱정했던 것은 우리 어깨 너머로 미국과 북한이 몰래 만나는 것 아닌가 하는 데에 대한 약간의 불안감이 항상 있었어요. 사실 한미간에 공조는 열심히 하지만, 기본적으로 외교부 자체를 남북관계에 참여시키지 않았거든요. 외교부는 배제하고 비밀리에 항상 국정원과 통일부가 다 했습니다. 어떻게 보면 통일부도 국정원 그 다음 단계에서 실행을 하는 역할을 한 건데, 아까 7·4 공동성명도 통일부에서 한 게 아니고 당시 중앙정보부, 이후락 씨가 담당해서 한 것 같아요.

그래서 이명박 정부 들어와서 제가 제일 먼저 대통령한테 무슨 얘기를 했냐 하면 왜 남북관계 개선에 국정원이 앞장서고 그러느냐, 그건 좀 이상하지 않냐 그랬어요. "국정원이라는 곳은 북한이 남한 사회를 대상으로 공작을 하고 간첩을 보내는 것을 막고 이에 대응하는 방첩(counter-intelligence) 활동을 하는 것이 고유 임무지, 국정원이 나서서 북한과 잘해보자는 취지에서 만나서 친분을 다지고 남북한 간 화해를 도모하는 일을 하는 것은 기본자세에 안 맞는다." 이런 얘기를 제가 했던 것이 기억이 나요. 그것은 통일부가 할 일이고, 국정원은 북한 보안부서 일원들이 남한 사회를 공작해서 침투하는 것을 어떻게 효과적으로 저지하느냐는 게 고유 임무가 아닌가 라는 거죠. 어쨌건 옛날 얘기지만 제가 외교부의 실무자였던 입장에서도 세부적인 남북고위급회담의 진행상황과 내용이 어땠는지에 대해서는 관계부처가 구체적으로 외교부에 정보를 충분히 준 것 같지 않았어요. 그래서 우리가 외교부로서 알 수 있는 정보를 열심히 모아 서로 정보를 교환하려고 했었던 생각이 들고요. 반대로 미국도 북한과 여러 면에서 접촉을 했던 것이라고 추측은 하지만, 그중에서 필요한 부분만 우리한테 공유했던 것이 아닌가 하는 그런 기억이 있습니다.

한반도 비핵화와 미국

유명환: 그래서 큰 그림으로 보면 남북기본합의서, 비핵화 공동선언을 미국이 적극적으로 추진하게 된 것 역시 소련의 멸망과 동시에 고르바초프–부시의 START(Strategic Arms Reduction Treaty: 전략무기감축협정)가 그 배경이었다고 생각됩니다. 그리고 미국은 또 독일 통일에 대한 반대급부라고 할까 유럽에 배치한 중단거리 미사일을 철수한 것도 그런 맥락이었던 것 같아요. 그래서 한반도 비핵화 공동선언을 통해서 미국은 북한의 핵 개발 저지뿐만이 아니라 북한의 위협을 빙자해서 혹시나 한국이 핵개발을 할지도 모른다는 의구심을 항상 가지고 있었던 것이 아닌가 싶고, 또 그 의구심을 해소하고자 했다는 게 제 개인적인 생각입니다. 왜 그런 생각을 하게됐냐 하면 제가 기억하기로는 북한 영변의 핵시설을 프랑스 위성이 찍어가지고 공개한 것이 아마 89년도일 겁니다. 그때부터 핵 문제가 본격화되고 89년도 당시만 해도 여러 가지로 남북관계가 개선되고, 남북고위급회담이 열릴 때였습니다. 미국으로서는 한반도에 있는 전술핵무기 철수를 남북 비핵화를 위한 과정으로 구상했던 거예요. 곧 북한의 비핵화만을 위한 것이 아니고 START에 따른 미소 핵 전략의 일환으로써 지상에 배치된 전 세계의 전술 핵무기를 철수한다는 구실을 내세웠던 것이고, 거기에 한반도 전술핵무기도 포함이 되었던

V_유명환 장관 구술   201

거예요.

 그 당시에 우리가 상당히 걱정을 했어요. 한반도에 전술핵무기가 철수될 경우에 군사적인 균형이 깨지는 것이 아닌가 우려했습니다. 미국이 일부 불가피한 전술핵무기는 유지할 수도 있다는 얘기도 했는데, 그 외 한반도에 다른 핵무기가 없다는 선언을 미국이 먼저 한 게 아니고 노태우 대통령이 먼저 했어요. 한반도에 핵무기가 없다고 이야기한 것은 우리가 했고 미국은 계속 NCND(Neither Confirm Nor Deny), 즉 확인도 부인도 하지 않는 정책을 유지한 것이지요. 북한이 그것에 대해 시비를 걸었죠. IAEA(International Atomic Energy Agency: 국제원자력 기구)와의 안전협정에 서명을 하기 전에 북한이 내건 조건이 많아요. 남한에 핵무기가 없다는 것을 미국이 공식적으로 확인하라고 했는데 미국은 그것을 끝까지 거부했어요. 상당히 오랫동안 전 세계에 있는 지상 핵무기가 다 빠질 때까지 한반도만 국한해서 한반도에 핵이 있느냐 없느냐는 것을 미국이 확인을 해주지 않았어요. 오히려 노태우 대통령이 먼저 "한반도에는 이제 핵이 없다"고 핵부재 선언을 했는데 그때가 91년 12월 18일이었습니다. 그때 노태우 대통령은 한국에 전술핵무기가 없다고 발표했는데 거기에 대해서 미 국무성은 줄기차게 기자들이 물어봤는데도 NCND 입장을 견지했고, 나중에 92년 7월에 가서 부시 대통령이 "미국이 해외에 배치한 모든 전술핵무기 철수를 완료했다"라고 언급했지, 한반도의 핵무기 여부에 대해서는 끝까지 NCND를 지킨 거예요. 한미 간 협의에 따라 그렇게 한 것이었지요.

 분명히 미국은 북한의 비핵화와 IAEA 협정 서명 및 재처리 시설 포기를 위해서 한반도의 남북한 비핵화 공동선언을 우리 측에 넌지시 얘기한 건 사실이었습니다. 특히 제가 기억하는 것은, 질문서에도 있습니다만, 미국이 그런 얘기를 했어요. 우리가 남북관계에 올인하는 것 같으니까 "북한의 비핵화 문제를 잊지 말라"고 한 것이지요. 그 부분을 남북한 회의시 의제로 하는 것이 좋겠다는 얘기

유명환 전 장관 구술회의 사진 (2022.9.22)

는 했지만, "북한이 IAEA 안전조치 협정 서명이나 재처리 시설 포기 이전에 남북관계 발전을 합의해서는 안 된다"는 식으로 직접적으로 압력을 받은 기억은 없습니다. 그것은 한미간 정책적으로 상호 전략적인 목표를 위해 서로 토론해서 같이 한다는 의미의 조율이었지, 거기에 대해서 우리가 반발을 한다거나 다른 의견을 제시한 적은 제 기억에는 없어요. 다만 부단히 그런 대화를 통해서 미국의 전략적인 목표가 전 세계에서 전술핵무기를 철수하면서 한반도의 핵무기도 다 같이 철수를 함과 동시에, 그것을 남북한 비핵화 공동선언과 묶어서 북한으로 하여금 핵무기 개발 재처리 시설까지 포기하도록 하려는 큰 전략적인 구상을 갖고 있구나 하는 것은 우리도 느끼고, 저도 그렇게 이해하고 있었습니다. 그래서 그 과정에서의 정책 조율을 하는데 그렇게 큰 어려움은 없었다는 것이 제 지금의 기억입니다.

남북기본합의서 채택과 북한

유명환: 그리고 사실 남북기본합의서 채택 당시에 북한이 먼저 남북관계 개선을 위해서 적극적으로 나온 건 사실이에요. 그럼 왜 북한이 그렇게 나왔느냐 하는 것은 아까 말씀드렸습니다만, 북한 나름대로 새롭게 변화된 국제적 전략 환경에 적응하고 또 남북대화를 통해서 경제적인 혜택을 얻고 그와 동시에 당시에 북일수교 교섭도 북한이 시작을 했을 때입니다. 그것은 당시 동구권이 해체되면서 소련의 무조건적인 경제 원조를 기대하기가 어렵다는 것을 예상하고, 북일수교, 남북관계 개선, 미북관계 개선을 통해서 경제적인 도움을 얻거나 경제 개발에 필요한 지원을 받기 위한 것이라고 저는 생각을 하고, 북한이 그러한 전제에 의해서 움직였던 것은 사실입니다. 그러나 그것이 오래가지 못했죠. 8차 고위급회담까지

는 잘 진행이 되었습니다. 92년 12월 제9차 고위급회담입니다. 그때는 한국에서 선거를 앞두고 있었죠. 노태우 대통령의 임기가 끝나고 그해 12월에 선거가 있었죠. 공교롭게도 남조선 노동당 간첩 사건이 터졌는데, 그때는 타이밍이 왜 그랬는지는 저도 모르겠어요. 어쨌건 미묘한 시기에 그런 사건이 터지면서 북한이 그걸 핑계 삼아 제9차 고위급회담을 무산시켰어요.

1990년 북핵문제 발생의 배경과 경과

유명환: 그 이후인 93년부터 한국에서는 김영삼 대통령이 취임하자마자 아시다시피 북한의 NPT(Nuclear Non-Proliferation Treaty: 핵확산방지조약) 탈퇴 등의 사건이 있었죠. 그리고 팀스피리트(Team Spirit) 훈련이 재개가 됐는데 그걸 빌미로 북한이 모든 남북대화와 미북 접촉을 끊어버렸어요. 질문서에 왜 팀스피리트가 재개되었느냐고 되어 있는데, 나중에 제가 개인적인 생각을 말씀드리겠습니다만, 큰 맥락에서 볼 때 어떻게 보면 처음에 미국이나 우리나 남북한 간의 어떤 협상을 통해서, 또 이런 남북 비핵화 공동선언과 남북기본합의서를 통해서 항구적인 평화가 정착되고 북한도 핵무기를 포기할지도 모른다는 확신을 가진 것 같지는 않았던 것 같아요. 그렇지만 그럴 가능성도 추구해보자라는 차원에서 지난 30년 동안 계속해서 비핵화 노력을 했습니다만, 결과는 실패로 돌아갔지요. 끝으로 한 가지만 더 말씀드리고 질의응답 시간을 갖겠습니다.

　　89년에 처음으로 프랑스 상용 위성이 북한의 영변 핵시설을 촬영해서 공개한 후에, 박철언(朴哲彦) 씨가 당시 안기부에 있을 때였던 것 같습니다만, 워싱턴에 와서 CIA로부터 북한의 핵 개발에 대한 비밀 브리핑을 받았어요. 그리고 서울로 와서 얼마 안 있다가 그것이 언론에 크게 보도가 된 거예요. 제가 미국 국무부 한국과에 항의를 했어요. 이렇게 프랑스 위성 사진이 언론에 크게 보도가 되었는데 "그런 문제가 있으면 국무부와 외교부도 상호간 협의를 해야 될 거 아니냐?"하며 문제 제기를 했어요.

후에 제가 장관이 되고나서 그와 관련된 전보를 찾아보려고 했는데 찾지를 못했어요. 그게 아마 90년 당시 박동진(朴東鎭) 장관이 주미대사로 있었던 마지막 시기로 생각됩니다. 박동진 장관이 91년 3월에 귀국을 하셨는데 그 전이에요. 당시 국무부 데자이 앤더슨(Desaix Anderson) 부차관보가 비밀리에 북한 핵 문제에 대해서 브리핑을 하겠다고 하면서 국무성으로 오라고 했어요. 조건이 재미가 있습니다. 먼저, 대사 외에 딱 한 사람만 데리고 오고, 두 번째, 연필 등 필기 도구는 일체 가져오지 말라고 하더군요. 그러니까 눈으로 보고, 귀로 듣고 그냥 알고만 있으라는 것이었어요. 지금도 당시 기억이 생생한데, 국무성 1층 회의실에 갔더니, CIA의 정보관(national intelligence officer)이라고 하면서 정보관 두 사람이 앉아 있고 대사와 저에게, 앤더슨 부차관보가 "오늘 북한 핵 문제에 대해서 특별 브리핑을 드릴 텐데요" 그러면서 '듣고 보기만 해라(For your eyes only)' 그러는 거예요. 그러니까 제 기억으로는 83년인가 부터 시작해서 87~88년에 완공이 됐는데, 중간에 85년경에 땅을 파고 작업하는 것만 보고도 이게 어떤 크기에 어느 정도의 원자로가 들어갈 것이라는 추측을 미국 정보당국에서 하더라고요. 그래서 그때 국무성에서 보고 듣고만 나와서 당시 박동진 대사님이 연세가 많으셨는데, 행여나 내용을 잊으실까 봐 "대사님 죄송합니다. 포인트만 다시 얘기해 주십시오."라고 했지요. 그리고 제가 뒤에서 메모를 하고, 사무실에 오자마자 제가 들은 내용과 합해서 전보를 두어 페이지 만들어서 보고를 했습니다. 그런데 그 전보를 못 찾겠어요. 찾아오라 그랬더니 못 찾겠다고 그러더라고요. 그래서 그게 지금도 좀 궁금합니다.

유명환: 지금 말씀드린 당시 문제가 되었던 공개된 북한 핵시설은 영국의 5메가와트

(MW) 핵 원자로를 모델로 해서 북한이 자체적으로 지은 겁니다. 소련은 처음에 실험용 원자로를 줬고 그 다음에 원자력 발전소 큰 것을 지어주기로 약속했는데, 그에 대한 조건이 NPT 가입이었어요. 북한이 NPT는 가입했는데 IAEA의 안전조치협정을 이행하지 않으니까 모든 것이 다 취소가 되었어요. 소련은 상당히 구체적으로 무엇을 어떻게 지을지에 대한 계획을 약속했는데 무산되어버렸거든요. 당시에 미국이 보여준 자료는 북한이 자체적으로 공사하는 모습을 보여줬습니다. 저렇게 계속해서 추적을 했으면서 왜 미국은 90년까지 우리한테 정보를 안 줬는가에 대해서 저는 의문을 가지고 있는데요. 그것 역시 미국의 입장에서 보면, 섣부르게 북한의 핵 위협을 제기하면 당시 전두환 정권이 장기 집권의 구실로 이용 할지 모르잖아요. 그렇기 때문에 미국으로서는 의구심이 있을 수 있었던 것이라고 생각합니다. "북한이 핵무기를 개발하고 우리를 위협하는 것은 절대 안 된다. 우리도 총동원해서 핵무기 개발하자." 남한이 이렇게 나올 수도 있고요. 아마도 미국 나름대로의 그러한 우려가 있었기 때문에 89년 프랑스 위성이 사진을 공개할 때까지 우리한테 알리지 않은 것이 아닌가 생각합니다. 그 다음에 87년 6·29 선언 이후에 새로운 헌법에 의해서 노태우 대통령이 당선되고 나서는 이제 한국이 북한의 핵 위협을 빙자해서 장기 독재 정권으로 갈 가능성은 없다는 판단을 하지 않았나 생각해요. 그래서 "한국과 북한의 핵 개발 정보를 공유하고 외교적으로 해결하자"고 했었던 것으로 생각됩니다. 또 88년 올림픽도 개최한 나라이고 한소수교 문제도 있고 하니 이 정도로 한국이 민주화되고 개방되어 국제적인 위상이 올라갔기 때문에 우리에게 이제 본격적으로 핵 문제를 외교 문제로 제기한 것이었죠.

그러나 이전에 북한의 핵개발 문제에 대해 정보(intelligence) 당국 간에 먼저 다뤘는지는 모르겠습니다. 왜냐하면 정보 당국에서 그런 민감한 정보를 외교부와 공유할 일은 없기 때문에 한미 정보 당국 간에 북한의 핵개발 정보를 공유했는지 안 했는지는 모르겠어요. 그렇지만 최소한 외교부 입장에서는 모르고 있었고 제가 90년에 국무성으로부터 그런 브리핑을 듣기 전까지 사실 외교적으로 이슈가 되지 않았거든요. 그래서 제가 92년 봄에 들어오자마자 미주국 심의관으로서 제일 먼저 한 일이 한미일 3국 간 과장급이 모여 북핵 문제 해결을 위한 모임을 시작한 거였어요. 처음으로 제가 한미일 북핵 공조 과장급 회의를 외교부에서 주관해서 사회를 보고 진행했습니다. 소위 북한 핵 문제에 대한 외교적인 접근법이 그때 시작된 것이라고 볼 수 있는데요. 그렇게 해서 북한 비핵화 문제는, 그러니까 90년도에 핵문제에 대한 외교적인 교섭이 시작되어서, 2010년도 제가 장관직에서 물러날 때까지 20년 이상을 핵문제에서 헤어나지 못하고 이렇게 지내왔습니다. 이상으로 모두 발언을 끝내겠습니다.

이렇게 저의 생생한 경험을 말씀드렸기 때문에 제가 말씀드린 것 중에 아직도 비밀을 유지해야 될 내용이 있는지 모르겠습니다만 그것은 국립외교원과 조 교수님이 판단해 주시면 고맙겠고, 오늘은 연구를 위한 모임이기 때문에 내부적인 토의 차원에서 제가 느끼고 목격했던 것을 솔직히 말씀드린 겁니다. 이상입니다.

조양현: 장관님 감사합니다. 이 문제에 대해서 20년 정도 장관님께서 현직에 계셨을 때, 특히 한반도 비핵화와 관련한 산 증인으로서의 경험, 기억 등을 잘 말씀해 주신 것 같습니다. 당시 시대적 배경 그리고 북한의 정책적 의도, 우리 한국의 정책과 대응, 미국의 입장 또 한미관계에서 이 문제의 민감성, 특히 에피소드를 통해서 왜 당시에 이 부분이 한미 간 사전에 논의가 되지 않았던가에 대한 장관님의 개인적인 판단 등을 말씀을 해 주셨습니다. 사전 질문지에서 제기되었던 문제들이 방금 장관님 말씀을 통해서 상당 부분 답변이 되었다고 보지만, 구체적인 부분에 대한 질문도 있었던 걸로 기억을 합니다. 예를 들어서 중국 요인이라든가 러시아 요인 같은 부분, 이러한 구체적인 질문을 포함해서 장관님 말씀에 대해서

질의가 있으실 것 같아요. 그래서 자유롭게 플로어를 오픈해서 질의를 해 주시면 장관님께서 대응해 주시는 형식으로 진행을 하고자 합니다. 질의하실 분은 자유롭게 발언해 주시면 될 것 같고요. 엄구호 교수님 먼저 하시죠.

북핵문제와 한미관계

엄구호 교수

엄구호: 장관님, 이렇게 세세하게 기억하시는 바를 설명해 주셔서 감사드립니다. 제가 잊어버리기 전에 먼저 질문을 올리겠습니다. 고르바초프-부시 START 합의가 91년 7월 31일이고요. 아까 말씀처럼 두 달 만에 91년 9월 27일 부시가 전 세계에서 전술핵 철수 선언을 하게 됩니다. 91년 10월이 4차 남북고위급회담이었고요. 북핵 문제가 처음 의제화되는데 아까 장관님도 말씀을 하셨는데 전술핵 철수가 일어나면서 미국이 고위급회담 의제로 북핵 문제를 의제화하라고 요구했다고 돼 있는 것 같습니다. 이제 5차가 바로 한 달 후에 합의가 되는데, 그때 비핵화 공동선언도 합의가 되거든요. 그러니까 사실은 의제를 요구하고 나서 거의 한 달 만에 합의문이 작성이 됩니다. 이 부분에 대한 해석이 조금 다른 분들도 있던데, 장관님은 아까 한마디로 뭐라고 그러셨냐 하면 "한미 간에는 이 문제에 대한 정책 조율이 아주 잘 됐다. 그러니까 전혀 갈등 없이 원만하게 이뤄졌다." 이렇게 말씀하셨는데, 또 일부 다르게 기억하시는 분은 "우리 정부는 한반도 비핵화 선언도 중요하지만 남북관계의 어떤 기본 합의 도출이 굉장히 중요했기 때문에 너무 과도한 비핵화 합의를 조금 주저했다. 미국이 강하게 밀어붙였다."하는 의

견도 있었습니다. 그래서 제 질문을 요약하면 정책 조율이 얼마나 잘되었기에, 근 한 달 만에 이렇게 됐다는 것은 미국의 요구를 우리 대표단이 아주 충실히 수용해서 합의문을 만들어 나갔던 것인지, 또 혹시 우리 대표단이 미국의 요구 사항이 조금 불편했던 적이 있었는지에 대해서 혹시 그런 기억을 갖고 계신지 질문 드리겠습니다.

유명환: 앞서 모두발언에서 얘기했습니다만, 한미 간의 정보라든가 정책 조율 채널이 사실은 외교부, 청와대, 안기부 모두 다르게 되어있었어요. 그래서 그 당시에 김종인(金鍾仁) 수석이 노태우 대통령 방미 때 같이 왔는데, 그때 칼 포드(Carl W. Ford Jr.) 국방성 부차관보와 칼 레빈(Carl Levin) 상원의원 등과 만났습니다. 제 기억으로는 외교부를 통하지 않은 커뮤니케이션이 있었다고 확신을 하고 있어요. 그건 비밀리에 진행했고, 그리고 제가 외교 채널에 대해 느끼는 것은 그런 얘기는 한미 간에 있었다는 거예요. 그때 제 기억으로는 미국의 입장에서 한반도의 전체 전략적인 면에 있어서 북한이 핵을 개발하는 것은 미국으로서는 세력균형이 무너지는 것이고 동북아 정세 전체에 큰 영향을 주고 한국 안보에도 결정적이기 때문에, 처음부터 한국이 남북대화 과정에서 그런 걸 염두에 뒀으면 하는 얘기는 항상 있었어요.

아까도 말씀드렸습니다만 한국에서 남북 접촉, 비밀 접촉하는 것을 구체적으로 외교부를 통해서 미국에 알려주지 않은 것에 대해서 서로 불만이 있었거든요. 그래서 저는 비핵화하고 기본합의서와 관련, 기본합의서는 우리 남북한이 이니셔티브를 낸 것이고, 비핵화 공동선언은 100% 미국의 제안이 있었고 한국도 거기에 대해서 충분히 동의를 하고 마음의 준비도 했기 때문에 그런 자세로 북한과도 얘기한 것이 아닌가 하는 게 제 개인적인 생각입니다. 그건 제가 구체적으로 관련 자료를 찾아보지 않았고 정확한 정보가 없기 때문에… 다만 제가 말씀드린 것은 국무성과 외교부 특히 주미 대사관과의 관계에 있어서는 그 문제를 가지고 서로 기분 나쁘게 "당신 왜 남북관계 진전을 방해하느냐?" 이런 차원의 한미 간의 갈등이 있었던 것은 결코 아니고, 그것은 미국의 전략 개념상 우리도 그 부분은 충분히 이해를 하고 공감해야 되는 문제라고 판단해서 본국에 보고했던 기억은 있어요. 본국에서 "통일부와 안기부가 너무 막나가는 거 아닌가?" 하는 생각도 가진 적이 있었지요. 그래서 그런 것은 우리가 부서 간에 민감한 정보에 대한 공유가 잘 안됐던 것이 아닌가 하는 점은 항상 제가 느끼고 있습니다. 그런 차원에서 보시면 조금 전 말씀하신 것도 전혀 근거 없는 건 아니지만, 하여튼 외교부 차원에서 그 문제 때문에 한미간에 갈등이 있었다고 하는 것까지는 저는 동의하기가 좀 어렵습니다. 제가 실무자로서 느낀 건 사실 모든 정보의 교환은 미국에서는 국무부의 한국과장하고 주미대사관의 정무참사관이 메인이고, 서울에서는 미주국장하고 주한미국대사관의 정무참사관입니다. 그 채널에서 모든 민감한 정보가 교환이 되고 커뮤니케이션이 이루어졌고, 제가 그 중 한쪽인 워싱턴을 맡고 있었기 때문에, 본국에 그런 갈등이 있었다면 제가 그런 느낌이 없을 수가 없죠. 제가 어떤 자료를 가지고 말씀드리는 게 아니라 제가 느낀 것을 말씀드린 것이지요. 제가 2년 반 동안 국무성을 접촉하면서 그 문제를 가지고 어떤 갈등을 겪었던 기억은 없어요. 다만 충분한 정보를 워싱턴에 안 준다는 거에 대한 항의는 서울에 많이 했습니다.

신종대: 장관님 생생한 말씀 잘 들었습니다. 엄구호 교수님께서 질문드린 것과도 연관이 되는데, 그때 자료라든지 또 일부 학자들이 얘기하는 것은 핵 문제 또 사찰 문제 이런 걸 둘러싸고 한미 간에 일정한 이견 또는 갈등이 있었던 것이 아니냐 하는 건데요. 그리고 또 레온 시걸(Leon Segal)이 쓴 책에 보면, 제가 질문지로 드렸습니다만 "핵 문제를 논의하려고 하는 남북대화를 방해하는 것은 효과적인 방법이 아니다." 이상옥 장관이 이렇게 미국 측에 불만을 드러냈다는 자료는 있거든요. 장관님 말씀은 명시적으로 "핵 문제 해결보다 남북관계가 앞서가서는 안 된다."

신종대 교수

이렇게 미국 측이 얘기한 건 없다고 말씀을 주셨습니다. 이제 여기 보면 1991년 7월 2~3일 양일간에 백악관에서 노태우 대통령과 부시 대통령이 회담을 하게 되는데 이때 노 대통령이 부시 대통령으로부터 "이제 북한과의 핵 문제에서 미국이 아닌 남한이 주도적인 역할을 하는데 미국이 동의했다." 이렇게 기록으로 나오거든요. 거슬러 올라가면 사실 그 전에는 미국이 "남북관계의 진전과 북핵 문제의 진전이 같이 가야 된다"고 했던 것, 그리고 미국이 북한과의 핵 문제를 논의하기 위해서 만나려고 했던 것에 대해서 한국이 명시적으로 두 가지를 다 거부했다고 나오거든요. 이렇게 보면 노태우 정부가 "핵 문제는 국제 문제가 아니고 한반도 문제이기 때문에 한국이 주도를 해야 된다." 이렇게 했는데 그 배경과 맥락, 정부의 의도에 대해서 당시 기억하시는 대로 듣고 싶습니다.

유명환: 당시의 제 느낌이나 분위기는 뭐냐 하면, 노태우 대통령이 88 올림픽 끝나고 북한이 남북고위급회담을 하자고 제안하고, 그에 응하면서 상당히 분위기가 고무되어 있다고 그럴까요? 남북한 화해를 통해서 북한 핵 문제를 해결할 수 있다는 그런 생각이 강했던 건 사실이에요. 아까도 말씀드렸지만 그때 미국이 한국 어깨 너머로 북한하고 만나고 거래하고 협상하는 것을 엄청 경계를 했거든요. 그래서 저도 항상 국무성에 가면 혹시나 미국이 우리 몰래 북경이나 UN에서 북한하고 무언가 하지 않는가 하는 의구심을 갖고 있었는데, 실제로 미국과 북한은 비밀리에 접촉을 했어요. 뉴욕 및 UN에서도 하고요. 그리고 제가 기억이 나는 게 91년 7월에, 김영진(Young C. Kim) 조지워싱턴대 교수하고 제가 아주 친하게 지냈는데, 평양에 갔다 온 얘기도 많이 들었습니다. 그때 미국의 개스턴 시거(Gaston Joseph Sigur Jr.)가 조지 워싱턴 출신이어서 학교에 개스턴 시거 센터를 만

들었고, 개스턴 시거는 80년대 후반에 차관보를 했잖아요. 그래서 개스턴 시거 센터에서 김용순(金容淳) 노동당 국제부장을 초청을 했어요. 그때는 접촉을 안 하고 아마 그 다음에 미국에 와서 몰래 아놀드 캔터(Arnold I. Kantor)와 뉴욕에서 만났을 겁니다. 그런 부분에서 한국 정부가 좀 걱정을 많이 하고 있었거든요. 그러니까 미국에 대해서도 "핵 문제 걱정은 우리가 할 테니까 이젠 가만히 있어라"라는 분위기였지, 우리가 북한하고 핵문제에 대한 논의를 안 하려고 하는데 미국이 떠밀어서 싸움을 했던 기억은 없어요. 그래서 아까도 말씀드렸지만 전략적인 목표를 같이 하는 차원에서 국무부하고 외교부하고의 갈등적인 구조는 그렇게 노골적이지 않았어요. 그날 제가 배석을 했었는데 이상옥 장관이 왔을 때, 그렇게 긴장된 분위기는 아니었던 것 같아요. 그렇지만 그런 면에서 우리는 "남북관계 진전이 중요하다. 이걸 통해서 북한 핵 문제는 따로 이야기 하자"고 하고, 미국은 "남북관계도 중요하지만 핵 문제도 같이 가야 된다"고 하는 식의 전체적으로 조율하는 차원에서 서로가 의견을 얘기했던 것이지, 여기 질문에 나와 있는 것처럼 레온 시걸이 무슨 근거로 이렇게 썼는지 모르겠어요. 레온 시걸은 조금 리버럴해요. 리버럴한 학자이고 저도 여러 번 만났던 분인데, 그렇게 한미관계를 상당한 긴장 관계로 표현했다는 부분은 저로서는 솔직히 잘 못 느꼈어요. 그걸 느꼈으면 제 기억에 남았을 텐데요. 장관이 오면 항상 배석하고 면담록도 제가 다 쓰고 했었지만, 당시에 그런 느낌이었습니다.

'조선반도 비핵화'와 주한미군 철수

유명환: 한 가지 더 말씀을 드립니다만, 이해하는 데에 도움이 될까 봐서요. 93년에 김영
삼 정부가 들어오자마자, 그게 3월일 겁니다. 북한이 NPT 탈퇴를 했잖아요. 난
리가 났죠. 그래서 그때 한승주(韓昇洲) 외교장관이 김영삼 정부 초대 외교장관이
죠. 제가 대변인(공보관)을 했어요. 그래서 제가 한승주 장관을 모시고 워싱턴을
갔단 말이에요. 그때 상대가 크리스토퍼(Warren Minor Christopher) 국무장관인데
크리스토퍼 국무장관이 좀 갸우뚱 하는 것 같았어요. 한승주 장관이 뭐라고 했
냐하면 "핵 문제 해결을 위해서 미국하고 북한이 직접 접촉을 해보면 어떠냐?"
이랬단 말이에요. 지금까지는 그게 아니었거든요. 노태우 정권만 해도 "북한 핵
문제가 뭐가 중요하다고, 우리 몰래 미북 간에 직접 접촉하면 안돼" 만약에 한다
고 해도 우리와 협조하고 진행해야만 한다"고 하는 것이 우리의 기본 입장이었
거든요. 한승주 장관이 미국에 "북한하고 핵 문제를 위해서 직접 접촉해봐라."
그러니까 크리스토퍼 장관이 깜짝 놀란 거예요. 왜냐하면 전두환 정권에서 부터
노태우 정권 때까지 쭉 봐왔기 때문에 이렇게 김영삼 정부의 정책이 변화된 건가
하는 그런 느낌이었을 거예요. 한승주 장관은 그것에 대한 민감성에 대해서 당
시 잘 느끼지 못하시는 것 같았어요. 제가 느끼기에는, 그런 얘기는 노골적으로
안 했지만, 그만큼 미북 접촉에 대해서 외교부로서는 계속해서 커다란 경계심을
가지고 있었어요.

　북한의 기본 정책이 안보 문제, 특히 핵문제는 남한하고 얘기 안 하겠다는 것
이었거든요. 그러니까 비핵화 공동선언 등 이런 것은 모두 다 합의를 위한 합의
이지, 북한은 노동당 창당 이후에 지금까지 한 번도 한국을 안보 군사 문제에 진
정한 당사자로 상대를 안 했던 거예요. 모든 걸 미국하고 직접 협상하겠다는 거
죠. 그래서 북한이 IAEA 안전조치 서명할 때 내건 조건이 뭐예요? 팀스피리트

였던 거예요. 북한이 이야기하는 한반도의 비핵지대화? 소위 "비핵지대화"라는 것은 주한미군을 철수하라는 말과 동의어예요. 핵 없는 지대라는 말은 좋지만, 이렇게 피상적인 말 뒤에 숨은 뜻은 주한미군 철수하라 이거예요. 주한미군이 있으면 전술핵무기도 숨겨서 가지고 있을 테니까 전체를 비핵지대화하면 항공모함도 들어오지 말고 핵무기 탑재한 비행기도 다 들어오지 말라는 뜻이거든요. 그 얘기는 즉 주한미군 철수하라는 뜻인데 그걸 나중에 김정일, 김정은 들어와서는 "조선반도 비핵화"라고 조금 말을 바꿨죠. 조선반도 비핵화나 비핵지대화나 김일성, 김정일, 김정은 때 한 이야기 모두 똑같은데 진보적인 학자분들은 자꾸 뭔가 새로운 의미를 찾으려고 그러면서 "조선반도 비핵화"라는 것은 남북한 모두 핵을 가지지 말자는 건데 좋은 것 아니냐, 우리 주한미군은 핵 없다."라고 그러는데, 북한은 그 의미가 아니거든요. 주한 미군이 있는데 핵을 몰래 가지고 들어올 수도 있다는 것이고, 핵무기가 없다는 미국의 말을 어떻게 믿느냐? 그러니까 미군이 철수해야 된다는 논리거든요.

북한 핵무장 가능성에 대한 인식

조동준: 장관님 감사합니다. 두 개 질문을 드리고 싶은데요. 첫 번째는 1990년 미국 국무부에서 북핵 브리핑을 받으셨던 에피소드도 말씀해 주셨는데, 지금 미국 CIA 보고 자료를 보면 1982년에서부터 영변에 있는 핵시설을 꾸준히 감시하고 있었거든요? 왜 1990년 그 시기에 한국 정부한테 전해줬는가에 대해서 장관님께서는 당시 한국이 민주화도 되고 그런 국내 정치적 이유를 들어 말씀하셨는데, 그 당시에 핵무기 관련 브리핑을 할 때 이것이 무기화될 가능성 혹은 여전히 이렇게 민간 쪽의 민수용으로 사용될 가능성, 그 두 가지 가능성 중에서 군사용으로 전

용될 가능성이 크기 때문에 아마 그랬을 것 같은데 그 당시 분위기를 조금만 더 얘기해 주셨으면 좋겠습니다.

유명환: 그때 브리핑을 들을 때는 이것이 군사용이다 혹은 민수용이다 하는 개념은 초점이 아니었고요. 그럼 뭘 전제했냐 하면은, 그것은 흑연을 감속재로 사용한 흑연감속로(Graphite-moderated reactor)이거든요. 그건 플루토늄을 생산하기 좋은 것이기 때문에 미국이 브리핑할 때 "이것은 핵무기 계획이다" 이렇게 전제를 했던 것 같아요. 민수용 얘기가 어디서 나왔냐 하면 제네바 합의 이후에 우리가 경수로를 지어줄 때, 그때 북한이 "자기네 5메가와트 그것도 민수용으로 원자력 발전을 하기 위한 거다." 이런 얘기를 했는데, 그러면 거기 배전망(grid)과 같은 시설도 있다는 흔적이 있어야 되는데, 그건 전혀 없고 영변 외진 곳에다가 송전, 배전 같은 것도 준비하는 건 하나도 없었거든요. 그러니까 그때 전제는 그것이 핵무기를 만들기 위한 거라고 했어요. 이것이 민수용이냐 무기용이냐 하는 건 94년 제네바 합의 이후에 경수로를 지어줄 당시에 북한이 자신을 합리화하기 위해서 자기네들이 가진 5 메가와트도 민간 발전용이다 라는 점을 끊임없이 강조를 했던 겁니다. 그때 우리가 반론을 제시한 게 "아 그러면 그 옆에 그리드(grid), 즉 송배전선 하나도 없이 무슨 민간용 전기를 생산 하느냐?" 이렇게 따지고 들어갔던 기억이 나요.

미국의 해외 전술핵무기 철수와 한미 협의

조동준: 두 번째는 미국의 부시 대통령이 해외 전술 핵무기 철수를 발표하기 전에 우리랑 사전에 협의한 게 있었나요?

유명환: 그게 저도 아직도 의문 부호를 달고 있는 좋은 질문이신데, 제가 기억이 나는 것

은 91년 6월 29일에 노태우 대통령이 미국에 와서 7월 2일 백악관에서 부시 대통령하고 정상회담을 했어요. 당시에 핵무기 철수, 전술핵과 관련된 내용은 안 나왔는데, 그해 9월에 노 대통령이 UN에 참석차 미국에 다시 왔거든요. UN에서 멕시코로 가셨을 거예요. 그리고 멕시코에서 하와이를 거쳐서 귀국했는데, 지금 기억이 나는 게 당시 노 대통령이 멕시코에 계실 때 부시 대통령이 발표한 게 며칠이죠?

조동준: 미국 시간으로 9월 27일입니다.

유명환: 91년 9월 27일 맞아요. 아마 제 기억이 맞을 거예요. 노태우 대통령이 멕시코에서 좀 놀랐던 것 같아요. 그러니까 두 달 전에 워싱턴에 오셨고 그리고 또 UN에서 멕시코 가기 직전인 9월 23일에 뉴욕에서 잠깐 한미간 정상회담을 했거든요. 그리고 미국이 9월 27일에 모든 전술핵무기 철수를 발표할 때 멕시코에서 우리 측은 난리가 났던 것 같아요. "이거 어떻게 된 거냐? 백악관에 좀 알아봐라." 이랬는데, 당시에 제가 궁금한 게 "두 달 전에도 정상회담을 하고 또 며칠 전에 뉴욕에서도 했는데?"하는 의문이었어요. 아마도 상세한 철수 계획은 미국의 세계전략이기 때문에 구체적으로는 극비밀 취급을 하고 우리에게 소상하게 밝히지는 않은 것이 아닌가? 그래서 우리 측이 어느 정도 놀랍게 받아들인 가능성은 있어요. 미국이 우리한테 글로벌적인 전략 차원에서의 핵 전술 관련 부분에 대해서 당시에 설명은 분명히 했을 텐데요. 그렇다면 우리가 전술핵무기 철수 문제를 공식적으로 발표할 건지 안 할 건지, 그런 민감한 부분까지 추가 확인해서 다시 질문을 하고 대통령 레벨에서는 어렵더라도 장관 레벨에서 서로 논의를 하고 외교안보수석 레벨에서 했었더라면 좋았을 텐데 하는 그런 생각이 들었어요. 그 정도로 미국의 핵 전술 전략에 대해서 좀 더 구체적으로 추적(follow-up)을 한 사람이 없었나 하는 생각이 들었어요. 하여튼 그때 노태우 대통령이 멕시코 순방할 때 제가 워싱턴에 있었는데 난리가 났던 기억이 나요. 백악관에 더 상세히 알

아보라고 말이에요. 그게 아마 조금은 뜻밖(surprise)으로 받아들여졌기 때문에 그렇겠지 하는 생각이었지요. 윗분이 알고 있었다면 이를 실무자한테 알려줬다면 그렇게 난리를 치진 않았을 텐데 하는 생각이 들었어요. 미국도 그래요. 우리도 그렇지만 이렇게 날짜까지 명확히 하기는 어렵더라도 직접적인 이해관계가 없는 글로벌한 문제면 대략적으로라도 알려 주었어야 하지요. 그러나 다른 한편에서 생각하면 그런 것까지 기대하기는 좀 어렵죠. 그래서 그렇게 넘어갔는데 제 생각은 그래도 대외적으로 발표는 안 할 것이지만, 그런 것까지도 우리가 계속 추적해가면서 대책을 세워야 했지 않는가 하는 생각이 얼핏 들더라고요.

조동준: 제 개인적인 경험인데요. 제가 1991년~93년 시기에 군 복무를 했었는데 그때 1992년 9월에 제가 갑자기 불려가서 대외비(for your eyes only) 문서의 한글 타자본을 쳐야되는 일을 맡은 적이 있었어요. 그게 뭐냐면 1992년 9월 며칠 자로 전술핵무기가 완전히 철수한다는 그 마지막 문서예요. 그러니까 미국 쪽에서 대외비 자료는 컴퓨터에 넣고 못 만든다고 그러더라고요. 그래서 타자로 치라고 그래서 제가 한국 번역본을 타이핑했던 기억이 있었는데, 1992년 9월까지 전술핵무기가 한반도에 있긴 있었던 거예요. 한 1년 정도 있었던 거였고, 그 다음에

조동준 교수

그것과 관련해서 찾아보다 보면 그 당시에 미국 부시 대통령과 고르바초프 사이에서 큰 고민은 소련이 해체되면서 당시 핵무기가 배치됐던 곳이 카자흐스탄과 세 나라가 더 있었잖아요.

유명환: 카자흐스탄, 우크라이나, 벨라루스였지요.

조동준: 예. 거기에 있는 핵무기를 철수해야 되는데, 핵무기를 철수하는 일종의 인센티브 같은, 혹은 인센티브라기보다는 보상의 형태로 미국 쪽에서는 "우리가 전술 핵

무기를 뽑아줄게." 이런 식으로 접근을 했다고 부시 대통령은 생각하고 있더라고요. 그런 걸로 봐서는 우리에 대한 고려는 전혀 없었고, 그냥 그 당시에 소련과 미국 사이에서 핵무기 문제를 다루는 과정에서 이 부분이 다뤄지지 않았을까 그런 생각은 들어요.

유명환: 그렇죠. 그게 큰 전제이고, 이제 그것을 남북한 비핵화에 활용을 한 거죠. 그러니까 노태우 대통령도 그걸 알고 한반도에 전술 핵무기 없다고 먼저 얘기했던 것이고 미국은 NCND를 계속 유지하고, 그건 서로의 역할 분담이라고 볼 수도 있죠. 미국은 정책상 어느 특정 지역에 핵무기가 있다 없다 하는 것은 절대 확인해 줄 수 없다는 입장을 계속 유지한 거고, 왜냐하면 한미 간의 신뢰 문제도 있고 하니까. 또한 한반도 불안 요소도 있기 때문에 국민들이 불안을 느낄 수도 있으니까요. 미국이 한반도에서 전술핵을 일방적으로 철수하느냐 하는 불안감도 있었을 거니까요.

유명환: 전술 핵무기는 미국이 소련을 위협하는 것이지 소련이 미국을 위협하는 구조는 아니었거든요. 그래서 독일 통일의 대가로 유럽에 배치되어 모스크바를 겨냥한 전술핵무기를 미국이 철수했잖아요. 그러니까 어떻게 보면 START하고 거기서 전술핵무기를 같이 협상한 건 아니지만, 그 연장선상에서 전술핵무기를 유지·관리하려면 비용도 많이 들어가고, 또 확산의 염려도 있고 하니까 한반도를 포함해서 철수한 것이 아닌가 이렇게 생각이 들어요. 그리고 우리 비핵화 공동선언은 타이밍상 여기에 딱 맞아 들어간 거예요. 그래서 미국이 그렇게 요청했고 노태우 대통령도 좋은 생각이라고 생각해서 받아들인 것이라고 봐요, 어쩔 수 없는 것이니까요. 미국이 글로벌적 차원에서 한반도를 포함해 전술 핵무기를 철수하는 것이었는데 우리만 안 된다고 끝까지 우길 수는 없는 것이었으니까, 남북한을 묶어가지고 한 것이고, 그것은 어떻게 보면 한미 간에 전략적인 목표가 조율이 잘 된 것이죠.

이정철: 방금 하신 말씀과 연결이 되는데요. 정확하게 자료가 기억이 안 나는데 어떤 회

이정철 교수

고록을 보면, 노 대통령이 전술 핵무기 철수 선언을 한 이후에 부시 대통령이, '한국 대통령이 월권을 해서 한반도 전술 핵무기 선언을 했다'고 얘기하는 장면이 나옵니다. 그러니까 제가 보기에는 장관님께서 말씀하신 것처럼 미국은 특정 지역에 대해서는 NCND를 유지했다는 부분은 정확한 것 같습니다. 두 번째로 제가 여쭙고 싶은 것은 임동원 장관님 회고록을 보면, 미국의 정책 전환이, 92년 국방기획지침(DPG: Defense Planning Guidance)이 나오면서 변화가 시작됐다고 나

와있습니다. 국방기획지침을 보면, 작성자가 월포비츠(Paul D. Wolfowitz)고 그 당시 국방장관이 체니인데, 나중에 아들 부시 대통령 시절에 소위 네오콘들의 정책 기반이 92년 당시 DPG와 연관성이 굉장히 높다는 평가들이 있었습니다. 임동원 장관님은 당시 체니 국방장관이 93년에 한미 군사연습을 재개한다고 92년도 10월에 발표한 것이, 92년 국방기획지침과 연결이 되어 있다고 평가를 하셨습니다. 그 당시에 한국정부가 실제로 그런 변화를 감지하고 있었는지 궁금합니다. 제가 보기에는 우리는 미국의 그러한 군사 전략 변화와는 별개로 보고 있었고, 미국의 변화된 전략이 작동하면서 92년도에 하지 않은 군사훈련을 93년에는 하기로 결정하는 과정이 있었던 것이 아닌가 생각합니다.

그리고 임동원 장관님은 북한이 협상을 파기하는, 소위 고위급회담에서 튕겨져 나가는 과정이 됐다고 말씀하셨습니다. 거기서 임동원 장관님이 추가 협상을 하면서 미국 측에 93년도 군사훈련 중지를 요청하니, 미국이 "훈련 취소 비용을 한국이 모두 부담해라." 그렇게되면서 노태우 대통령이 포기했다고 말씀을 하셨는데요. 이런 것들이 실제 우리 정부에서 논의가 이루어진 것인지 아니면

임 장관님의 개인적인 생각인지 궁금합니다.

이정철: 두 번째는 그레그(Donald P. Gregg) 대사의 역할인데요. 그레그 대사 회고록을 보면 본인이 한국 대사로 있으면서 했던 가장 큰 역할이 92년도 군사 훈련을 중지시킨 것이라고 얘기를 합니다. 우리 외교부가 보기에 당시 주한미국대사가 그 부분에 얼마나 기여한 것인지, 그리고 그것을 과장해서 얘기하는 것인지 궁금합니다.

그 다음 세 번째는 앞서 이상옥 장관님께서 말씀을 하셨는데, 이상옥 장관님 회고록에 보면 "한중수교가 북방정책의 완료다." 이렇게 쓰여진 부분이 있습니다. 그러니까 어떻게 해석을 해보면 북방정책은 중국과 러시아와의 수교가 주된 목표였고, 그게 완료되면서 소위 북방정책이 완성되고 그 다음 상황으로 북한 문제는 오히려 우리가 주도권을 장악하는 프로세스라는 생각이 혹시 있었는지 궁금하고요. 그러면 우리 정부의 소위 대북정책을 북방정책으로 보는 것과 러시아나 중국과의 선교류를 통한 북한 압박이라는 시각이 더 중심이었는지에 대해 궁금합니다.

북한 핵개발과 팀스피리트 훈련

유명환: 첫째, 팀스피리트 훈련은 92년도에는 취소를 했잖아요? 그리고 93년에 재개를 했는데 92년 1월에 부시 대통령이 방한을 했어요. 그때 가장 큰 남북한 간의 이슈가 북한이 안전협정 서명을 하고 핵 사찰을 받아야 되는데, 그걸 계속 이 핑계 저 핑계 대면서 피했어요. 남한에도 사찰을 해야 되겠다고, 한국에 핵이 없다고 그러는데도 실제로 와서 군부대를 봐야 되겠다는 거예요. 그건 말이 안 되는 거거든요. 그건 핑계죠. 사실 팀스피리트는 지금까지 북한에 상당히 압력을 준 훈

련인 건 맞아요. 팀스피리트가 과거와는 달리 방어를 한 다음에 다시 공격을 하는 것까지의 통합적인 훈련이거든요. 그래서 방어 단계를 지나서 공격 훈련을 할 때 북한이 항상 긴장을 해요. 북한으로선 있는 것 없는 것, 가솔린까지 다 동원해서 훈련도 하고 비행기도 띄우고 하는데, 이게 큰 부담이니까 항상 팀스피리트 중지를 요구해 왔습니다. 그런 남북한 간의 정례적인 군사훈련을 비핵화에 엮어서 기브 앤드 테이크(give-and-take)를 한 부분에 대해 그레그 대사가 업적이라고 한 것은 저는 큰 잘못이라고 보거든요. 어떤 측면에서 그레그 대사가 그렇게 했는지 아닌지 모르지만, 그건 잘못된 거라고 봐요. 군사적인 방어 훈련은 계속하면서 비핵화는 별도로, 이것은 북한의 NPT 조약상의 의무 및 남북한 비핵화 공동선언 차원에서 해결을 해야지, 정례적인 군사훈련을 중지하고 그 대가로 사찰을 한다? 저로서는 그것은 좀 이해하기 어렵고요. 그 다음에 훈련을 재개한 것도 역시 부시 대통령 때인 93년 1월이죠.

이정철: 발표는 92년 10월에 했습니다.

유명환: 부시 때였단 말이에요. 그러니까 부시 대통령이 북한이 사찰을 받으면 중단하겠다고 해놓고 다시 또 재개 했던 것이지요. 아까도 말씀드렸지만 90년대에 무슨 일이 있어났는지 보면, 9차 남북 회담이 미루어 지고 북한이 계속 핑계를 대면서 특별 사찰을 끝까지 안 받았잖아요. 그러다가 막판에 가서 미국이 압력을 세게 넣고 팀스피리트를 재개하니까 북한이 NPT 탈퇴를 해 버린 거 아니에요? 93년 3월에요. 그래서 저는 훈련을 재개한 것은 옳았다고 봅니다. 북한이 훈련을 핑계로 한 것은 비핵화의 의지가 없었다는 걸 증명한 거죠. 그러니까 그들의 비핵화 협상이라는 것은 정세의 변화에서 어떻게든 궁지를 모면하기 위해 협상하면서 핵개발 의지는 버리지 않았다는 걸 간접적으로 증명하는 겁니다. 제가 왜 이렇게 이야기 하냐면, 북한의 핵시설 슬라이드를 미국에서 봤을 때도 그런 느낌을 얻었는데, 당시 구룡강(九龍江)이 영변 핵시설 옆에 있는데 거기서 이미 기폭 장

치 실험을 했어요.

그건 미국이 알고 있었어요. 그러니까 미국은 처음부터 북한이 핵무기 개발을 하고 있다고 생각한 것이지 민수용이라는 생각은 없었고 우리도 그때는 민수용이라는 개념이 없었어요. 북한이 기폭 장치 실험한 걸 그때 이미 알고 있었기 때문에 핵무기용으로 생각했어요. 구룡강을 내다보는 산꼭대기에 김일성 별장 같은 건물이 있어요. 그러니까 VIP가 와서 묵으면서 볼 수 있는 특별한 초대소 같은 건물이 산꼭대기에 있거든요. 그 곳에 민간 핵 발전소를 짓는 걸 김일성이 와서 볼 건 아니거든요. 그게 무슨 뜻이냐 하면 당시에 우선순위가 핵무기를 개발해서 김일성 우상화의 가장 정점을 이루는 핵 보유국이라고 선언하는 것에 있었다는 거죠. 그 당시 핵무기라는 것은 제3세계 리더가 되는 하나의 큰 수단이라고 저는 생각합니다. 핵무기만큼 비동맹 그룹에서 이야기가 통하는 게 없거든요. 그래서 당시에 보면서 느낀 것인데, 북한은 김일성 우상화 작업으로 핵무기 개발을 시작한 것이라고 봐요. 그게 나중에 본격적으로 핵무기 개발 가속화로 간 것이죠. 비밀리에 협상하면서 핵무기 개발을 계속 했던 것은 당시 남북 간에 군사력 차이도 나고 하니까 핵무기 개발을 더 촉진(expedite)을 해서 실질적인 핵무기를 만들자는 것이었어요. 저는 처음부터 북한의 의도는 핵무기를 개발하려고 한 것이 틀림없다고 생각했죠. 협상을 하면서도 남북한의 군사적인 재래식 군사력의 격차, 경제적인 격차를 극복하는 가장 효과적인 것이 핵무기 개발이라는 판단을 했던 거라고 저는 봐요.

그래서 지금 북한이 전술 핵무기를 법제화하는 데까지 왔는데 북한 의도대로 지금까지 우리가 끌려온 것이 아닌가 하는 생각이 드는 거죠. 그래서 제가 장관직을 그만두고 스탠퍼드에서 1년 동안 머물고 있을 때 논문을 하나 쓰면서 발표를 할 때 그랬어요. 지금까지 우리는 "치트 앤드 체이싱(cheat-and-chasing)" 게임을 해왔다는 건데요. "북한이 항상 미국에 거짓말을 하고 미국은 항상 비핵화 회담을 하려고 북한을 쫓아다니는 '치트-앤드-체이싱 게임'을 20년 이상 했다."
이렇게 얘기를 한 기억이 납니다. 우리가 북한에 대한 막연한 기대 같은 것이 없었다고 할 수는 없지만, 너무 쉽게 생각한 것이 아닌가? 북한의 근본적인 의도에 대해서 우리가 너무 우리 식으로 생각한 것이 아닌가? 이게 김일성 우상화의 일환으로 시작했다면 북한이 죽어도 포기 못하는 사업인데, 그 비핵화를 경제적인 지원, 즉 경수로를 지어주고 대신 비핵화를 대가로 받는다? 그런 식으로 쉽게 생각했던 것은 아닌가 하는 겁니다.

유명환: 그리고 제가 한 가지 기억나는 게 좀 지난 얘기입니다만, 제네바 합의가 94년에 이뤄지고 4자회담 시작하기 직전인가 그럴 겁니다. 미국무부 한국과장 찰스 카트만(Charles Kartman)이 저에게 "혹시 북한이 농축 우라늄을 비축한다는 정보, 첩보가 있느냐?" 그러는 거예요. 그래서 외교부에서는 그런 정보가 없다고 그랬는데요. 그래서 그때 정보부 쪽에 확인을 하려고 했는데도 그 부분은 확인이 안 되었습니다. 제네바 합의의 이행 초기에 경수로 짓는 것을 시작하려고 준비하고 있는데, 뜬금없이 미국에서 농축 우라늄 얘기를 하길래 무슨 얘기를 하나 했습니다. 제가 나중에 알게 된 얘기지만은 그때 미국은 정보가 있었어요. 북한이 몰래 농축을 한다는 것을요. 그러다가 2001~2002년 국무부 차관보 켈리(James A. Kelly)가 북한에 가서 제네바 합의에 서명한 강석주(姜錫柱)를 만나가지고 농축관련 자료를 내놓고선, 파키스탄하고 협조하고 부품 수입한 것을 다 이야기하니까, 강석주가 "그래서 어쩔래. 우라늄 농축과 플루토늄 추출을 다 했다. 그래서 어쩔 거냐." 이렇게 인정을 했다는 게 당시 통역으로 쫓아간 미국 친구의 얘기에요. 나중에 강석주가 또 오리발을 내밀었다고 그러는데요. 그래서 북한은 제네바 합의가 끝나자마자 우라늄 농축을 시작한 것이지요. 그러면서 말이 안 되는 주장을 했는데 북한은 "플루토늄 추출을 안 한다고 그랬지, 언제 우라늄 농축 안 한다고 그랬냐?" 나중에 이렇게 궤변을 했다고 그러더라고요. 그러니까 처음부

터 북한이 협상을 하면서도 본심은 핵 개발을 계속 한다는 생각을 한 번도 포기한 적이 없는 것 같아요. 제 느낌에 결국은 경수로 합의가 켈리 방북 후에 깨진 것이 아니겠어요? 이것은 북한이 농축 우라늄 하는 게 확실하다 그러니까 "이제 중유 제공 멈추자"고 함으로써 제네바 합의가 다 깨져버린 거죠.

그레그 대사의 역할

유명환: 둘째, 그레그 대사의 역할에 관해서 말하자면, 당시 그레그 대사와 주한미군사령관이 같이 만나 대통령한테 보고하고 그랬어요. 지금도 그렇지만 UN군사령관, 미8군사령관, 연합사령관은 모자를 세 개를 쓰고 있는 한 사람이죠. 그 둘이 만나 같이 대통령한테도 가끔 보고를 하고 그랬어요. 전두환, 노태우 정부 때만 해도 직접 군사 상황에 대해서 보고를 했었어요. 그러니까 그레그 대사의 역할에 대해 저는 부인은 안 해요. 아마도 그런 본인의 업적을 자랑한다면 충분히 그럴 수도 있는 것이죠. 또 미국은 문민 우위가 되고 외교적으로 대사가 북한 비핵화에 필요하다고 얘기하면 그게 수용되는 상황이기 때문에 그 부분에 대해 그레그 대사가 이야기 했다면 그 말이 맞는데, 그것이 잘한 것이냐 하는 부분에 대해서는 전 반대이거든요. 그때 일부에서도 그런 얘기는 있었어요. 팀스피리트 훈련은 계속해야 된다는 거죠. 이걸 비핵화를 위한 과정의 하나인 사찰을 받는 수단으로 활용한 것은 북한을 몰라도 너무 모르는 것이라고 생각합니다.

북한의 회담 패턴

이정철: 국방기획지침이 그 정도 의미가 있었을까요?

유명환: 그것은 미국이 정례적으로 하잖아요. 옛날에 5년에 한 번, 2년에 한 번도 하는데 연관이 돼 있다고 보는 거죠. 부시 정권의 월포비츠와 같은 사람들은 공화당이 집권하고 그 다음에 민주당이 들어오면 민간의 다른 회사나 연구소로 가 있다가 공화당이 집권하게 되면 다시 돌아와요. 재미난 게 제가 참사관 때 더글라스 팔 (Douglas Paal) 밑에 토클 패터슨(Torkel Patterson) 해군 중령 보좌관이 있었는데, 제가 6년 만에 다시 공사로 갔을 때 그 친구도 다시 돌아왔어요. 부시가 당선되고 나서 그 방에 갔더니 내가 참사관 때 준 거북선이 그대로 있더라고요. 그래서 "이거 당신 없었을 때 여기 있었냐?" 그랬더니, "그게 아니고 놓고 갔더니 벽장 안에다가 집어넣어 놨는지 보니까 있더라 그래서 다시 갖다 놨다." 하더군요. 그러니까 맞는 얘기에요. 그들끼리는 서로 다 일관성이 있죠.

이정철: 이상옥 장관님의 의견에 대해서는 어떻게 생각하시는지요?

유명환: 예, 글쎄 이상옥 장관님은 워낙 성격이 조용하신 분인데, 그때도 제가 분명히 배석을 했고요. 아까 말씀드린 바와 같이 여기 질문서에 있는 식으로 말씀했다면 제 기억에 남았겠죠. 그랬다면 제가 그런 보고서를 썼을 텐데 그건 상당히 강한 워딩이고 강한 반발이거든요. 그만큼 강하지는 않았어요. 미국이 노파심에서 얘기할 수도 있었고, 또 그때는 우리 정부 스스로가 남북고위급회담을 통해서 북한의 비핵화, IAEA 협정 서명 그 다음에 사찰까지 기대하고 있었거든요. 그래서 공로명(孔魯明) 장관이 남북핵통제공동위원회를 맡아서 회담을 1년에 몇 십 번을 하였다고 합니다. 공 장관님을 자주 뵈었는데, 그 당시에 회고를 하시면서 아예 고개를 절레절레 흔들어요. 북한 대표들은 써준 거 갖고 와서 얘기하면 끝이고 "평양 훈령 받아야겠다. 다음 날 하자"고 했는데, 그런 건 다 거짓말이고 처음 올

때부터 기승전결 다 시나리오를 갖고 왔다는 거지요. 그건 저도 제네바에서 4자 회담 할 때 느꼈어요. 4자회담 때 한참 논란이 있고나서 북한 대표들이 훈령을 받아야 된다고 회의를 좀 연기하자는 거예요. "몇 시간 있다가 저녁 7시에 다시 만나자." 이러는 거예요. 그래서 그때 미국 수석대표였던 찰스 카트만과 제가 저녁은 먹어야 할 것 아닌가 하고 양식당에 가서 저녁을 먹는데 카트만이 시간을 보다 "7시인데 회담장에 가야 되지 않느냐?" 하더군요. 그래서 제가 "디저트 나왔는데 디저트 먹고 가자"고 그랬더니 "북한 측에서 일곱시에 하자고 했는데"가야 된다고 하더군요. 그래서 제가 "그게 아니고 북한 측 말은 다 거짓말이다, 무슨 본국 훈령을 받아오느냐, 제네바에 올 때 이미 다 갖고 왔을 텐데"라고 말했어요. 아니나 다를까 7시에 미국 대표단이 갔더니 아직 훈령을 못 받았다고 내일 아침으로 회의를 연기하자는 거였어요. 그렇게되서 괜히 카트만은 맛있는 디저트도 못 먹고 회담장으로 갔고, 우리는 디저트를 맛있게 먹고 있는데 연락이 왔어요. 내일 아침으로 연기됐다고 말예요.

유명환: 최선희(崔善姬)라고 있죠. 김계관(金桂寬)하고 제네바에 왔는데 좀 이상하더라고요. 최선희가 김계관한테 하는 말투가 통역관이 상사한테 하는 말투가 아니에요. 제가 4자회담, 6자회담 또 준비회담 하면서 수없이 김계관, 최선희를 만났거든요. 이후에 역시 최선희가 출세하는 거 보세요. 그 당시에 집안이 좋아서 그런지 통역이었지만 단순한 통역이 아니었어요. 그리고 제네바에서 첫날 리셉션을 했는데 김계관과 최선희만 안 왔어요. 그래서 어디 갔냐고 물으니까 자동차 전시회인지 어디를 갔다고 하는데 그건 핑계죠. 일부러 안 나타난 거예요. 그리고 그 다음 날 와서는 좀 희망적으로 얘기를 해서 기대를 올려놓고 그 다음에 가면 와장창 다 깨버리고, 그 다음에 훈령 왔으니까 다시 만나자고 그래서 적당히 합의하자는 식이 북한의 패턴이에요. 내가 수없이 여러 번 겪었는데 똑같은 패턴이에요. 정해져 있어요. 그걸 미국 친구들은 잘 모르죠. 가끔 만나면 "혹시나" 하

는데 "역시나"예요. 아마 통일부에서 남북회담 많이 해본 분들은 그런 경험이 다 있을 거예요. 북한이라는 나라가 사람이 나쁜 게 아니라 체제가 그렇게 인간을 만든 거예요. 또 재미난 것은 4자회담할 때도 보면, 자기네 수석대표가 얘기한 것은 북한 대표단 전원이 열심히 받아써요. 그걸 뭣 하러 받아씁니까? 자기들이 이미 가져온 게 있는데. 그런데 미국 대표나 우리 대표가 얘기하는 건 받아 적지도 않고 딴청부리면서 그림 그리고 있어요. 우리 논리를 들으면 세뇌당할까 봐 그런지 아예 듣지도 않고요. 그래서 미국이 북한한테 설명할 때 그랬어요. "구두로 얘기해 봐야 듣지도 않으니까 꼭 써서 줘라"고 카트만 미측 대표한테 그랬어요. 그래야 상부에 보고하는 사람이 책임이 없어진다. 우리가 하는 이야기를 듣고 직접 써서 보고하면 그 보고한 자가 책임을 질 수도 있으니까, 문서로 써서 주면서 "이거 당신의 상관한테 전달해 달라." 이래야 의사소통이 되지 그렇지 않으면 안 된다고 했어요. 하여튼 북한 대표들은 변함이 없어요. 그런 북한과의 비핵화 협상 과정을 20년 지켜보면서 참 답답해요. 오늘날 결과가 이러니까 더 허무한 거죠. 그렇게 뭔가 해볼까 했는데 안 된 거죠.

한중수교의 영향

이동률: 한중수교에 대해서도 말씀해주시면 감사하겠습니다.

유명환: 한중수교는 사실은 북한에 상당한 압력이 됐죠. 당시 첸치천(錢其琛) 외상과 한중수교할 때, UN 동시가입은 중국이 아니고 소련이 밀어붙인 것이거든요. 셰바르드나제(Eduard Shevardnadze)가 한소수교 의견을 가지고 평양을 갔는데 아마 김일성이 안 만나준 걸로 알고 있고요. 이미 알고 그렇게 통보를 했던 거죠. 그래서 셰바르드나제가 UN에서 최호중(崔浩中) 장관하고 서명할 때는 그 효력 발

생을 한두 달 후에 하려고 그랬어요. 그런데 셰바르드나제가 그걸 보더니 빨리 하자고 날짜를 고쳤어요. 그래서 9월 30일로 수정해서 한소수교 의정서가 서명 됐어요. 그리고 UN 동시가입 문제에 중국도 지지를 했죠. 88년 서울 올림픽 때 중국과 우리가 많은 협조를 했고, 90년 북경 아시안 게임 때 우리가 엄청난 지원을 했죠. 그래서 92년 한중수교 과정을 북한이 너무 잘 알고 있었기 때문에 쇼크 정도는 아니었지만, 북한도 "뭔가 바꿔야 되겠다"하는 그런 생각이 있었던 거죠. 그래서 북한 총리 연형묵이 먼저 부총리급 레벨로 하는 남북고위급 정치·군사 회담을 제의한 겁니다. 우리가 역제의해서 고위급회담이 된 거죠. 그런 분위기 속에서 북한이 회담을 제안해서 성사된 거죠. 돌이켜보면 남북대화라는 게 북한 의 필요에 의해서 회담이 열렸고, 북한의 필요에 의해서 회담이 깨졌던 거예요. 지금까지 보면 72년에 닉슨 쇼크, 미중관계 개선이라는 큰 지각 변동에 적응하 고, 또 월남전 마무리에 있어서 나름대로의 생존 전략으로 7·4 공동성명을 한 것 아닌가요? 그때 이후락 씨가 북한에 간 것은 모르겠어요. 우리의 제안이었는 지 어떤 상황이었는지 정확히는 몰라도, 아무튼 우리가 제안했더라도 북한이 받 아들인 것은 그런 배경이 있었기 때문이 아닌가 하는 거죠.

북한 핵개발과 중국

이동률: 한중수교 말씀하셔서 추가로 관련된 몇 가지 질문을 드리겠습니다. 북한은 이미 한소수교 등을 경험했기 때문에 상대적으로 한중수교로 인한 충격은 크지 않았 다는 견해들이 있었습니다. 그런데 한중수교 이후 북한은 거의 7년간 중국과의 정상회담을 중단하는 매우 이례적이고 강경한 태도를 보였습니다. 북한이 한중 수교로 인한 충격이 그만큼 컸다는 것을 반증해주는 거라 할 수 있습니다. 혹시

이동률 교수

한중수교가 북한의 핵 개발을 더 가속화시키는 데 어떤 작용을 했다고 생각하시는지에 대해 질문을 드리고 싶고요. 관련해서 당시에 장관님께서 미국과의 대화를 많이 하셨으니까 미국 측에서는 중국의 역할이나 변수에 대해서 어느 정도 생각하고 있었다고 생각하시는지, 혹시 그 문제에 대해서 한미 간에 논의가 있었는지에 대해 궁금하고요. 마지막 한 가지만 말씀드리면 중국이 북한을 UN에 가입하도록 하고, 한중수교 과정 속에서 북한을 설득하는 하나의 수단으로 아마 남북한 교차승인 문제를 언급했을 거라는 얘기들이 있어요. 결과적으로 교차승인은 실패했습니다. 당시 중국은 교차승인에 대해서 어느 정도 진정성을 갖고 있었다고 보셨는지요? 당시에 중국이 교차승인을 성사시키기 위해서 미국과 일본에게 어느 정도 진정성을 갖고 적극적으로 요청을 했다고 보시는지요?

유명환: 마지막 질문부터 말씀드리면, 중국은 항상 미국한테 뭘 얘기했냐면 "북한하고 관계개선 해라, 수교해라."라는 거였어요. 특히 교차승인, 다시 말하면 일본, 미국의 대북한 수교, 그리고 한국의 중국과 소련과의 수교인데요. 이 교차수교는 중국이 항상 주장해서 제 귀가 따갑게 들었어요. 미국은 수교하기 위해서는 국내법, 의회까지 비준을 받아야 되는 상황이었고요. 그런 상황에서 또 일본-북한 간에는 사실 90년대 수교 협상이 활발하게 있었어요. 90년대에 가네마루 신(金丸信)도 열심히 북한에 갔고 자민당-사회당 연합으로 수교의 로드맵도 다 합의했었는데, 북한이 그런 조건을 받아들이지 못했던 거였어요. 그 후에 북한의 핵 개발 징후가 농후해짐으로써 미국이 일본에 대해서 강한 압력을 가한 것이었거든요. 그건 제가 기억이 나요. 앞서가지 말라고요. 북한에 대한 레버리지가 없어

진다는 거죠. 그러니까 북한 핵 개발과 연계시키라는 건데, 그건 우리에 대한 요구도 비슷한 차원이었어요. 그러니까 같이 가야 된다는 것이 지금도 미국의 기본적인 입장인 거고요. 그래서 중국이 북한을 달래기 위해서 교차승인 문제를 들고 나온 건 다 이해가 되는 일이고요.

그 다음에 북한 핵 개발을 더 가속화한 것이 한중수교가 아니냐 하는 건데, 북한의 입장에서 봐서는 그럴 수 있겠죠. 북한으로서는 안보 차원에서 군사적으로 우위에 서기 위해서 핵을 개발한다는 계획은 애초부터 있었는데, 그것을 어느 정도 가속화하고 촉진시켰는지는 알 수 없지만, 정황상으로 보면 저는 한중수교가 북한으로 하여금 고립감을 느끼게 했을 거라고 봅니다. UN에 동시가입했지만 소련이 다 와해되고 중국도 그렇게 넉넉한 상황은 아니었기 때문에, 북한이 경제적으로 어려웠던 시기가 90년대 초반부터 94~95년 식량 위기까지가 가장 최악의 상황이었을 때니까 그러한 위협 의식을 느낄 수 있었겠죠. 그러니까 미국하고 또 한국하고의 관계 개선을 통해서 경제적인 지원도 받고, 군사적으로는 빨리 핵 개발을 해야 되겠다는 생각을 할 수는 있었겠지만, 글쎄 그게 어느 정도 영향을 미쳤는지에 대한 부분은 얘기하기가 쉽지는 않네요. 그렇지만 상황으로 봐서는 그때 분위기로 인해 그럴 수 있었지 않나 하는 생각은 들고요.

그 다음에 중국을 통해서 북한의 핵 개발을 저지하도록 영향력을 행사한다는 생각이 시작된 것은 제네바 합의가 깨지고 난 다음이에요. 아까 제가 말씀드렸지만, 토니 레이크 미국 안보보좌관이 유종하 수석하고 4자회담을 준비할 때 "제네바 합의에 따른 경수로가 완성되기 전에 북한은 붕괴한다."는 얘기를 한 걸로 제가 기억을 하고 있어요. 미국은 제네바 합의 때, 그건 갈루치(Robert L. Gallucci)도 어떤 연설에서 그런 얘기를 한 기억이 나는데, 북한의 붕괴를 전제하고 한 것이지요. 경수로는 장기적인 계획인데, 그래서 그런 장기적인 경수로 건설 사업을 적대국가와 합의해서 이룩한다는 건 연목구어(緣木求魚)거든요. 그것은 어려운 얘기예요. 남·북·미·중 4자 간의 어떤 신뢰도 없이 과연 경수로 사업과 같은 민감한 사업이 이루어질 수 있겠는가, 그러니까 남-북, 미-북 간의 신뢰를 구축하고 경수로 사업을 성공으로 이끌기 위한 기반을 만들자는 게 4자회담의 기본 취지입니다. 그래서 4자회담 제의에 대해 사전에 인도네시아를 통해서 북한에 알려줬어요. "이러한 회담을 제의할 테니까 북한도 이에 응하도록 요청한다"는 내용이지요. 그리고 이러한 준비를 한 다음, 4월 초에 클린턴이 제주도에 와서 김영삼 대통령과 같이 4자회담 제안을 공동기자외회견을 통해서 발표했죠. 그래서 4자회담은 준비회담 포함해서 한 2년 끌었어요. 그때 제가 준비회담을 위해 뉴욕에 여러 번 갔고, 김계관과 최선희를 만나서 회의도 하면서 예비회담을 했어요. 당시 중국이 매우 소극적이었기 때문에 4자회담에 진전이 없었어요. 저로서는 중국을 이해하기 어려운 게, 북한이 핵 개발을 하는 것이 과연 중국의 전략적 이해에 도움이 될 건가 하는 의구심이 있거든요. 그래서 2000년 제네바 합의가 깨지고 나서 2005년에 6자회담을 시작한 것은 미국이 "이래선 안 되겠다. 이번에는 중국을 포함시켜서 중국이 책임을 지도록 해야 되겠다"는 근본적인 생각이 있었기 때문에 그렇게 된 거예요. 미국의 북한 비핵화 전략이라고 할까요. 그런 이유로 중국을 6자회담 의장국으로 선출한 겁니다. 그걸 부시 대통령이 장쩌민(江澤民)한테 전화로 얘기를 한 거예요. "중국이 6자회담을 해봐라. 지금 같이는 도저히 안 되겠다. 만약에 북한이 핵을 개발하게 되면 미국도 일본의 핵 개발을 막을 수 없다. 그리고 한국도 핵을 개발하게 될 것이다." 이런 얘기를 했다고 부시가 이명박 대통령한테 직접 얘기한 거예요. 2008년 4월 캠프 데이비드에서 부시가 6자회담 성사 배경을 설명한 것이지요. 그때부터 중국을 통해서 북한 비핵화를 하자는 개념이 생겼고, 지금도 유효하다고 생각됩니다.

어느 강대국이 그 옆에 붙어 있는 조그만 나라가 핵무기를 개발하는 걸 용인한다는 것은 전략적으로도 상식에도 맞지 않는 것 아니겠어요. 도쿄, 알래스카,

한국을 겨냥한 북한의 핵 미사일이 방향만 조금 틀면 바로 북경을 겨냥하는 건데 말이에요. 그게 이해하기가 좀 어려운 부분이고 지금도 잘 모르겠어요. 중국이 왜 저렇게 북한 핵에 대해서 뜨뜻미지근한지 궁금해요. 중국은 항상 말로는 북한의 핵을 용납하지 않는다고 하지만, UN에서 북한을 제재하는 것을 다 막으니 말이에요. 하기야 북한이 붕괴되는 게 더 급박한 위해 요소가 될까봐 그런 것인지, 하여튼 지금도 중국 사람들의 전략적인 판단은 모르겠어요. 이제 북한이 전술 핵무기까지 포함하여, 운용 가능한 핵무기를 실제로 배치했다고 하는데 중국이라고 편히 발 뻗고 자겠어요? 저는 그래서 이해가 안돼요. 아놀드 캔터(Arnold I. Kentor)가 92년 1월 뉴욕 회담에서 김용순을 만났는데 당시 북한은 주한미군에 대해서 별로 걱정이나 반대를 안 한다는 얘기까지 했다고 합니다. 그 밖에 별의별 감언이설을 다 한 것 같은데, 북한의 변함없는 전략 전술인 한반도 적화 통일은 지금 노동당 강령에도 아직 살아있고, 주한미군 철수에 대한 의견은 변함이 없다고 생각해요. 그런 걸 염두에 두면서 남북한 간에 대화하고 긴장을 완화해야 하는 게 우리의 딜레마죠. 우리로서는 동시에 북한 핵도 저지해야 되는 상황인데, 이게 참 어려워요. 양쪽을 다 성취한다는 것이 말이에요. 화해도 해야 되고 대화도 해야 되고 핵무기도 저지해야 되고. 이것은 영어로 'oxymoron(모순)' 이죠. 내가 그런 말을 했어요. 연인들이 "우리 비 오는 달밤에 결혼합시다."하고 약속을 했대요. 비 오는 달밤이 얼마나 멋있어요. 그러나 현실 세계에서 비 오는 달밤이 어디 있어요. 결국 비 오는 달밤을 기다리는 거하고 똑같아요. 현실적으로 비핵화도 하고 관계 개선도 하는 것이 과연 가능하냐 이거지요. 제가 20년 동안 경험했던 걸 오늘 여러분께 얘기를 하려니까 착잡하기도 하고 기억도 새롭고 그렇습니다.

조양현: 장관님 오늘 2시간을 계속 말씀을 해 주셨습니다. 모두 발언 포함해서 제기해 주신 개별 질문에 대해 솔직하게 답변해 주셔서 감사드립니다. 오늘 유명환 장관

님을 모시고 진행된 구술회의는 이것으로 마치도록 하겠습니다. 장관님 그리고 질문자로 참석해 주신 다른 선생님들께 깊이 감사드립니다. 수고하셨습니다.

VI

이동복 의원 구술

일 시 : 2022. 11. 18. 10:00-12:00
장 소 : 국립외교원 2층 세미나실
질문자: 신종대(북한대학원대)
　　　　이동률(동덕여대), 이정철(서울대)
　　　　전재성(서울대)

이상숙: 지금부터 외교사연구센터 한국외교사구술회의 남북기본합의서 및 한반도 비핵
화에 관한 공동선언 제5차 구술회의를 시작하겠습니다. 오늘 구술자는 이동복
전 의원님이시고요, 오늘 저희가 미리 드린 질문에 맞게 자유롭게 30~40분 정
도 말씀해 주시기를 부탁드리겠습니다.

이동복: 감사합니다. 저는 1958년 대학교 2학년 때 한국일보 견습 8기로 들어가게 되어

이동복 의원

서 정치부 기자로 14년 언론계 생활을 하다가, 71년
9월 그 당시에 언론계에서 정부에 들어가서 일하던
몇 분의 선배들(류혁인·김성진·정성관)이 저를 만나자고
해서 만났습니다. 그분들 말씀이 정부에서 남북대화
를 시작하는데, 총 책임을 맡고 있는 이후락(李厚洛) 정
보부장이 "언론계에서 누구 한 사람이 참여해서 도와
줬으면 좋겠으니 천거해 달라"라고 해서, 자기들이
"이동복 씨 당신을 천거했다"라고 하면서 저더러 "언
론계 생활을 접고 남북대화라는 전인미답의 일을 해

보는 게 어떠냐"라고 권유하는 것이었습니다. 환상적으로 들리더라고요, 그래서
나중에 두고두고 집사람한테 원망을 듣습니다만, 그 자리에서 하겠다며 수락하
고 신문사를 뒤로 하고 71년 9월부터 남북대화에 참여했습니다.

남북대화 초기의 역할

이동복: 그때는 남북적십자회담을 시작하는 찰나인데, 정부에서도 북한이라는 공산주의
집단과 대화하는 일이 워낙 생소하고 준비가 되어 있지 않아서 통일원 등 정부의
특정 부처가 전담하지 못하고, 중앙정보부에 이 일을 일임했지만 중앙정보부도

기관 차원에서 하는 것이 아니라, 이후락 부장이 거의 개인적인 입장에서 회담을 시작하고 추진을 하게 됐습니다. 이를 위해서 지금 감사원 앞에 위치했던 주한 베트남 대사관 자리에 '남북적십자회담 사무국'이라는 위장 기관을 설치하고 그곳에 정부 관계 부처와 민간에서 전문 인원들을 파견 형식으로 모아 놓고 남북회담을 시작했습니다. '남북적십자회담 사무국'에는 일정한 부서를 설정하고 형식적으로 인원을 배치했지만 실제 대화와 관련된 업무는 이후락 부장이 중앙정보부 조직의 테두리 밖에서 한정된 기간요원들의 도움을 받으면서 주로 궁정동의 중앙정보부 안가에서 추진했었습니다.

이 때 이 부장을 보좌했던 기간요원들 가운데 중심인물로는 중앙정보부 심리전국 부국장이었던 정홍진 씨와 북한정보국 국장이던 강인덕 씨 그리고 언론계에서 차출된 내가 있었습니다. 이 밖에는 외무부와 통일원 등 정부 관계 부처에서 파견된 인원으로 전략팀이 있었고 중앙정보부 분석 요원들로 구성된 상황반등이 있었지요. 당시에도 '통일원'이 있었지만 이 기구의 기능이 주로 연구와 조사 기능에 한정되어 있었기 때문에 남북대화 업무에 주도적으로 참여하기에는 미흡했습니다.

이러한 상황이 1973년 8월 이후락 씨가 중앙정보부장직에서 물러날 때까지 지속되었습니다. 이후락 씨의 퇴진으로 '남북적십자회담'과 '남북조절위원회'라는 두 갈래 통로로 추진되었던 1970년대의 남북대화는 일단 중단을 맞이하게 되었습니다. 그동안에 대한민국에서는 1979년 박정희 대통령의 시해라는 정치적 사건이 일어나고 12·12 사건을 거쳐서 전두환 정부가 등장하게 되었는데 이 과정에 통일원 남북대화 사무국장직을 맡고 있던 나는 1981년 전두환 대통령의 지시에 따라 '민족화합 민주통일 방안'이라는 대한민국 최초의 종합적 통일방안을 작성하는 작업을 주도한 뒤 1982년부터 1988년까지 삼성그룹으로 몸을 옮겨 고 이병철 회장 고문과 삼성정밀 대표이사 겸 부사장 직에 재직한 뒤 1988년부터

1990년까지 김재순 국회의장 비서실장 일을 수행하는 막간의 시간을 갖게 되었습니다.

1990년 남북간에는 '남북고위급회담'이라는 이름의 총리회담이 시작되고 나는 1991년 1월 1일부로 서동권 국가안전기획부(중앙정보부의 후신) 부장 제1특별보좌관 신분으로 남북고위급회담 우리 측 대표 및 대변인으로 임명되어 남북대화 업무로 복귀하게 되었습니다. 남북고위급회담에서 나는 1992년 '남북 사이의 화해와 불가침 및 교류·협력에 관한 합의서'와 '남북 사이의 한반도 비핵화에 관한 공동선언' 등 2건의 역사적 남북 합의 문건의 타결을 주도했으나 이 대화 역시 1993년 북한에 의해 일방적으로 중단되었고 이로써 나는 남북대화 일선에서 완전히 물러서게 되었습니다.

남북대화 역사정리

이동복: 1980년대에서 1990년대를 거쳐 2000년대에 이르기까지 나는 중앙정보부와 통일원의 '남북대화사무국장', '삼성그룹 임원', '국회의장 비서실장', '15대 국회의원', '명지대 법정대 초빙교수' 등의 여러 직위를 전전하는 동안 미국의 '외교평의회(Council on Foreign Relations)'와 '미국기업연구소(American Enterprise Institute)', '헤리티지재단(Heritage Foundation)', '개스턴 시거 동아문제연구소(Gaston Sigur Center for East Asian Studies)' 및 '미국전략국제문제연구소(Center for Strategic and International Studies)' 등 연구기관은 물론 국내외의 다양한 전문 인력들과의 정보 및 지식 교환과 교류를 통하여 특히 북한 문제와 한반도의 평화와 통일 문제를 필생의 연구 대상으로 천착을 지속해 왔습니다.

이 과정에서 나는 '남북조절위원회' 명의로 1978년과 1982년에 발간된 『남북대화 백서』와 1979년에 발간된『A White Paper on South-North Dialogue in Korea』를 저술했고 1996년에는『Remembering and Forgetting: The Legacy of War and Peace in East Asia』(CSIS: Washington, D.C.)를, 2007년에는『새로운 세대의 새 역사 교과서: 한국현대사 이해』(경덕출판사)를 공저(共著)했으며 1999년에는『李東馥의 미로 찾기: 통일의 숲길을 열어가며 1~2』(삶과 꿈)를, 2007년에는『李東馥의 현대사 경험: 손바닥으로 하늘을 가릴 수는 없다』(경덕출판사)를 그리고 2010년에는『대한민국 정체성 시리즈: 한미동맹』(백년동안)을 저술한 바 있습니다.

국립외교원에서 이번에 이 같이 중요한 프로젝트를 수행하면서 나 같은 여든다섯 나이의 노인을 불러서 참여시켜 주셔서 참으로 영광스럽고 감사하게 생각합니다.

1997년에 참으로 기묘한 조합이지만 김대중(金大中)-김종필(金鍾泌) 연합전선이 만들어져 가지고, 자유민주연합이라고 하는 대표적 보수정당(ultra conservative)을 이끌던 김종필 씨와 굉장히 좌경적인(left leaning) 김대중 씨 사이에 대통령 후보 단일화가 이루어졌습니다. 그 결과로 김대중 씨가 대통령으로 당선되고 나도 팔자에 없던 여당 국회의원 노릇을 하는 시기를 보냈는데, 그때 느낀 갈등이 굉장했습니다. 대한민국이 전통적으로 추구해 오던 통일정책, 또 정치철학, 이런 것이 아주 급격하게 붕괴되는 현장에 있었는데, 언젠가 기억이 마모되기 전에 하나의 언론인의 입장에서 이 문제를 좀 정리할 필요가 있겠다고 생각되어서 『월간조선』편집진과 상의를 했더니 하나 만들어서 '별책부록'으로 내자고 해서 낸 것이 있습니다. 그것이 여러분들한테 제가 보내 드린『월간조선』2002년 9월호 '별책부록'의 "남북대화의 전부"라는 글로, 2002년 3월까지의 남북관계를 저 나름대로 언론인적 시각에서 정리를 해 놓은 겁니다. 그래서 오늘 이 회의를 하시는 분들이 훑어보시는 게, 우리가 주어진 과제를 가지고 토론하는 데 도움이 되지 않을까 해서 사전에 보내 드렸습니다. 내용을 너무 장황하게 썼기 때문에 보내드리면서도 아주 송구스럽게 생각을 했습니다만, 관심 있는 분들은 그래도 흥미 있는 설명(account)이었다, 이렇게 생각하시기를 기대합니다. 그리고 이제 오늘 주어진 시간에 거기에 부연해서 여러 가지 토론을 했으면 좋겠는데요.

남북기본합의서의 의의

이동복: 이런 말씀으로 화두를 열어 볼까 합니다. 1990년대에 남북 간에 '남북기본합의서', '남북 사이의 화해와 불가침, 교류협력에 관한 합의서'라고 하는 합의 문건이 탄생을 했어요. 이것은 남북관계사에서 정말 획기적인 일이었습니다. 왜 획기적인 일이냐면, 표면적으로는 '남북기본합의서'라고 약칭해서 이야기하는 이 합의서는 남북관계사에 있어서 하나의 획을 긋는 변화를 상징하는 것이었기 때문입니다. '남북기본합의서'가 합의 채택될 때까지는 통일문제, 남북관계에 임하는 남북의 입장은 정말 180도의 모순관계에 있었죠. 그 모순관계를, 저는 그렇게 표현합니다. 그때까지, '남북기본합의서'까지의 남북분단, 통일에 관한 기본입장은 "남한의 입장은 '수복'의 입장이고, 북한의 입장은 '해방'의 입장이었다." 이렇게 제가 여러 번 글에서 표현합니다. 무슨 뜻인가 하면, 대한민국은 태생 상, 기본적으로 제가 늘 전제로 두는 것은, 사실 우리 현대사를 이해하는 데 많은 분들이 균형을 잃어버리는 부분의 하나는, 우리의 해방과 독립을 어떻게 평가해야 되느냐, 하는 것이죠.

　　그런데 많은 분들이 감정적으로, 또 사실 감정적인 차원을 벗어나서 대한민국의 정통성을 어떻게든지 훼손(undermine)하려고 하는 분들이 어떤 주장을 하느냐 하면, 1945년에 이루어진 해방이 우리의 독립 운동가들의 노력에 의해서 이루어진 부분이 많다고 주장을 합니다. 그러나 객관적인 역사적 사실은, 우리 독립 운동가들이 수고한 분이 많죠. 많고 1919년부터 상해(上海) 대한민국 임시 정부가 수립돼 가지고 그것이 1945년 8·15 때까지 명맥을 유지한 것도 역사적 사실이죠. 그러나, 유감스럽게도 우리의 해방과 독립은 그분들의 노력의 결실이 아닙니다. 우리 해방과 독립은 1943년 11월 카이로(Cairo) 선언에서 시작해 가지고 미, 영, 중, 소 4대국의 2차 대전 전후처리 방안의 한 꼬리 부분으로 붙어 가지고 한반도 문제가 논의되기 시작했고, 그 전후처리의 일환으로 해방이 됐고요.

해방 후 남북한 대립의 정치사

이동복: 그런데 해방 후에 전후처리의 차원에서 카이로 선언에 입각하여 독립 문제를 다루려고 미국과 소련이 해 보니까, 이미 미국과 소련 간에는 철의 장막이 드리워져 가지고 어떤 문제에 대해서도 합의가 이루어질 수 없고, 분단된 한반도의 남과 북은 공산주의와 소위 미국식 민주주의의 전방 초소가 돼 있었기 때문에, 전후처리의 차원에서 이 문제해결을 위임 받았던 미소공동위원회는 필연적으로 결렬되고 말았지요. 그렇게 되니까 전후처리의 차원에서 한반도 독립 문제 해결을 단념한 미국이 1947년 9월 UN에 한국의 독립 문제(The Problem of Independence of Korea)라는 의제를 상정했고 UN총회 결정에 의해서 5·10 제헌국회 선거가 이루어지고, 거기에 입각해서 대한민국이 수립됐고. 대한민국이 수립된 직후에 북의 조선민주주의인민공화국이라고 하는 또 하나의 일종의 국가가 태어나니까, 사실은 국제적으로 둘 중에 어느 것이 진짜냐, 어느 것이 가짜(fake)냐를 판단할 필요가 생겼는데요.

이에 대해 UN이 1948년 12월 12일에 채택한 UN총회결의 135-3호에서 결

이동복 전 의원 구술회의 사진 (2022.11.18)

론을 냈죠. 한반도 인구의 대다수, 3분의 2면 대다수가 아니겠습니까? 대다수가 거주하고, UN이 감시하는 가운데 이루어진 자유민주총선거로 합법적인 정부가 한반도에 출현했다, 괄호 치고 '리퍼블릭 오브 코리아(Republic of Korea)'라고 했고, 그래서 한반도에 이러한 정부는 대한민국이 유일하다, 이렇게 했습니다. 그 다음에 3항인가에 보면 "미완성인 한반도의 통일은 1947년 11월 11일자 UN총회 결의 112-2호에 의해서 완성해라." 다시 말해서 UN 감시 하에 자유 총선거가 실시되지 않은 지역에서 마저 실시해 가지고 통일은 완성해라, 하는 주문을 했고, 8항에 보면 앞으로 UN 회원국이 대한민국과 관계를 수립할 때는 이 결의 제1항의 취지를 참고해라. 다시 말해서 대한민국이 유일한 합법 정부라는 사실을 참고하라는 내용을 담았기 때문에, 결국 여기서 UN총회 결의로서 우리가 일단 결론을 내 볼 수 있는 것은, 첫째로 한반도의 분단은, 해방과 분단, 독립은 전후 처리 차원에서 이루어지다가 그 피날레(finale)는 전후처리의 차원을 벗어나서 1947년에 세계에 새로이 등장한 세계질서, 즉 UN이라는 것은 팍스 아메리카나 (Pax Americana)의 정치질서니까, 거기에 입각해서 이루어졌다는 것을 우리가 염두에 두고 이 문제를 봐야 되겠다는 역사적 시각이 생겼다, 저는 이렇게 생각을 합니다.

그런 과정에서 북쪽에 수립된 공산주의 정부는 사실은 민족적 차원이나 언어 차원에서 주체성과 독립성을 가지고 출현한 게 아니라, 1917년 러시아 혁명 후에 레닌(Vladimir I. Lenin)이 중심이 돼서 만든 코민테른(Communist International)이 추구했던 세계 공산화 운동의 일환으로 조선민주주의인민공화국이라는 국가가 수립되는데, 그 코민테른에서 전 세계에 적용한 기본 전략이 통일전선전략이란 말이죠. 통일전선전략이라는 것은 소위 공산주의가 비공산주의 체제를 수렴할 때 여러 가지 수단을 정의하지만, 그 중심적인 수단은 상대편을 분열시켜서 핵심세력과 주변세력으로 분열시키고 주변세력과 제휴, 연대해서 핵심세력을 고립시켜 가지고 타도, 전복시킨다, 그래서 공산화를 달성한다는 것이 바로 통일전선전략인데요.

이런 통일전선전략에 충실하게 입각해서 1946년, 47년 서울에서 열리는 미소공동위원회가 결렬이 되는데, 결렬된 원인을 가지고 뒤에 브루스 커밍스(Bruce Cumings)의 영향을 받은 우리 국사학자들 중에 많은 분들이 미소공동위원회 결렬의 책임을 미국한테 돌리지만 실제로 내용을 들여다보면 그게 아니고 소련이, 모스크바 3상 회의 결정에 의해서 5년간 신탁통치하는 동안에 과도적인 조선인 정부를 수립하는데, 그 조선인 정부를 수립할 때 여기에 참여하는 것은 모스크바 3상 회의의 탁치 결정을 찬성한 정치 세력만 참여시켜라, 하는 것이 소련의 주장이었단 말이죠. 이때의 소련의 주장을 미소공동위원회 대표였던 스티코프(Terenty F. Shtykov)가 1차 미소공위가 결렬되고 평양(平壤)으로 돌아가기에 앞서서 하지(John R. Hodge) 미 점령군사령관을 찾아와서 얘기할 때 아주 노골적으로 얘기하죠. "지금 조선이라는 땅은, 미국은 태평양을 사이에 두고 멀리 있기 때문에 조선반도에서 어떤 일이 일어나도 미국의 국가이익에 직접 영향을 미치는 게 없다. 그러나 소련의 입장은 육지로 접해 있기 때문에, 조선반도에 절대로 반소적인 정부가 태어나서는 안 된다. 그런데 모스크바 3상 회의의 결정에 반대하는 조선인들의 정치세력은 하나같이 소련에 반대하는 세력이기 때문에, 소련에 반대하는 세력에게 정치참여의 기회를 줄 수 없다. 이것이 소련의 주장이다." 라고 설명한 것이죠.

그래서 48년에 남북이 정치적으로 분단되고 난 이래, 통일문제를 얘기할 때에 북한은 일관되게 똑같은 주장을 하는데, 뭐냐 하면 전제조건이 충족돼야 된다. 무슨 전제조건이냐, 통일을 위한 노력에는 통일에 반대하는 세력은 참여할 수가 없다. 그러니까 공산주의에 반대하는 세력은 통일에 반대하는 세력이니까 참여할 수 없다는 입장을 견지하고, 그래서 북한이 남북 간에 대화를 얘기할 때는 항상 기본적인 전제조건으로 통일에 반대하는 세력, 즉 공산주의를 반대하는 세력은 대화에 나올 수 없다. 이런 입장을 견지해서 남북대화가 성립될 수가 없었죠. 그리고 이런 상태가 1971년 남북적십자회담이 시작될 때까지 지속이 됐단 말이죠. 그런데 이 같은 사실은 우리가 현대사의 틀 속에서 남북관계를 관조할 때 반드시 그 배경으로서 꼭 염두에 둬야 할 하나의 측면이라는 것을 저는 평생을 남북관계를 천착하면서 절감했고, 지금도 그렇게 생각하고 있습니다.

이러한 북한의 입장은 계속되죠. 1950년 6.25 개전을 앞두고 북한이 정치협상회의를 주장하죠. 그리고 그 정치협상회의에 대해서 이승만(李承晩) 정부가 긍정적으로 대응하니까 거기에 조건을 들고 나온 것이 "남한 쪽에서 공산주의에 반대하는 사람은 안 된다." 그러면서 열세 명의 자연인을 거명해서 이 사람들은 참여할 수 없다, 이렇게 주장해서 결국 회담이 성립되지도 않았지만, 북한은 북한이 거론했던 회담 날짜가 되기 전에 6.25 전쟁을 일으키죠. 그 다음에도 북한의 그러한 입장은 계속되는 거예요. 그게 바로 통일전선전략에 입각해서 남한의 정부는 상대하지 않고, 남한의 정부에 반대하는 세력하고 제휴, 연대해서 그 세력의 힘을 키우고, 그 세력과 연대해서 남조선 혁명을 일으킨다. 거기에 등장하는 전술이 소위 3대혁명 전술이죠. 북한을 혁명기지로 완성하고, 남한의 혁명역량을 육성하고, 국제적 혁명역량과 단합 제휴한다, 이래 가지고 했는데, 그게 이제 변화가 생기는 것이 1970년대 초에 와서 생깁니다. 1960년대 말부터 생기죠.

그러한 변화에는 크게 봐서 두 가지의 요소가 작용합니다. 하나는 국제정세의 변화죠. 1960년대의 국제정세에서 큰 사건은 월남전이고, 월남전에 미국이 참전했다가 60년대 중반 이후로는 완전히 미국이 패배해 가지고 수습할 수 없는 지경에 이르러서 1969년에 괌(Guam) 선언을 발표하고, 괌 선언에 이어서 키신저(Henry A. Kissinger)가 71년에 두 차례 중국을 방문한 결과로 72년에 리처드 닉슨(Richard M. Nixon)의 북경(北京) 방문과 상해 공동성명 발표에 이르게 되죠. 이렇게 되고, 그와 병행해서 월남전은 1970년대 초에 평화협정이 체결되지만, 평화협정을 하노이(Hanoi) 정권이 100% 이용을 해서 결국은 다시 전쟁을 일으키고 75년에 월남이 공산화되는 그런 상황이 오는 거죠.

이렇게 되자 김일성(金日成) 입장에서는 굉장한 희망이 생겼죠. 월남이 공산화되면 그 다음에 한반도가 공산화될 수 있다, 그래 가지고 74년 5월에 김일성이 북경에 가서 국무원에서 유명한 연설을 하죠. "한반도에서 전쟁이 일어나면 없어지는 것은 휴전선이고, 얻는 것은 통일이다."라고 하며 한반도에서 무력통일을 시도하겠다는 강렬한 의지를 표명하는데, 이걸 중국이 아주 강력하게 억제하고 무마해서 일단 그것은 단념을 했지만, 그러나 김일성으로서는 잘만 하면 한반도는 물론 아시아에서 미국의 총체적인 퇴장을 유도해 낼 수 있겠다, 하는 희망을 갖게 됩니다. 그 동안은 북한이 선전선동의 차원에서 공격을 하여 미국으로 하여금 싫증을 내게 해서 한반도에서 철수시키는 쪽으로 여러 가지 전술적인 수단을 썼는데, 70년대 초에 와서 이걸 바꿔서 달래서 내보내고, 등을 두드려서 내보내는 쪽으로 전술적 변화를 시도하게 된 것이죠.

북한은 이제 통일전선전략을 하층통일전선과 상층통일전선으로 이원화해서 추진하게 됩니다. 하층통일전선은 저 사람들이 말하는 기층통일전선으로 견지를 하지만 일단 그것은 접어놓고, 상층통일전선의 차원에서 정부 대 정부 간 대화를 수용해 가지고, 이를 통하여 남한 정부를 달래서 북한의 하층통일전선 추진에 방해물이 되었던 요소들을 스스로 제거하도록 하는 수작으로 남북대화에 호응을 한 거죠. 초기 남북적십자회담, 남북조절위원회에서 북한이 보여 준 모든 행동은 바로 그러한 전술의 표현이었죠.

적십자회담에서 남북기본합의서까지

이동복: 그 다음에 또 하나의 요소는, 국제정세에 대한 그런 판단도 있었지만, 북한이 전통적으로 경제적인 측면에서 대한민국을 굉장히 내려다봤었는데, 1970년대부터 여기에 이상이 생기기 시작했죠. 60년대 중반부터 박정희(朴正熙) 정부가 1차 5개년 계획을 시작하고 일본과의 국교정상화도 이루어지고, 월남전을 계기로 한국의 경제발전에 도화선이 당겨져서, 1970년대 초부터는 한국의 경제발전에 탄력이 붙기 시작하니까 북한은 여기에 대해서 굉장히 당황합니다. 그래서 70년 10월부터 이상한 일이 벌어진 게, 동경(東京)에 김일성의 특사라는 자가 나타나 가지고 장기영(張基榮) 씨, 한국일보 사주를 평양으로 계속해서 초청해 가려고 하는 움직임을 보이고, 이러한, 말하자면 남북한의 현실에 대해서 새로운 평가를 해 봐야 되겠다는 필요를 절감하는 징후가 나타납니다. 그래서 북한이 남북적십자회담을 수용하게 되는 것이죠.

남쪽이 남북적십자회담을 제의한 것은 남쪽도 역시 남쪽 나름대로 하나는 국제정세에 대한 초조감, 둘째로는 60년대부터 불이 붙기 시작한 경제발전에 대한 상당한 자신감이 생겨서 우리가 안보의 차원에서 독자적인 카드를 하나 마련해 내야 하겠다는 판단을 청와대와 정보부, 외교부 차원에서 했고, 그래 가지고 가장 부담이 적은 방법을 찾은 끝에 적십자회담을 시작했고요. 적십자회담을 하는 과정에서 역시 북한이 정치 문제에 집착하는 모습을 보이니까 정치적 대화를 하지 않고서는 대화 자체가 안 되겠다, 하는 판단에서 이후락 씨의 평양 방문을 통해서 남북조절위원회라는 정치적 대화의 트랙을 마련했고, 거기에서 시작된 남북관계의 흐름이 많은 우여곡절을 거쳐서 1990년대의 남북기본합의서까지 가는 것이죠. 그 과정에서 많은 국제정세의 변동이 있었고, 또 남북한의 내면적인 변화보다도 남한의 대북전략, 북한의 대남전략 차원에서 많은 시행착오와 또 많은 여러 가지 시도가 서로 교직이 되어 가지고 그 뒤에 남북관계를 이렇게 하게 되었다고 보는 것이지요.

노태우 정부의 대북인식과 정책

신종대: 예, 좋은 말씀 잘 들었습니다. 그리고 사전에 주신 자료도 재미있게 읽었습니다.

신종대 교수

저는 질문지에 나와있지 않은 내용으로, 마지막에 드려야 될 질문일 수도 있는데 한 가지 질문을 드리면, 오늘 우리가 다루는 '남북기본합의서', '한반도 비핵화 공동선언' 이 모두 노태우 정부 때 나오지 않았습니까? 그런데 이제 노태우 정부의 대북정책, 이런 것을 사후적으로 평가를 해 보면, 북한의 핵개발 의지, 능력에 대해 너무 과소평가했던 것이 아니냐 하는 것과, 두 번째는 북한 체제의 내구성, 이런 것도 역시 과소평가했던 것이 아닌지, 그리고 한국이 핵문제 해결까지 포함해서 주도적 역할을 해야 된다, 이런 것을 대내적으로 미국에 대해서도 강조를 했고, 또 한국이 가지고 있는 대북 영향력을 너무 과대평가했던 것이 아니었는지, 그런 평가도 있는데, 여기에 대해서 의원님의 생각과 당시 그런 판단을 듣고 싶습니다.

이동복: 예, 제 답변을 드리겠습니다. 간략하게 말씀드리면, 그 당시의 북한의 핵능력에 대해서 과소평가가 아니라, 저는 그때도 과대평가가 됐고, 지금도 과대평가가 된 것이 아닌가 하는 생각을 기본적으로 가지고 있어요. 북한의 핵에 대해서는 사실은 1984년 무렵부터 우리가, 한국의 정보기관이, 미국 정부에게 뭔가 낌새

가 이상하다는 경고를 계속 줬어요. 그런데 1990년까지 미국이 거기에 대해서 전혀 주의를 안 했거든요. 주의를 안 한 이유를 저는 그때도 두 가지로 봤습니다. 하나는 미국이 전 세계 200여 개 국가를 상대로 광범위한 첩보 수집을 하죠. 굉장한 과학적 첩보 수집 수단을 가지고 있지만, 정보라는 것은 첩보 수집으로 완결되는 게 아니라 분석 평가가 돼야 되거든요. 그런데 미국이 아무리 강대국 가라 해도 평소에 세계 200여 개 국가 전부를 상대로 개별적으로 분석 평가하는 팀을 운영할 수가 없죠.

제가 그때 랭글리(Langley)에 가서 직접 사람들을 만나며 얘기를 하면서 느꼈던 소감은, 저 사람들이 선별적으로 분석 평가 팀을 운영하지만, 북한을 정말 과소평가했기 때문에 1989년까지 북한에 대한 전담분석 평가팀이 없어요, 미 CIA(Central Intelligence Agency: 중앙정보국)에 말이죠. 그러다가 89년 8월인가 프랑스 상용 위성이 영변(寧邊)의 지도를 굉장히 상세하게 촬영을 해 가지고 언론에 보도했고, 이게 이제 충격을 일으키기 시작했죠. 게다가 또 한 가지는 이라크 1차 전쟁에서 그 당시 우리가 듣기는 미국이 이라크에 들어가 보고 놀란 것 중에 하나가, 핵 문제에 대한 일부 이라크의 동맹 국가들, 우호적인 국가들 사이에 교환된 여러 가지 정보라든가 이라크의 능력이 상당한 경지에 도달했다는 거였고, 그러면 북한의 능력도 상당한 과소평가가 된 것이 아니냐, 하는 그런 일종의 자성이 일어나 가지고, 89년 말에 북한의 핵 능력 전담분석 평가팀을 급조를 합니다.

이렇게 급조가 되어서 90년 중반부터, 저도 몇 번 랭글리에 갔었는데, 그 팀장이 전혀 전문적인 사람이 아니에요. 혹시 그때 기억하는 선생님이 계신지 모르지만, 미국의 공상과학소설 작가를, 전혀 정보 분야에 경험이 없는 사람을 분석 평가 팀장으로 고빙(雇聘)을 했고, 그 분석 평가 팀을 저도 가서 만나 보니까 제일 시니어(senior)가 헬렌-루이스 헌터(Helen-Louise Hunter)인가, 여성이 있습니다. 아마 아시는 선생님 계실 거예요. 그 여성도 사실은 김일성의 가계를 중심으로 해서 북한을 굉장히 열심히 공부한 여성이지만, 핵에 대해서는 사전에 정보가 전혀 축적된 게 없더라고요. 당시 제가 90년에 랭글리에 가서 같이 토의를 해 보니까, 굉장히 아마추어예요, 미 CIA의 분석 능력이 말이예요. 그러니까 1990년대부터 북한 핵에 대해서 미국이 굉장한 노력을 투입하지만, 그 노력이 좀 다듬어져서 전문적이 된 것은 훨씬 뒤였고, 그 90년대 초, 중반까지도 미국이 굉장히 헤매는, 그런 모습을 보여 주고 있었거든요.

그 당시에, 그리고 미국의 정보 커뮤니티에 있던 사람들이 북한의 소위 통일 정책, 대남 정책, 적화통일 노선, 이런 것은 북한의 선전으로 이해를 하지 북한의 실제 의도로는 평가를 하지 않는, 아주 굉장히 고집스러운 입장이 있더라고요. 그리고 특히 국무성의 정보조사국(I&R: Bureau of Intelligence and Research)을 중심으로 해서 국무성의 북한 분석가들은 그때까지도 2차 대전 말기의 국무성의 영향이 살아남아 있어서, 제가 1980년대 중반에 국무성에 갔는데, INR 디렉터(director)로 꽤 이름난 친구를 만나서 그 친구 방에 갔더니 방 앞에 미국 깃발하고 북한 인공기가 걸려 있더라고요. 그만큼 북한에 대한 이념적인 연구가 비판적인 차원에서 부족해 가지고 굉장히 허둥댄 점이 많아요. 그런 상태였기 때문에 북한 핵에 대해서 먼저 과하게 평가하는 병적인 현상이 시작됐고, 그 병적인 현상이 지금까지도 계속되고 있다, 저는 그렇게 보는 점이 있습니다.

그 다음에 우리의 능력을 과대평가한 부분은, 사실은 저는 그건 반대로 봅니다. 1970년대 우리가 남북회담에 참가해서 평양에 가보고, 아주 즉흥적으로 한 게 '아, 이제 경제는 끝났다.' 이런 생각이었어요. 또 당시에 북한 친구들도 남북적십자회담하고 남북조절위원회 회담 때문에 남한에 와 보고 굉장히 당혹감을 느낀 게, 남북의 경제발전에 이미 엄청난 역(逆)격차가 발생하고 있다는 걸 느끼고, 바로 그 바탕 위에서 남한 인민들의 공산주의에 대한 입장이 과연 우호적인

가, 하는 데 대한 반신반의가 생기기 시작해 가지고 고민이 시작되죠. 그건 남북적십자회담과 남북조절위원회를 깨는 동기 중에 중요한 부분을 형성하게 되었다, 저는 그렇게 봅니다. 그래서 그 당시에, 70년대에서 80년대에 이르는 기간 동안에 남한의 대북관, 북한의 대남관, 그 다음에 핵문제에 대한 우리와 미국 간의 상당한 괴리가 있었고, 80년대에서 90년대에 걸쳐서 이런 괴리가 조정되는, 외교적 또는 학문적 차원에서 조정하려는 노력이 많이 이루어졌는데, 사실은 아직까지도 그런 괴리를 조정하는 데 큰 성공이 이루어지지 못한 것이 아니냐, 하는 느낌을 저는 가지고 있습니다.

훈령 조작사건의 쟁점

신종대: 한 가지만 더 질문 드리도록 하겠습니다. 의원님, 그러면 훈령 변조 파동, 여기에 대해서 여쭙지 않을 수 없는데, 보내 주신 자료를 보니까 저 나름대로 이렇게 이해를 했습니다. 애초 평양으로 출발하기 전의 훈령과 그 이후에 도착한 훈령 간에 큰 차이가 없다. 오히려 후자가 더 경직됐다고 볼 수 있다고 생각하시는 건가요?

이동복: 그렇습니다.

신종대: 그리고 또 하나는 임동원 당시 대표가 너무 과욕을 부리거나 정세를 착각한 측면이 있다. 그리고 이미 서울로부터 훈령이 왔을 때는 상황이 종료됐기 때문에 그걸 적용할 것도 없었다. 그리고 또 하나는 당시 김종휘 수석이 그 전에 있었던 정상회담을 프로모션(promotion)하는 데 대해서 의원님께서 좀 소극적이니까 거기에 대한 보복이 아니냐, 이렇게 판단을 하셨는데 거기에 대해서 좀 더 강조하실 게 있으면 말씀해주십시오.

이동복: 제가 간단하게 말씀드리겠습니다. 임동원 씨의 역할은, 훈령 파동 때도 큰 역할을

한 사람이 아닙니다. 임동원 씨가, 그 당시에 훈령 문제에 대해서 노태우 대통령한테 세 건의 보고가 이루어졌어요. 하나는 임동원 씨가 작성한 거고, 다른 하나는 김종휘 씨가 한 거고, 그 다음 하나는 최영철(崔永喆) 부총리가 만든 겁니다. 그런데, 임동원 씨가 만든 것은 사실 객관적인 팩트(fact) 면에서 굉장히 오류가 많은 거에요. 그 오류가 나중에 10월 2일하고 3일인가 판문점(板門店)에서 안병수(安炳洙)하고 김영철(金英徹)하고 나하고 임동원하고 넷이 참가한 회의와 관련된 겁니다.

문제는 김종휘 씨가 한 보고인데요. 그 보고서는 누가 작성했냐 하면 민병석(閔炳錫)이라고, 외무부에서 김종휘 씨한테 가서 일하고 있던 제 고등학교 후배가 있어요. 좋은 후배로서 나와 오랫동안 좋은 관계를 맺어 왔던 사람인데, 당시 통일원에서 민병석 비서관을 도와주기 위해서 갔던 김 무슨 과장이 있었어요. 그 김 무슨 과장이 김종휘 씨의 지시를 받아 가지고 쓴 보고서에요. 그런데 그 보고서가, 표현을 나쁘게 쓰면 악랄합니다. 제가 훈령을 그냥 어긴 게 아니라 훈령을 변조시켰고, 그런 내용을 가지고 썼거든요.

그런데 그걸 가지고 이후에 내가 여러 가지로 판단해 보면, 김종휘 씨라는 분이 어떤 입장이었냐 하면, 남북정상회담에 굉장히 몰입하고 있었어요. 내가 1991년 1월 2일부로 서동권 부장의 제1특보 발령을 받으면서 남북회담에 이병용(李秉龍) 씨를 대신해서 대표단에 들어가게 됐는데, 들어가니까 며칠 안 되어 가지고 민병석이 저를 좀 보자 그래요. 그래 오더니 이런 얘기 저런 얘기 끝에, "선배님, 아마 틀림없이 이번 고위급회담 진행 과정에서 정상회담 문제가 나올 텐데, 정상회담에 대해서 지금 노 대통령이 굉장히 신경을 쓰고 있고, 김종휘 수석이 그 심부름을 다 하고 있는데, 혹시라도 선배님, 정상회담 문제가 나오면 반대하지 마십시오. 반대하면 걱정이 됩니다. 베갯머리 송사 아시죠. 서동권 부장이 지금 아무리 노 대통령의 신임을 받고 있다고 하지만, 김종휘 씨는 매일 여러 시간을 노 대통령하고 보내는 분입니다. 그건 절대로 이롭지 않습니다." 그러더라고요. 그래서 내가 "알았다. 그러나 정상회담이라는 것은 그런 차원에서 고민할 문제가 아니지 않느냐." 그렇게 얘기를 했어요.

그런데 그 뒤에 보니까, 이 정상회담 문제를 가지고 정부에서 여러 갈래로 일이 벌어지고 있더라고요. 심지어는 하루는 엄삼탁(嚴三鐸)이라는 사람이, 당시 정보부의 기획관리실장인데, 갑자기 나더러 "특보님, 어디 좀 모시고 가야 되겠습니다. 제 차를 타시죠." 해서 탔더니, 청와대로 가더니 김옥숙(金玉淑) 여사한테 가더라고요. 김옥숙 여사한테 갔더니, 김옥숙 여사가 나와 가지고 아주 반갑게 인사를 하더니 "부탁이 있어서 특보님을 좀 뵙자고 했다. 우리 바깥양반이 정상회담에 대해서 굉장히 희망을 가지고 계신데, 엄삼탁 실장도 한 가닥 수고를 하고 있는데, 아무래도 이 문제는 특보님이 도와주셔야 잘 성사가 될 것 같다며, 특보님께서 이 문제에 대해서 좀 도와주십시오." 이러더라고요. 저는 깜짝 놀랐어요.

그리고 그 밖에도 한편으로는 대우의 김우중(金宇中) 회장이 열심히 정상회담 심부름에 매달려 있고, 현대 정주영(鄭周永) 회장도 별도의 꿍꿍이가 있고 심지어는 청와대 경호실에서도 한 가닥이 닿아 있고요.

그래서 여러분들이 기억하실지 모르겠는데, 91년 12월부터 92년 1월 달에 걸쳐서 우리 신문이 요란하게 정상회담 보도를 합니다. 2월, 3월경에 개성(開城)에서 열린다, 해 가지고 보도가 쏟아져 나오고 그러는데, 그때는 시점이 92년 2월 달에 남북고위급회담 6차 회담에서 남북기본합의서와 핵 공동선언을 발효시켜야 될 시기였기 때문에, 거기에 정상회담이 끼어들 시기가 아니에요. 그래서 내가 서동권 부장한테 가서 그렇게 말씀드렸어요. 저는 아무래도 그만둬야 되겠다. 지금 단계에서 이렇게 밑도 끝도 없이 정상회담 문제가 나와 가지고 소위 외선에서 이렇게 하면 남북회담을 할 수가 없으니까 나는 그만두겠다고 했더니, 서동권 부장이 90년 10월 김우중 씨의 주선으로 평양에 가서 김일성, 김정일(金正日)을 다 만났던 사람이에요. 그때 우리 쪽에서 김정일을 만난 사람은 김우중 씨밖에 없습니다. 그리고 김일성·김정일을 만난 자리에서 서동권 씨가 겁을 많이 먹고 왔어요. 그런 차인데 내가 정상회담 문제를 가지고 걱정을 했더니 "아, 그럼 내가 그걸 책임지고 해결하마." 그리고 청와대로 올라갔다 오더니 "대통령과 말씀 잘 됐다. 그러니까 그 며칠 뒤에 대변인 성명을 내라. 정상회담은 없다. 그리고 같은 시간에 국무회의에서 정원식(鄭元植) 총리가 정상회담이 없다는 것을 얘기해서 정부 대변인에게도 그걸 픽업하도록 하겠으니까." 그러면서 불을 껐어요. 정상회담이 완전히 죽었죠.

김종휘 씨가 그것에 대해서 굉장히 서운해한다는 얘기가 들리고, 또 민병석 비서관이 하는 얘기가, 사실은 서동권 부장하고 김종휘 씨 사이에 구원(舊怨)이 한 가지 있었어요. 뭐냐 하면 소련하고 수교협상을 하는 과정에서, 조선일보가 자꾸 특종을 낸단 말이에요. 그러니까 노 대통령이 짜증을 냈죠. 정부 안에 쥐가 있다. 그래 가지고 서동권 부장더러 조사해서 보고해라, 그래서 서동권 부장이 여러 가지로 조사해 보니까 그 쥐가 바로 김종휘 씨더라는 말이죠. 김종휘 씨가 그 당시에 나중에 조선일보 정치부장을 지낸 이 아무개 기자하고 굉장히 가까워서, 그 기자를 통해 한소수교 특종을 터뜨린 것이 드러나서 서동권 부장이 대통령한테 보고했더니, 대통령이 김종휘 수석을 안기부에서 불러다가 조치해라, 그래 가지고 김종휘 수석이 안기부에 사흘동안 가서 고생을 한 일이 있다고 그래요. 그래 가지고 김종휘 수석이 서동권 부장과 안기부에 대해서 굉장한 감정적 반감을 가지고 있다, 그러더라고요.

그런 것 저런 것이 겹치면서 김종휘 수석이 나라는 사람에 대해서 굉장히 부정적인 생각을 가지고 있다가, 8차 회담 때 이인모(李仁模) 문제가 터진단 말이에요. 이인모 문제는 절대로 그렇게 터질 수 있는 경위가 없었어요. 그런데 그걸 가지고 아주 이상한 보고서를 내고, 8차 회담을 끝내고 돌아와서 노태우 대통령한테 대표단이 보고를 하는데, 그날 악수하는데 조금 온도의 차이를 느끼게 되더라고요. 그러고는 바로 노태우 대통령이 UN총회를 갔습니다. UN총회를 갔다가 금요일에 돌아와서 토요일에 정부여당 수뇌하고 골프를 치고 일요일에 북경에 갔어요. 토요일에 골프를 하는 시간인데 최영철 부총리가 전화를 했어요. "당신 노태우 대통령한테 당신에 관해서 이상한 보고가 올라간 것 알고 있느냐." 하며 물어서 모르겠다, 그랬더니 "그럼 나하고 월요일에 점심을 같이 하면서 얘기를 좀 하자." 그런데 이상연 부장이 또 오더니, 대통령이 당신에 대해서 엄청나게 화를 내고 있는데, 회담 때 일어난 일을 가지고 그랬다고 해요. 이상연 부장이 훈령 관계 전후를 쭉 알고 있거든요. 그 사실을 듣고는, 그렇지 않다고 하는데 자기한테까지 역정을 냈다고 하면서 이것을 좀 신경 써야 되겠다, 그러더라고요.

그래 가지고 대통령은 북경을 갔고 나는 월요일에 최영철 부총리를 만났더니 "그 경위를 쭉 얘기를 하라." 그래서 쭉 경위에 대해 얘기를 했더니, 최영철 부총리가 화를 벌컥 내더라고요. 임동원 차관에게 이인모 문제는 안기부가 다루는 문제니까 안기부에서 다루도록 하고 당신은 그 문제는 관여하지 말라고 여러 번 얘기했는데 왜 이 사람이 이러는지 모르겠다. 그래서 내가 아무튼 대통령한테 어떻게든지 경위 설명을 해서 해소시킬 테니까 당신은 아무 소리 말고 가만히 있으라 그랬어요. 노태우 대통령의 지시로 안기부 감찰실이 그 문제를 가지고 나를 조사했죠. 세 차례에 걸쳐서 감찰실 조사를 받고, 그 과정에서 이상현 부장을 이현우(李賢雨) 부장으로 바꿨잖아요. 그런데 이현우 부장이 와 가지고 또 한번 조사를 해 보니까 경위가 그렇지 않으니까, 이현우 부장이 대통령한테 가서 "사실은 그렇지 않습니다." 그랬더니 대통령이, "아 그러면, 이동복하고 임동원을 당신이 불러서 싸우지 않도록 해라." 이렇게 해서 끝을 냈던 거에요.

그런데, 임동원 씨는 여기, 그때는 외교안보연구원이었죠. 외교안보연구원의 연구위원들을 모아 놓고 강연을 한 게 있어요. 그 강의를 들어보면 정말 깜짝 놀랄 만큼의 이야기를 했어요. 가령 북한의 핵은 첫째로 이유가 있다. 미국이 괴롭히기 때문에 북한이 자구책으로 하는 것이다. 그러니까 북한에 대해서 북한이 요구하는 것을 들어 줘야만 된다고 하는 주장을 그때도 하고 있었어요. 그런데 이제 여러 가지로, 임동원 씨의 왜 그런 생각을, 말을 하느냐 하는 데 대해서 우리가 추측의 여지가 있지만, 그건 추측의 영역에 있으니까 이렇게 공개적으로 얘기할 건 아니겠지요.

그렇게 해서 일단 끝이 난 건데, 그 이듬해, 93년 8월부터 국회에서 문제가 터졌어요. 왜 문제가 터졌느냐, 그때 국회에서 야당이 안기부법 개정 공세를 펴고 있었거든요. 그 안기부법 개정 공세를 펴면서 안기부를 공격하는 중요한 쟁점으로 내 문제를 들고 나와서 떠들었고요. 당시에 상황을 가만히 보니까 이거는 내가 그 과정에 끼어 가지고 개밥에 도토리가 될 이유가 없더라고요. 그래서 93년 11월에 남북회담도 당분간 재개될 가능성이 없고 그러니까 내가 스스로 그만 두겠다, 그러고 나왔죠. 이게 사실은 그 전말인데, 지금도 아직 그 앙금은 남아 있죠. 앙금은 남아 있지만, 전후의 경위는 제가 여기에 정리한 내용이 전부입니다. 거기에 구체적인 것으로는 전문을 일부 엄삼탁이가 변조했던 것하고, 훈령 전문이 서울 전문하고 평양 전문이 내용이 조금 달라요. 서울에서 가필을 했죠. 그런 것들이, 말하자면 문제를 삼으려고 하는 사람은 문제를 삼을 수 있는 흠결이 되기 때문에 아직도 논란의 여지가 있지만, 당시 상황은 그렇습니다.

이정철: 그 훈령 관련해서, 이미 말씀하셨으니까, 제가 조금 더 여쭙고 싶은 것은요. 그러니까 그 당시 어쨌든 이회창(李會昌) 감사원장 시기잖아요, 공식적으로 결정이 나온 것은, 훈령이 잘못 전달됐다. 이것은 감사원에서 법적으로 내린 결론이고, 사실인 것이죠. 그리고 거기에 대해서 한 가지 질문이 있는데요. 이렇게 여러 글들

이정철 교수

을 종합해서 읽어 보면, 9월 17일 사흘째 아침에, 7시에 서울에서 왔던 거죠. 그러니까 평양에서 서울로 보낸 것은 0시 30분에 보낸 것이고, 그것에 대한 답이 7시에 왔는데 그 훈령은 사실은 대통령이 보지 않은 게 와서, 일종의 세 가지 문제를 무조건 관철시켜라, 라는 내용으로 왔다는 거잖아요. 그래서 대표단들이 당황해서, 어쨌든 당시에 협상이 진행 중이었고요. 실제 대통령에게 보고된 훈령은 오후 4시에 전달이 된 것이고, 그 4시 훈령은 사실상 2개 조건만 충족되면 타협해라, 라는 내용인데, 여기서 쟁점이 되는 부분이, 7시 15분에 전달된 그 훈령은 원래 없는 훈령이 전달된 거냐, 이것이고요.

이동복: 예.

이정철: 4시 15분에 전달된 훈령은 대표단들한테 보고가 안 됐다, 결렬선언 때까지. 그런데 이제 이것과 관련해서 재작년에 의원님께서 한번 말씀하신 것은, 수석대표한테는 보고를 했는데, 정원식 총리께서 이미 결정 난 것을 지금 뒤집을 수는 없다고 해서, 결국은 4시 15분 훈령은 전달은 됐지만 무효화됐다라고 말씀하셨던 것 같거든요. 그리고 두 개를 좀 보면요.

이동복: 거기에 대해서 한 가지 말씀을 드릴게요. 사실은 그 문제가 화제가 되는 게, 저는 굉장히 좀 그런 게, 중요한 문제들이 아닙니다. 이렇게 됐습니다. 이인모 문제가 92년 3월부터 매우 중요한 문제가 돼 버렸어요. 그 전엔 중요한 문제가 아니었습니다. 중요한 문제가 돼 가지고, 여기에 대해서 북한에 대해서 이 문제를 거론하지 못하도록 하는 조치가 필요하게 됐기 때문에, 그 해 7월 7일에 정원식 총리 이름으로 연형묵(延亨默)한테 전문을 보내 가지고, 그 동안 우리가 이산가족 문제는 타의에 의한 이산가족 문제만을 가지고 적십자회담에서 다뤘는데, 자의에 의

한 이산가족 문제도 다루자, 그러면 자의에 의한 이산가족 문제 차원에 이인모가 포함될 수 있으니까, 만약에 북한 당신들이 좋다고 그러면, 이인모 문제도 그 차원에서 다루자. 단, 이인모 문제도 서로 상호주의 원칙에 의해서 다루자, 이런 내용을 보냈어요. 그랬더니 그 다음다음날 연형묵한테서 무슨 소리냐, 우리는 그건 반대다, 이렇게 답이 왔어요. 8차 회담에서 이게 문제가 되리라는 것이 예상이 됐기 때문에 우리가 가기 전에 청와대에서 회의를 했는데, 그 회의에 노태우 대통령은 참석을 안 했지만, 여러 사람이, 관계 각료들이 참석해 가지고 이 문제를 논의했어요. 논의한 결과 처음에 우리가 가지고 간 훈령이 나왔죠.

훈령 조작사건의 경위

이동복: 그 훈령이 뭐냐면, 크게는, 이산가족 노부모 및 예술단 교환방문 문제는 무조건 하기로 했으니까 그건 무조건 시행해라. 이것이 돼야만 이인모 문제를 우리가 거론할 수 있다. 또 이인모 문제를 거론하면 우리의 세 가지 소위 반대급부가 필요하다고 하는 게 있으니까, 그 중에 두 가지를 들어주면, 이인모 문제를 해결한다. 이렇게 북한한테 얘기를 하자고 해서, 우리가 회담을 하면 도착한 날 오후에 양쪽에서 각 세 명씩 대표로 참가하는 대표회담을 하게 돼 있어요. 그 대표회담에 우리가 갔더니, 그리고 그 회담에서 사실 이인모 문제는 아주 마이너(minor)한 거고, 부속합의서, 그 다음에 공동위원회 구성 운영에 관한 합의서, 핵통제공동위원회 구성 운영에 관한 합의서, 남북연락사무소 문제, 이런 것들이 산적해 있어요. 그렇기 때문에 이 문제를 다루는 일정에 대해 얘기를 하고 끝날 무렵에 북한에서 이인모를 돌려 달라고 그러더라고요. 그래서 이제 저하고 임동원 대표가 우리가 지금 이런 의견을 가져왔다. 너희 어떠냐, 그랬더니 무슨 소리냐

고 단번에 펄쩍 뛰어 가지고 문제를 거론할 수 없게 됐어요.

그러니까 그 이튿날 아침에 1차 본회담을 앞두고 대표들이 모인 자리에서 정원식 총리가 "자, 어제 그렇게됐다고 하니까 이 문제는 우리가 이번 회담 기간 중에는 더 이상 거론하지 맙시다." 그렇게 결론을 내고 회담에 임했는데, 여러 가지 우여곡절은 있었고 임동원 씨가 본인이 의도적으로, 능동적으로 그랬는지, 아니면 북한이 임동원 씨를 노리고 그랬는지 모르지만, 북한 대표 여러 명과 있었고 임동원 씨가 이 문제에 대해 계속 얘기를 했어요. 그 얘기를 했는데 자세한 건 우리는 모르죠. 그날 밤, 9시부터 이제 각 분과위원장끼리 단독회담을 해 가지고 부속합의서 협상을 시작했어요. 나는 백남준(白南俊)을 상대로 해서 화해 분야, 정치 분야 부속합의서를 가지고 협상을 했는데, 잘 안 되더라고요. 그러면서 시간이 열한 시 반 정도가 됐는데, 노크 소리가 나서 나가 보니까, 엄익준(嚴翼駿)이라고 하는 평양 상황실장하고 김용환(金勇煥)이라고 하는 책임연락관이 서 있어요. "왜 그러냐." 그랬더니, "지금 임동원 대표가 수석대표 허락을 받았다고 하면서 서울에 전문을 보내라고 이걸 가져왔는데, 이거에 대해 이 대변인이 아시는 겁니까, 그대로 보낼까요?"하고 가져왔어요.

그래서 보니까 내용이 전혀 다르게 엉뚱한 거예요. 엉뚱한 내용이라서 제가 백남준한테 잠깐 좀 정회하자 그러고 총리한테 갔더니 총리가 주무시는 겁니다. 그런데 그날따라 어떤 해프닝이 있었냐 하면, 서울에서는 동아일보에 노태우 대통령이 총리를 바꾼다, 하는 톱기사가 났어요. 그게 평양에도 전달됐으니까 정원식 총리가 기분이 몹시 나빴죠. 장수가 전쟁에 나가 있는데 서울에서 그런 이야기가 나오니까, 그래서 그날 저녁에 총리가 상당히 과음을 했어요. 그래서 주무시더라고요. 그래서 제가 민관식(閔寬植) 의장 아들, 둘째 아들이 수행비서를 하고 있어서 그 사람한테 총리를 일어나시도록 하라 그래서, 잠옷 바람으로 나오시더라고요.

그래서 제가 "지금 이런 상황이 벌어졌는데 알고 계십니까." 그랬더니 어디 보자 하면서 보더니 "난 내용은 모르겠고, 아까 임 대표가 서울에 뭐 전문을 하나 보내겠다고 그래서 보낼 게 있으면 보내라고 그랬는데, 난 내용이 그렇게 된 줄은 몰랐다. 이건 그대로 보내서는 안 되겠네." 그러면서 어떻게 하면 좋겠느냐, 그래서 제가 두 가지 방법을 이야기했어요. 하나는 그냥 보내지 말고, 내일 아침에 총리께서 이 문제는 더 이상 거론하지 않기로 했으니까 더 이상 거론하지 말자고 하든지, 아니면 또 정원식 수석대표도 임동원 씨가 김종휘 씨 사람이라는 걸 아니까, 의식한단 말이에요. 그래서 그런 의식을 하신다면, '보냅시다 이 걸, 보내고 제가 서비스 전문을 하나 보내서 대표단 사이에서는 이 문제가 이렇게 처리됐다'는 것을 서울에 보고하도록 하자는 얘기를 했습니다. 그렇게 해서 9월 16일인가 새벽 1시쯤 임동원씨 전문이 이미 갔고, 제 서비스 전문이 1시쯤 서울로 왔어요.

그런데 이게 밖에서는 우리가 얘기하기 어려운 문제인데, 서울에 상황실이 있고 평양에 상황실이 있단 말이에요. 평양의 상황실은 엄익준이라는 사람이 특보실 대화사무국장으로 담당을 하는데, 서울에 상황실은 대화사무국에 누구 한 사람을 실무책임자로 두었는데, 엄삼탁이라는 사람이 거기에 관한 아무런 권한이 없어요. 기획관리실장으로 있었고 아주 실력자죠. 이 사람이 청와대에 뒷배가 있으니까요. 그래서 제가 보지 않은 건 절대로 상황실에다가 보고하지 말아라, 이렇게 묶어 놨어요. 그런데 그 전에 사실은 통일부 장관이 평양 상황실하고 서울 상황실 간의 의사소통에서 통일부가 소외되는 점이 있다는 것을 여러 번 말했기 때문에, 제가 그때 평양에 가면서 룰(rule)을 하나 정해 놓고 갔어요. 평양에서 서울로 보고가 오면, 반드시 청와대 비서실장, 안기부장, 통일부 부총리한테 동시 전파하라고 해 놓고 갔는데 이걸 꽉 묶어 놓은 거예요. 묶어 놓고 그날, 임동원씨와 제 전문이 서울 상황실에 왔는데, 그때 마침 엄삼탁이라는 사람이 수

소문이 안 되는 거예요.

나중에 알고 보니까 엄삼탁이라는 사람이 그날 아침 10시까지 처리를 못 했던 거예요. 그런 가운데 평양에서 어떤 일이 벌어졌느냐 하면, 그날, 이튿날 아침 7시쯤 제가 대표들 모임에 참가하기 위해서 상황실에 잠깐 들렀더니 엄익준 실장이 두 개의 종이를 들고 있더라고요. 그게 뭐냐, 서울에서 답전이 왔느냐 그랬더니 답전은 안 왔는데 여러 가지 암호해독의 문제가 있고 그래서, 전에도 대개 가(可)와 부(否)의 경우를 상정해서 여기서 미리 만들었다가 가로 오면 가, 부로 오면 부로 하는 관례가 있다고 그래서 오늘은 부로 가져가십시오. 그래서 그걸 들고 제가 대표 조찬모임에 가서 그랬더니 수석대표가 물어보더라고요. "어찌 됐냐." 그래서 제가 "서울에서 원하는 대로 하라는 훈령이 왔다고 그럽니다." 그래서 제가 그걸 보여 줬어요. 그러니까 정원식 수석이 "아, 그러면 그 문제는 더 이상 거론하지 맙시다." 그러고는 덮었어요.

그렇게 해서 이 문제는 실질적으로 끝난 거지요. 끝났는데 무슨 일이 생겼느냐 하면, 서울에서 10시 반 쯤 엄삼탁 씨가 사무실에 나와 가지고 밤사이에 이런 일이 있었다는 걸 보고했더니, 이 엄삼탁이라는 사람이 그러면 그거 청와대에도 보고해야 되겠군, 그래 가지고 그 전문이 오고 간 것을, 이미 평양에서는 상황이 끝났는데, 그걸 보고했어요. 그랬더니 김종휘 수석이 이상연 부장하고 최영철 부총리한테 얘기를 했어요, 그거를.

최영철 부총리 의견은 서울에서 가지고 간 훈령의 틀을 벗어난 일이 없으니까 그건 현지에다 맡겨 둡시다, 그러는데, 이상연 부장이라는 분이 이제 행정관료 출신이기 때문에 굉장히 꼼꼼해요. 아, 이거는 그래도 정리를 해 둘 필요가 있다고 해서, 평양에서 혼선이 있는 모양이니까, 우리가 확실하게 지침을 줄 필요가 있다고 그런 거예요. 그래서 최영철 부총리와 상의해 가지고 훈령을 만들어서 그걸 김종휘 수석한테 얘기를 했어요. "이건 뭐 상황이 이러니까 우리가 결정해서 평양에 보냅시다." 그랬더니 김종휘 수석이 "아니, 대통령한테 보고해야 됩니다." 그래 가지고 대통령한테 보고를 해서 승인을 받아서 나온 게 3시가 넘었고, 3시가 넘어서 그걸 암호화한 다음에 보내니까 한 4시 반쯤 평양에 도착한 거예요.

한편 평양은 어떻게 됐느냐, 그날 아주 굉장한 쇼가 있었어요. 부속합의서 내용 합의하느라고 겨우겨우 오후 3시에 협상들이 타결돼 가지고 5시에 회의를 속개해서 두드리는 절차를 갖기로 했단 말이에요. 4시 반에 훈령이 왔고 저는 한 손에 여러 사안이 몰려 있고, 또 내용이 그러니까, 총리한테 "서울에서 훈령이 왔는데 특별한 내용이 없습니다." 그렇게 보고를 하고 회의를 끝냈어요. 회의를 끝내고 나서 그 다음에 대표들은 바로, 회의가 늦게 끝났기 때문에 인민문화궁전에서 하는 만찬에 갔고, 저는 이제 회담이 끝나면 기자들하고 한 30~40분정도 시간을 가져야 됐어요. 그 뒤에 만찬회장에 갔더니 만찬이 진행 중이고 상당히 분위기가 좋더라고요. 그래서 총리한테 가서 "사실은 아까 내용을 말씀 못 드렸는데, 내용이 이런 내용입니다." 그랬더니 "아 그럼 뭐 상황이 끝났군 그래. 아무튼 내일 아침에 얘기합시다." 그랬어요. 그런데 원래는 안병수가 제 카운터파트(counterpart)인데 김정우, 안병수 두 사람이 제 테이블에 앉더니, "아, 지금 임동원 대표 얘기가, 이 대표가 오케이를 해야 된다는데, 이인모 문제에 대해 합의합시다."라고 하면서 조르더라고요. 그래도 나는 적당히 대응하고 호텔로 돌아갔는데요.

그날 한 새벽 3시쯤, 갑자기 연락이 왔는데, 북한 대표들이 각자 자기 카운터파트 대표의 방으로 쳐들어 오겠다고 한다고 그러더라고요. 저는 내용이 뭔지 아니까 성가시고 그래서 응하지 않았어요. 그런데 그날 보니까 임동원 대표 방에 두 사람이 가서 여러 가지 얘기가 있었던 모양인데 그 구체적인 내용은 잘 모르겠습니다. 이튿날 이제 우리가 떠나는 날인데, 7시에 대표들이 아침을 먹는데, 임동원 대표가 그런 얘기를 하더라고요. 어젯밤에 북한 김영철, 김정우 두 사람이 자기한테 와서 굉장히 읍소, 사정을 하다가 그냥 갔다고요. 그렇게 갔는데 만약에 서울에서 다른 지침이 왔으면 우리가 얘기를 한번 해서 진전을 볼 수 있었을텐데 안타깝다고 그러더라고요. 그런데 그 내용이 내가 보기에는 전혀 맞지 않는 내용이었지만, 임동원 대표하고 다툴 수도 없어서, "북측 얘기가 그랬다면 우리가 대표단 차원에서 확인을 해 볼 필요가 있겠습니다. 있다가 연형묵이 작별인사차 올 테니까, 연 총리한테 내가 그렇게 이야기를 해 보겠습니다. 우리가 돌아간 뒤에 앞으로 날을 정해서 대변인 접촉을 판문점에서 갖고, 거기서 확인을 해 보도록 하겠습니다." 그래 가지고 연형묵이 와서 제가 그 얘기를 했어요. 그랬더니 좋겠다고 답을 해서, 이제 10월 1일인가 하는 걸로 날을 받아 가지고 돌아왔어요.

그렇게 돌아왔더니 그 주말에 그런 난리가 벌어졌어요. 그 다음 청와대에서 관계 각료들하고 대표들이 모여서 사후평가를 하는데, 거기서 이제 두 가지 문제가 나왔어요. 하나는 최영철 부총리가 보고 시스템에 문제가 있으니까 이걸 이번에 제도적으로 고쳤으면 좋겠다는 얘기를 했고, 그 다음에 이제 임동원 대표가 "이런 일이 자기한테 있었습니다." 그렇게 보고하니까 그 문제에 대해서는 제가 바로 확인하기 위해서 대변인 접촉을 10월 1일에 갖기로 했다, 이러고 나왔는데 최영철 부총리한테서 전화가 왔어요. "당신 그 대변인 접촉을 한다고 해서 당신 혼자 가서 안병수를 만나면 위험하다. 그 내용을 가지고 무슨 소리를 할지 모르니까, 북쪽에 연락해서 임동원 대표하고 같이 가라."라고 했어요.

그래서 북에 연락을 해서 10월 1일에 접촉해 임동원 대표하고 제가 같이 갔어요. 북쪽에서는 안병수하고 백남준이 나오고요. 그렇게 해서 임동원 대표가 얘기를 꺼냈어요. "나하고 이렇게 얘기를 한 걸로 나는 이해를 한다"라고 그러니까 안병수가 펄쩍 뛰더라고요. 무슨 소리냐. 이인모 문제에 대해서 내가 한 얘기는,

이인모를 보내주면 남쪽의 성의를 생각해서 한 20~30명 정도 판문점에서 이산가족 면회하는 것을 한 번, 일회성으로 고려해 보겠다 그랬지, 그 이상은 얘기한 일이 없다고 그러니까 진전이 안 되잖아요. 그러니까 임동원 대표가 사과를 했어요. 내가 잘못 들은 것 같다. 나는 그렇게 이해하지 않고, 이인모를 보내주면 이산가족 예술단 교환방문도 하고, 판문점에 이산가족 면회소를 상설 운영하는데 북측이 동의한다는 걸로 알아들었는데, 내가 잘못 들었다. 그걸로 끝난 거예요. 이게 전체 맥락이고, 경위가 그렇게 된 거예요. 그러니까 그 경위에 사실 큰 무리가 없어요. 그때그때 주어진 시간에서 상황을 처리하려면 그렇게밖에 할 수가 없었어요. 그런데 그걸 가지고 나중에 정치적 차원에서 문제가 되는데요.

93년 10월이 되니까 국회에서 논란이 계속 되는데, 그때는 김영삼(金泳三) 대통령이 들어와 가지고 안기부장으로 김덕(金惪)씨가 됐는데, 이인모 문제가 국회에서 논란이 되니까, 김덕 부장은 제 입장에서 굉장히 열심히 청와대에서도 얘기를 하고 그랬어요. 하루는 토요일에 김덕 부장한테서 전화가 왔어요. "지금 한완상(韓完相) 장관이 나를 좀 보자고 그러면서, 아마 틀림없이 또 당신 얘기를 하려는 모양인데, 갔다 와서 얘기를 하죠." 그러고 갔다 오더라고요. 오더니 여러 가지 얘기를 하면서, 한완상 얘기는 "그 이동복이 남북회담 대표단에서 빠지기만 하면 더 이상 문제를 삼지 않겠다."라고 해서 "무슨 소리냐? 안기부 입장에서 이동복 문제는 이동복 개인의 문제가 아니다. 부 차원의 문제고 정부 차원의 문제가 되는데, 그렇게 할 수 없다."라고 하고 일어나서 나오는데 김덕 부장이, 한완상 부총리 얘기가 "전문을 한번 들여다보면 절대로 그렇게 얘기할 수 없을 거요."라고 해서 굉장히 기분이 나쁜채로 나왔는데, 전문 관계에 무슨 이상이 없느냐 그랬어요.

그래서 그날 하루 온종일 가능한 모든 곳을 뒤져 봤죠. 그랬더니 이게 문제가 뭐냐면, 우리가 보유하던 전문은 평양 상황실에서 정리한 전문이고, 서울 상황실에서 정리한 전문이 따로 있는데, 그것은 평양−서울 간에 오가는 전문의 시간을 한 군데를 바꿔 놨고, 그리고 단어 세 마디가 다르더라고요. 아무튼 다른 거죠. 다른데 알고 보니까 결국은 그 엄삼탁 씨가 자기한테 유리한 쪽으로 정리를 해 가지고, 서울 상황실에서 한정된 사람이 가지고 있다는 게 나타난 거예요. 그래서 제가 그걸 가지고 생각을 해 보니까, 이걸 가지고 아웅다웅 더 다툴 필요가 없겠다해서, 그게 하나의 큰 계기가 돼서 제가 사표를 내고 나온 거예요. 그러니까 어떻게 들으셨는지 몰라도, 제가 지금 설명한 데 무리한 게 없을 겁니다.

이정철: 의원님. 죄송한데, 시간이 수정됐고 단어 세 마디가 다르다고 하셨는데, 그걸 좀 구체적으로 기억하실 수 있으신가요.

이동복: 아, 제가 정확하게 기억을 못 하는데요. 그 단어도 그렇게 아주 중요한(substantive) 건 아니에요. 다만, 지금 정확하게 기억을 못 합니다만 수정된 시간은 수정된 게 아니죠. 서울 상황실에서 독자적으로 만들어서 보고를 하고 있던 거지요. 그리고 그 밖에 남북대화 관련된 대부분의 사람들이 보관해서 참고하고 있던 전문은 평양 상황실에서 오리지널로 만든 겁니다.

이정철: 제가 두 가지만 더 여쭙겠습니다. 17일 아침 7시에 서울에서 전문 답이 안 와서, 엄익준 실장이라는 분이 가부 두 개의 제안을 갖고 왔다. 그런데 이제 거기서 부를 채택하신 특별한 이유가 뭐였는지요?

이동복: 사실 제가 채택을 했지만, 제가 채택한 것은 그 전날 총리와의 대화에서, 총리가 처음에 말씀하기를 "서울에 보고할 것도 없다. 여기에서, 지금 전략단도 다 와 있고 대표단 전원이 있으니까, 여기서 그 문제는 결론을 내자." 그러다가 이 분이 "아, 그 뭐 임 대표가 굳이 보고를 하려면 보고를 하지 그래." 그래 가지고 그렇게 두 번째 옵션으로 했던 겁니다. 그렇게 해서 이틀날 아침까지 보고서가 안 오는데, 엄익준 실장이 과거 상황실 관례가 암호관계도 복잡하고 해서 대개 이심전심으로 하니까, 가, 부에 대비해서 이렇게 만들었다가 이걸로 쓴다고 했어

요. 그렇게 쓰는 게 관례였다는 겁니다.

이정철: 그럼 이제 대표단들에게는 이게 서울에서 온 전문이다, 이렇게 전달된 건가요?

이동복: 네, 네. 그렇죠.

감사원 감사

이정철: 그러니까 그게 우리 감사원에서는 가짜 훈령이 전달됐다, 이렇게 결론을 내렸지요.

이동복: 아, 그 감사원 감사를 제가 받았죠. 이틀 동안 받았는데, 그 당시에 이회창 원장 시절입니다. 그리고 이제 이상연 부장도 이현우 부장으로 바뀌었을 때에요. 그게 93년이니까. 그때 제가 그 감사원에 가서 감사를 받았어요. 참고로 여러분이 이거를 아셔야 돼요. 검찰이나 감사원이 아주 공통된 현상이 있어요. 대개 사건을 종결할 때는 종결하는 결과문을 수사관들이 작성을 해요. 수사관들이 작성을 해 가지고 조사받는 사람의 동의를 얻어서 서명을 받죠. 그래서 감사원에서 발표한 내용으로 결과문을 만들어 가지고 저한테 서명을 요청하더라고요. 요청하는데 이런 문제가 생겼어요. 문제는 9월 16일 저녁에, 밤 12시 가까이 되어 가지고 자고 있던 정 총리가 일어나서 나한테 보고를 받고, 그냥 끝내자, 하는 얘기를 한 것을 증명을 해야 되는데, 정원식 총리는 그때 기억이 없다고 말한다는 거예요. 기억이 없다고.

　　그러니까 감사원 얘기가, 나중에 결과 보고서를 그렇게 만들어 가지고 나한테 와서 뭐라고 그러냐 하면, "당신이 당신 주장을 고집하면 이 결과 보고서가 제대로 되지 않을뿐더러 나중에 정원식 총리가 기억이 없다고 그러면 당신 말을 입증할 수가 없지 않냐. 그렇게 되면 오히려 굉장히 복잡해지니까, 그냥 당신이 이러이러한 경위로 해서 결단해서 했다, 이렇게 설명을 하자."라고 해서 그렇게 된 거예요. 그러니 저는 정 총리도 관계돼 있고 그런데, 그 이틀 동안 심문을 당하고 나서 생각을 해 보니까 빨리 끝내고 싶더라고요. 그때 저는 이제 이거 끝내고 나가서 사표 내고 나가겠다는 생각에 골똘할 때였어요. 그래서 나와서 아침에 제가 그 상황을 이상연 전 부장한테 얘기했더니 이 부장이 펄쩍 뛰더라고요. "무슨 소리냐, 감사원에 그렇게 하면 안 된다. 지금 당장 전화를 해서 당신이 받아들인 것을 취소하고 당신이 주장한 것을 그대로 보고서에 남기도록 해라." 해서 감사원에 전화를 했는데, 그 뒤로는 감사원이 자기네들이 쓴 걸 가지고 그대로 발표하더라고요.

이정철: 죄송한데 하나만 더 여쭙겠습니다. 오후 4시에, 4시 15분에 이제 대통령한테 인가받은 실제 훈령이 왔잖습니까. 그걸 의원님께서 아까 말씀하신 것처럼 총리님께 별 내용이 없습니다, 라고 처음에 보고하셨고 그래서 정 총리께서 그럼 됐다, 하고 종결회의를 가졌다, 하셨는데, 그런데 당시에 별 내용이 없다고 하셨던 이유는 무엇이었는지요.

이동복: 그날 4시 반에 제가 총리께 회담장에서 그랬어요. "서울에서 지금 전문이 왔는데 서울에서 우리가 원래 가져온 것과 내용에 큰 변동이 없습니다." 그렇게 말씀드렸죠. 큰 변동이 없어요. 오히려 서울에서 가져온 것보다 더 강화됐어요. 왜 강화가 됐느냐 하면, 첫째로 이산가족 문제는 절대로 고수해야 된다, 그건 원안대로고요. 그 다음에 세 가지, 면회소 문제하고 동진호 선원 문제하고 또 하나가 뭐던가, 이 세 가지는, 거기에 이산가족 면회소는 인원을 지정해서 보냈어요. 연 300명인가 그랬어요. 그리고 우편물 교환에 대한 것도 우편물 교환양을 명시해서 보냈으니까 더 어려워진 거죠.

이정철: 네, 알겠습니다.

북미회담과 한국

전재성: 질문지에 작성한 내용은요. 1월에 있었던 김용순(金容淳)-캔터(Arnold Kantor) 회담에 대해서 조금 아시는 내용이 있으신지를 여쭤봤는데요. 여태까지 여러 인터뷰를 하면서 그래도 이 회담이 북미 간에는 한국전쟁 이후로 최고위급 회담이었고, 또 하기에 따라서는 북미 간에 핵문제도 해결하고, 이후에 교차수교나 북미관계 개선에 대한 가능성이 있지 않았을까, 또 김용순 발언 중에 주한미군이 주둔해도 좋다고 했던 발언도 나중에 나왔다고 해서요. 굉장히 중요했던 회담인 것 같은데, 2차가 있었던 것도 아니고, 그냥 넘어갔는데요. 또 다른 증언에 따르면 한국 정부는 북미가 따로 만나는 것을 그렇게 썩 달가워하지 않았다는 말씀도 있어서, 우리가 그 당시에 어떻게 대응을 했고 이후에 평가는 어떤지에 대한 의견이 있으신지 질문드립니다.

전재성 교수

이동복: 예, 제가 아는 대로 말씀을 드리면 이렇습니다. 91년이라는 시점이 굉장히 절묘한 시점이에요. 91년이라는 시점이 핵 문제가 불거져 나왔죠. 불거져 나왔지만 동서냉전 해체가 진행되고 있는 와중이에요. 그렇잖아요? 그런 가운데 북한도 세상만사가 궁금할 때였고 미국도 북한이 궁금할 때에요. 그러니까 91년 무렵 당시에 미국, 또 북한의 움직임을 보면 바로 이 궁금증을 해소시키기 위한 여러 가지 동정이 드러납니다. 그 중에 대표적으로 우리가 지금 거론한 것이 김용순-캔터 회담이고, 그 이듬해, 다음다음 해에 조명록(趙明綠)의 워싱턴 방문이 있었죠. 그런데 김용순-캔터 방문에 대해서 제가 이상하다고 생각하는 것이, 미국 사람들이 굉장히 궁금해 하는 사람들이 많아요. 어떤 의미에서 그러냐 하면, 김

용순이 미국에 대해서 북한의 입장을 알려 주는 회담이다. 그런데 그것에 대해서 팔로업(follow up)이 되지 않았다. 이런 궁금증을 미국 사람들이 많이 가지고 있고, 또 우리나라에서도 바로 그런 시각에서 궁금증을 갖는 분들이 많습니다. 사실은 내용을 들여다보면 김용순−캔터 회담은 그렇게 굉장한 중요성이 있지 않습니다. 눈먼 두 장님이 만나서 서로를 더듬어 본 것에 불과하죠. 캔터가 했던 이야기도 여러분이 자료를 보시면 아시지만 원론적인 얘기였고, 김용순도 원론적인 얘기를 한 거예요.

북미회담과 북한의 의도

이동복: 그렇게 원론적인 얘기를 하는데, 미국 사람들도 그렇고 우리나라 사람들이 크게 간과하는 부분이 있어요. 북한을 이해하는 데 북한의 말에는 결론 부분보다는 도입 부분의 전제조건이 훨씬 더 중요하다는 거죠. 북한의 소위 발표(pronouncement)에서는 전제조건 부분이 아주 중요한데, 북한의 이런 발표를 해석하는 차원에서 1990년대는 더 그랬고, 지금도 많이 그렇습니다. 여러분께서 어떻게 생각하시는지 몰라도 2018년부터 남북간과 미북간에 굉장히 엉뚱한 드라마가 펼쳐지죠. 이게 어디서 출발하느냐 하면 말이죠. 2018년 2월에 정의용(鄭義溶) 씨가 평양에 가서 김정은(金正恩)을 만나죠. 김정은을 만나서 김정은과 핵 문제를 얘기하는데, 김정은 얘기는 그겁니다. 자기는 "미국이 북한에 대한 체제안전과 불가침을 보장하면 우리는 핵을 가질 이유가 없다." 그게 김정은 말의 전부에요. 또 "북한의 비핵화, 비핵화라는 것은 비핵지대화죠, 비핵화는 선대 수령의 유훈이다." 이 두 가지 말이 전부인데, 거기서 제일 중요한 것은 북한의 체제안전을 보장하고 북한에 대한 불가침의 보장, 이게 중요한 핵심이죠.

그러니까 트럼프는 2020년을 내다보면서 어떻게든지 김정은을 이용해서 자기한테 유리한 선거 분위기를 만드는 데 생각의 9할이 집중되어 있을 때니까, 거기에 그만 빠져 들어간 거죠. 그렇게 두 개의 전제조건을 고려하지 않고 북한이 핵을 가질 이유가 없다, 그 다음에 비핵화는 선대의 유훈이다 하는 걸 가지고 김정은을 물어가지고, 김정은한테서 뭔가 선거에 유리한 결단(commitment)을 끌어내 보겠다는 판단을 한 거예요. 그래서 트럼프답게 즉석에서 5월에 만나겠다, 이랬단 말이에요. 그런데 트럼프 주변에도 북한에 대해서 여러 가지 의심스러운 시각을 가지고 있는 사람들이 많으니까, 특히 볼턴(John R. Bolton)이 그랬고, "아 이건 아니다." 그러니까 트럼프가 금방 "이건 검증이 필요하다. 검증이 돼야만 나는 싱가포르에 간다." 이 두 가지 말을 그날 정의용이 기자실로 가는 도중에 했단 말이에요.

그만큼 미국 사람들이 지금도 북한에 대해서, 북한의 혁명전략, 공산주의자들의 소위 혁명전략을 이해를 못 해요. 그걸 이해한다고 하는 게 이제 볼턴과 같은 사람 정도죠. 그래서 거기에 대해 부주의(inadvertent)하거나 판단착오가 많기 때문에 그런 일이 생기는 거죠. 그래서 김용순-캔터 회담도 캔터하고 만났을 때 김용순이 바로 그 전제조건에 해당하는 부분을 이야기합니다. 그 부분을 미국 사람들은 그냥 무시해 버린 거죠. 무시해 버리니까 그 전제조건을 바탕으로 한 애기에서 희망적인 걸 생각하고, 왜 후속조치를 하지 않느냐 라고 하는 추궁이 캔터한테 있었고 지금도 그 추궁을 하는 사람들이 있더라고요. 저는 그렇게 봅니다.

이동률: 예, 의원님 장시간 많은 말씀 해 주셨는데, 저는 간단하게 당시의 중국의 역할과 관련해서 질문을 좀 드리겠습니다. 의원님께서 보내주신 자료에 의하면 북한이 남북대화에 응하게 된 동기가 남북한 UN 동시가입을 저지하려고 하는 의도였다고 말씀하셨는데, 사실은 UN 동시가입이 실현된 이후에도 남북대화는 지속되

이동률 교수

지 않았습니까? 그리고 그 대화는 굉장히 중요한 회의였다고 말씀하셨는데, 북한이 그 이후에 회담을 계속 진전시킨 이유는 뭐였다고 생각하시는지에 대해 질문 드리고요. 그 과정에서, 사실 중국 입장에서 보면 한반도에서의 '투 코리아(Two Koreas)' 정책을 시행하기 위해서는 UN 동시가입도 필요하고 남북대화도 필요했던 것 같아요. 그래서 UN 동시가입을 성사시키는 데 있어서는 중국의 역할은 굉장히 중요했을 것 같고요. 당시에 북한과 대화하시면서 혹시 북한에서 중국의 역할을 어느 정도까지 고려하고 있다고 생각하고 계셨는지에 대해 질문 드립니다. 또 추가로 한 가지만 말씀을 드리면, 중국은 그 과정에서 남북한의 교차승인을 실현하고 이를 통해 북한의 고립에 대한 우려를 해소시키려 했던 것으로 보입니다. 당시 북한은 중국이 제시한 교차승인 방안에 대해 어느 정도 지지와 신뢰를 보내고 있었다고 보셨는지요?

UN 동시가입과 북한

이동복: 그 문제에 대해 저는 이렇게 생각합니다. 또 이렇게 기억을 하는데요. 그 당시 90년대 초, 89년부터 92~93년까지의 국제상황에 대해서는, 그 국제상황 안에서 플레이어 역할을 했던 모든 나라들이 굉장히 어지럼증을 느끼고 방황하던 시기입니다. 미국도 그렇고 한국도 그렇고 소련도 그렇고 중국도 그렇고 북한도 그렇고요. 그런데, 이 문제를 이렇게 보실 필요가 있어요. 북한이 1980년대 말까지 북한의 국력, 북한의 소위 정치적 위상에 대해서 가장 의존했던 자산은 비동

맹 외교입니다. 비동맹 외교를 통해 북한의 국제적인 여러 역량을 과시하고, 그 역량으로 남한을 밀어붙이는 데 있어서 의존을 많이 했고, 또 1970년대 중반부터 80년대 중반까지는 김일성이 사실 그런 생각을 한 흔적이 많아요. 뭐냐 하면, 그 당시 비동맹이라는 것이 아시다시피 인도네시아의 수카르노(Sukarno), 유고의 티토(Josip Broz Tito), 그 다음에 이집트의 나세르(Gamal Abdel Nasser), 이렇게 세 사람이 말하자면 비동맹 운동의 비조인데, 나세르와 수카르노가 죽고 남은 유일한 사람이 티토에요. 그래서 티토가 비동맹 운동에 있어 통일된 리더십을 행사하고 있었죠.

그런데 김일성 쪽에서는 바로 그 티토의 절대적인 위상에 어떻게든지 편승을 해서 비동맹 운동의 영도적 위치를 물려받으려고 굉장히 노력한 흔적이 있어요. 그랬는데, 80년대 이후부터 비동맹 운동의 상대적 역량이 약화되기 시작하죠. 약화되기 시작해서 북한이 국제적으로 고립이 심화되고, 게다가 이제 남북 간에 경제력이 역전이 돼 가지고 비약적인 격차가 역으로 벌어지기 시작합니다. 이렇게 국제적으로 불리해지는 상황에도 불구하고 북한의 입장을 고수하기 위해서 양보할 수 없다고 생각한 것이 대한민국의 UN 가입을 저지하는 거예요. 그래서 북한은 대한민국의 UN 가입을 저지하기 위해서 북한도 스스로 희생을 당하는 것을 감내하는 그런 전략을 행사한 거죠.

그래서 89년부터 북한이 이 문제에 대해서 주도적으로 상황을 창출하기 위해서 남북 간에 정치군사회담을 제안하거든요. 그 제안을 하면서 북한이 제안한 남북정치군사회담이 나중에 남북고위급회담이 되는데, 그 남북고위급회담의 전제조건으로 북한이 내걸었던 게 세 가지예요. 하나는 남북한 UN 동시가입 반대, 둘째는 미국의 군사훈련 중지, 셋째는 남한의 소위 친북 인사들을 압박하지 말라는, 세 가지를 전제조건으로 내걸죠. 전제조건으로 내걸고 그 중에 북한이 가장 역점을 둬서 노력했던 것이 남북한 UN 동시가입 저지라는 말이에요. 그래서 제가 보내드린 자료에도 있습니다만, 북한이 그때 뭐라고 그랬냐 하면, 회담에서 연형묵이 그렇게 얘기했어요. "남북한이 통일될 때까지는 UN에 가입하지 말자. 그렇지 않고 UN에 한민족이 목소리를 꼭 내야겠다 그러면, 남북이 단일 회원국으로 가입하자." 이건 현실적으로 불가능한 것 아니에요? 아무튼 이렇게 해서까지도 UN 가입을 반대했어요.

소련의 붕괴와 한소수교

이동복: 여기에 이제 문제가 생긴 것이 중국보다는 소련의 붕괴죠. 앞에서 우리가 토론을 했습니다만, 그 당시에 국제정치학회를 중심으로 해서 정치학자들의 소련하고의 학문적 교류라는 그늘 아래에서 굉장히 외교적 차원에서 변화를 추동하는 움직임이 가시화됐고, 거기에 대한민국이 편승을 잘 해서 1990년에 소련과의 국교정상화가 이루어진단 말이죠. 소련과의 국교정상화가 이루어진다는 것은 소련이 소위 두 개의 한국 노선을 실질적으로 수용한다는 얘기가 되니까, 북한의 전통적인 우방 중에서 소련이라는 한 축이 무너진 거죠. 소련이라는 한 축이 무너지니까, 이제는 중국의 선택의 문제가 남았는데요.

중국의 입장과 역할

이동복: 중국은 제가 보기에는, 그 당시에 여러 가지로 선택의 어려움을 겪었어요. 가장 큰 어려움은, 중국도 국제사회에서 자국의 상대적인 역량을 어떻게 평가해야 되느냐 하는 데 대해서 자기 자신에 대한 평가가 굉장히 어려웠고요. 그 다음에 국제정세의 변화, 이것도 읽는 데 굉장히 어려운데요. 그런데 중국으로서는 가장 우선순위가 높은 국정 영역이 1976년, 문화혁명이 끝나고 나서 덩샤오핑(鄧小平) 체제가 등장하고 개혁개방 노선을 통해 가지고 미국이라는 호랑이의 등을 타고 중국이 경제를 일으키면서 상당한 희망이 생기는데, 90년대 초까지도 자신을 못 하고 있을 때였죠. 이러한 상황에서 중국의 입장에서 미국을 상대하는 데 가장 싼 값으로, 말하자면 미국의 호의를 얻어낼 수 있는 이슈의 하나로 남북한 UN 가입의 문제를 생각하기 시작한 거죠.

제가 알기로는, 그 당시에 정부 차원에서도 여러 가지 노력은 했지만, 중국 문제에서 애를 많이 썼던 게 사실은 그때 선경의 이순석(李順石) 부회장인데요. 이 분이 그 당시 중국공산당의 대외연락부하고 인연이 생겨서, 중국 대외연락부에 남조선소조라는 게 생겨납니다. 남조선소조를 통해 가지고 대한민국의 UN 가입, 이 문제를 굉장히 집중적으로 공략을 했어요. 처음에는 중국이 남북한 동시가입을 생각을 못 하죠. 남북한 동시가입을 할 경우에 북한을 어떻게 컨트롤할 것이냐는 데 대해서 중국으로서도 뚜렷한 결론을 얻지 못했기 때문에, 중국이 굉장히 엉거주춤하게 발을 끌었어요. 어떤 의미에서는 중국공산당의 핵심부에서 대한민국의 UN 가입 문제에 대해서 상당한 공감대가 형성되고, 특히 그때 '대한민국의 박정희를 배우자'라는 바람이 중국공산당 안에서 불 때거든요.

그랬는데 북한의 입장을 어떻게 요리할 것인가에 대한 확신이 서지 않아서 중국이 엉거주춤하는 동안에 소련이 먼저 무너졌죠. 중국으로서는 UN에서 이제 이 문제를 가지고 싸워야 되는데, 전에만 해도 소련하고 서로 어깨동무를 하고 싸웠는데 소련이 무너지니까 중국 혼자서 싸워야 된단 말이에요. 이게 엄청나게 부담스러우니까 이제 북한을 설득하기 시작한 것 아닙니까. 북한을 설득하는데, 북한이 정말 설득이 안 됐어요. 안 되니까, 나중에 91년 5월인가 이붕(李鵬) 총리가 가 가지고 마지막 카드를 꺼내죠.

무슨 카드를 보내느냐, "지금 북한이 반대를 해 가지고 UN 가입을 거부하면, 지금 UN의 분위기를 봐 가지고는 남한 혼자서 가입할 것이다. 남한 가입이 UN 총회의 결의를 통해서 이루어지고 UN 안보리로 넘어올 때 중국이 거부권을 행사할 수 있느냐, 그건 문제가 있다. 그러니까 같이 가입해라. 같이 가입하지 않으면 어떤 결과가 나오는지 봐라. 대한민국은 가입할 것이고, 그 다음에 북한의 가입 문제는 별도로 다뤄야 되는데, 그때는 미국, 영국, 프랑스의 거부권에 대해서 중국이 장담할 수가 없다. 그러면 영구히, 대한민국만이 UN 회원국이 되고 북한은 UN 회원국이 안 되는 상황을 과연 감내할 수 있겠느냐"라고 했던 거죠. 그러니까 거기서 북한이 꺾이는 거예요. 꺾여 가지고 5월 27일인가 아무 설명도 없이 독자적으로 UN가입 결의안을 낸 것 아닙니까.

그래서 그때 중국이 교차승인까지 생각한 흔적은 없습니다. UN 동시가입 문제를 가지고 정치적 결정을 했고, 교차승인 문제는 중국의 입장에서 북한의 동의가 필요한데, 북한이 교차승인은 절대적으로 반대하니까, 중국이 교차승인 문제를 가지고 북한을 설득하려 한 흔적은 거의 없는 것이 아닌가, 저는 그런 생각이 듭니다. 답변이 됐는지 모르겠습니다.

안보정책 조율의 과제

이정철: 임동원 장관님 글에 보면, 한미연례안보회의가 예년에는 12월에 개최됐는데, 92년에는 10월 8일로 조기에 개최되고, 그리고 그때 93년도 팀스피리트(Team Spirit) 훈련 재개 방침이 나왔다, 그렇게 말씀하시는 부분이 있거든요. 그런데 그것은 실제 사실인가요.

이동복: 그 당시에 사실은 남북대화 전반적인 전략, 실무 조정을 제가 했고, 임동원 씨가 전략회의에 매번 참석을 했죠. 임동원 씨는 아주 '외로운 목소리(lone voice)'였어요. 94년 이후가 아니라 97년 이후에 임동원 씨의 역할은 제가 말할 수가 없어요. 그러나 당시에 거의 절대적으로 임동원 씨가 역할을 한 것은 틀림없고, 그런 임동원 씨의 역할 때문에 혹자들은 우리가 사실 상상하기도 싫은 그런 의심을 하는 분들도 있어요. 그런데 그 부분은 제가 거론할 까닭이 없고요.

그 다음에 90년대에 소위 주변 국제정세, 남북관계, 한미관계와 관련해서, 더러 그런 문제를 제기하는 분들이 있는 것 같더라고요. 뭐냐 하면, 우리 정부 안에서 여러 관련 부처 가운데서 어떻게 역할이 분담됐느냐 하는 문제인데요. 사실 역할의 분담이 없었어요. 그 당시에는 박정희 대통령 때부터, 그 다음에 전두환(全斗煥), 노태우 대통령 때까지는, 잘 했든 못 했든 안보정책을 일종의 컨트롤하는 기능을 정보부, 안기부에서 담당했고, 제가 보기에는 정보부, 안기부가 어떤 때는 현명하게 한 적도 있고 현명치 않게 한 적도 있지만, 그러나 아무튼 대체로 안보 관련 정책을 조율하는 기능이 정보부, 안기부에 있었기 때문에, 그런 역할을 가지고 복잡하게 생각하는 것은 상당히 비현실적이다라고 저는 그렇게 생각을 해요.

그 다음에, 그런데 왜 그런 일이 생겼느냐 하면 사실은요, 지금 우리가 안보 정책에 관해서 정부가 일하는 것을 보면, 정부의 안보 관련 부처 간의 조율 기능에 전문적인 측면이 상당히 부족한 점이 많이 느껴지는데, 그만큼 관련 부처 간에 소위 협력, 협업하는 데 대한 훈련이 부족한 것 같아요. 그 훈련이 부족한 부분의 원인 중에 하나는, 사실은 박정희 대통령 때부터 노태우 대통령 때까지 협업, 협력하는 기능에 대한 정부 부처 간의 훈련을 안 한 거죠. 안 하고 어떤 특정기관, 정보부, 안기부에 우세적인 역할을 허용했기 때문에 이런 현상이 비춰진 부분이 많아요. 아무튼 지금도 대북문제를 다루는 데에는, 보니까 지금은 국정원도 많이 달라져서, 국정원의 그 능력은 7, 8할은 이제는 사라진 것 같이 느껴지지만, 국정원 외의 다른 정부 부처의 그런 기능이 개발돼서 향상되고 발전되지 못한 측면이 있지 않느냐, 하는 것을 굉장히 안타깝게 생각합니다.

평화체제-통일정책의 비전

이동복: 네, 여기 질문지를 보면 맨 마지막에 남북기본합의서 이후 남과 북의 군비축소, 평화체제에 대한 비전 말씀을 하셨는데요. 이게 제가 궁금하게 생각하는 점의 하나입니다. 1992년에 남북기본합의서 시점을 전후해서 정부 차원의 평화계획이라는 게 있었어요. 저는 이제 우리의 대북정책에 분업이 필요하다고 늘 주장하는 사람이에요. 어떤 분업이 필요하냐. 통일정책과 남북대화가 분업이 되어야 합니다. 왜냐하면 통일정책과 남북대화는 상호 이율배반적인 게 많아요. 그래서 서독은 이걸 완전히 이원화시켰거든요. 내독관계성이 통일정책을 전담하고, 양독간 협상은 내독관계성은 손을 안 댔어요. 수상실에다가 무임소 장관을 둬 가지고, 태스크 포스(task force)를 만들어 가지고 했죠.

그렇기 때문에 우리가 이것을 분업화해야 되는데, 분업화해야 되는 이유는 여러 가지가 있지만, 이런 게 있어요. 통일정책이라는 것은 워낙 미래지향적인 숙제이기 때문에, 그 정책이 아주 정태적이고 재미가 없어요. 그런데 남북대화는 활동적이고 역동적이잖아요. 그런데 우리 인간의 관심은 정적인 데에는 안 쏠리고 역동적인 데로 쏠리니까, 통일정책은 상대적으로 죽어 버리는 거예요. 그런데 국가의 관점에서는 남북대화보다 통일정책이 더 중요하죠. 왜냐하면 국가의 정체성도 문제가 되고, 국가의 앞으로의 지향성도 문제가 되고, 미래에 대한 비전이 결부가 돼 있으니까요. 그런데 현실적으로는 남북대화하고 통일정책을 뒤섞어 버리죠. 우선 기획재정부에서 예산을 배정하는데 통일정책 예산은 다 깎아 버려요. 다 같은 남북관계 관련된 사항인데, 중복된다고 말이죠. 그렇게 통일정책이 죽어 버린단 말이에요. 이게 하나가 있고요.

또 우리 대북정책의 굉장히 중요한 점의 하나는, 북한의 변화를 어떻게든지 우리가 추동을 해야 되잖아요. 북한의 변화라는 것은 공작이거든요. 공작은 공개적으로 할 수가 없잖아요. 그리고 또 그걸 위해서 사실은 우리가 국정원을 가지고 있는 거예요. 그런데 이 부분이 전혀 정책적으로 배려가 되지를 않고 있어요.

그리고 마지막으로 평화계획이죠. 평화계획이라는 것은 북한이 지금 무너지느냐 안 무너지느냐 하는 것을 가지고 진지하게 얘기하는 건 의미가 없지만, 역사적 관점에서 보면 북한은 필연적으로 무너지게 되어 있단 말이에요. 무너졌을 경우에, 무너지는 것이 5년 후에 올지 1년 후에 올지 10년 후에 올지는 모르는데, 무너지는 건 내가 보기에 기정사실이라는 겁니다. 무너졌을 경우에 우리가 어떻게 해야 되느냐 하는 대비계획이 있어야 되잖아요. 그게 제가 보기에는 소위 비상시 대책(contingency plan)이에요. 이 비상시 대책이 없어요 우리는. 그걸 그때 평화계획이라고 해서 제가 관여를 했습니다만, 작업을 하던 게 있었는데 과연 그것이 지금까지 이어져서 작업이 되고 있는지 궁금해요. 이 네 가지에 대해 앞으로 정책영역에서는 우리가, 여러분들이 관심을 가지고 점검을 하고 정책을 다듬는 데 참고를 해야 되는 것이 아닌가 하는 생각이 든다는 것을 꼭 한번 말씀을 드리고 싶어서 첨언합니다. 감사합니다.

이상숙: 의원님, 장시간 수고 많이 하셨습니다. 그러면 이것으로 이동복 의원님 구술회의를 마치겠습니다. 감사합니다.

VII
임동원 장관 구술

일　시 : 2022. 11. 18. 14:00-16:00
장　소 : 국립외교원 2층 세미나실
질문자: 신종대(북한대학원대)
　　　　이동률(동덕여대), 이정철(서울대)
　　　　김한권(국립외교원)

임동원: 저는 오늘, 남북고위급회담 대표로 협상에 참여한 경험을 토대로, '남북기본합의서'와 '한반도 비핵화 공동선언' 산출 과정을 살펴보고, '남북기본합의서'의 성격과 의의에 관해 말씀드리고자 합니다. 저는 이 두 합의서 채택을 위한 협상대표로 시종일관 참여하여 협상하고, 합의한 문건에 가서명한 특전을 갖게 된 것을 더 없는 큰 영광으로 생각합니다.

'남북기본합의서'의 내용

임동원 장관

임동원: 우선 〈남북 사이의 화해와 불가침 및 교류·협력에 관한 합의서〉(이하 '남북기본합의서'로 약칭)의 내용부터 살펴보면, 4장 25개 조항으로 구성된 〈남북기본합의서〉를 여섯 가지로 요약할 수 있습니다. 첫째, 동족상잔의 전쟁으로 서로 원수가 되었지만 이제 이를 극복하고 화해한다. 둘째, 상대방의 체제를 인정하고 존중한다. 내정 간섭, 비방 중상, 파괴 전복행위를 하지 않는다. 셋째, 경제 과학 기술 사회 문화 보건 등 여러 분야에서 교류하고 협력한다. 넷째, 불가침. 즉, 무력으로 침략하지 않는다. 다섯째, 불가침을 보장하기 위해 군비통제 즉, 군사적 신뢰구축조치와 군비감축을 실현한다. 여섯째, 군사정전 상태를 남북 사이의 공고한 평화 상태로 전환해 나간다.

이 강령적인 합의를 이행하기 위한 세부적인 실천방책을 담은 3개 분야의 부속합의서(화해, 불가침, 교류·협력)도 채택했습니다. '남북기본합의서' 채택과 함께 핵문제에 관한 '한반도 비핵화 공동선언'도 채택했습니다.

'남북기본합의서'는 탈냉전의 새 시대를 맞아, 한반도에서도 냉전을 끝내고 평화와 통일을 이룩하기 위해, 우선 남과 북이 서로 인정 존중하고 화해 협력하는 관계를 발전시켜 나가자는 방향을 제시한, 새로운 남북관계의 기본장전으로 이 합의서는 남북고위급회담을 통해 채택되고 필요한 절차를 거쳐 1992년 2월 발효되었고 1998년 출범한 김대중 정부에 의해 실천에 옮겨졌습니다.

미소냉전 종식과 노태우 정부의 북방정책

임동원: '남북기본합의서'가 태어나는 데는 미소냉전 종식이라는 국제정세의 지각변동과 체제 위기에 봉착한 북한의 생존전략 추구, 그리고 국제정세의 전환기를 활용한 노태우 정부의 슬기로운 대북정책이 있었습니다.

　　1980년대 말, 40여 년간 지속된 미소냉전이 종식되는 국제정세의 지각변동이 일어나기 시작했고 유럽 헬싱키 프로세스가 진척되면서 소련에서는 고르바 쵸프가 페레스트로이카 개혁 개방정책을 추진하며 '핵무기 폐기'를 제의했습니다. 미국과 소련은 1986년 10월, '전략핵무기 감축'에 합의하기에 이르며 동유럽에서는 89년 8월부터 90년 6월, 체제 전환을 향한 민주화 혁명의 확산, 89년 11월, 베를린 장벽 붕괴와 독일 통일 분위기 고조, 마침내 89년 12월 몰타에서 미소정상의 '냉전종식' 선언 등 역사의 분수령을 이루는 대사건들이 발생했고 미국은 동아시아전략을 수정하고 '주한미군의 3단계 감축방안'을 발표했습니다.

임동원: 한편 북한은 동유럽 공산권의 붕괴로 흡수통일의 공포증에 시달리며 위기의식과 함께 통일열기를 조성하며 생존전략을 추구하게 되고 87년 6월 민주항쟁으로, 국민들의 민주화에 대한 욕구와 통일 열기가 고조되는 가운데 출범한 노태우 대통령 정부는 냉전이 종식을 고하는 국제정세의 전환기를 호기로 포착하여 획기

적인 정책 변화를 추진하는 데 그 중 네 가지를 지적하고자 합니다.

첫번째는 7·7대통령특별선언으로 노태우 대통령은 88서울올림픽을 앞둔 7월에 〈민족자존과 통일번영을 위한 대통령 특별선언〉을 발표하며, '7·7대통령 특별선언'이라 불린, 역사적인 이 선언이 탈냉전의 새로운 남북관계 개선의 출발 신호가 되는 데, 지난 40년간 유지해 온 반공정책을 넘어 북한을 비롯하여 소련, 중국 등 공산권에 문호를 개방하고, 교류와 관계개선을 추진해 나가기로 한 것으로, 무엇보다 이 선언으로 인한 가장 중요한 변화는, 북한에 대한 인식과 정책의 변화라 할 것입니다.

북한을 더 이상 적대적인 대결과 경쟁의 상대로서가 아니라 '평화와 통일의 동반자'로 인정하고, 교류 협력을 개시하면서, 동족상잔의 전쟁을 겪으며 남과 북은 서로 원수가 되었고, 상대방의 정치적 실체를 인정하지 않고 북한은 반국가단체로 붕괴시켜야 할 대상이었는데 북한을 '평화와 통일의 동반자'로 인정한다는 것은 당시로서는 가히 혁명적이라 할 정책 전환이었습니다.

두번째는 대북시각으로 노태우 정부는 이 무렵 동구권의 체제 붕괴와 함께 대두한 '북한 붕괴 임박론', 즉 "북한도 루마니아처럼 조만간 갑자기 붕괴될 것"이라는 미국 정보기관 판단과 일부 북한 전문가들의 주장을 비현실적인 희망 사항에 불과하다며 이를 수용하지 않았고, 북한은 동유럽국가들과는 정치·경제·사회 발전단계와 환경이 다를 뿐 아니라 중국이 건재하는 한 붕괴 임박은 기대할 수 없다는 것인데, 북한도 '아시아 모델'을 본받아 '점진적 변화'의 과정을 밟게 될 것으로 판단하고, '점진적 변화론'에 토대를 둔 대북정책과 통일정책을 추진하고, '붕괴 임박론'을 수용했다면 남북관계 개선을 추구할 필요가 없었을 것입니다.

세 번째는 새 통일방안으로 노태우 정부는 국민의 염원과 의사를 광범위하게 수렴하고 초당적 협력을 통해 탈냉전의 새 시대에 부응하는 새로운 통일방안으로 〈한민족공동체통일방안〉을 마련하여 통일정책의 기본 방향을 제시하는데, 〈한민족공동체통일방안〉은 '선 민족사회 통합, 후 국가통일'을 특징으로 하고 통일은 목표인 동시에 과정으로, 화해 협력단계를 거쳐 '남북연합'을 형성해 완전통일을 지향해 나가야 한다는 것으로 이 평화통일방안이 대한민국의 통일방안으로 오늘에 이르고 있습니다.

마지막은 남북대화 추진인데 노태우 정부는 평양에 남북 당국간 고위급회담 개최를 제의하며 평양이 88서울올림픽 후에 서울의 제의를 받아들여 남북고위급회담을 개최하게 됩니다.

'7·7대통령특별선언'과 '한민족공동체통일방안'을 기축으로 하는 포용정책이, 공산권 붕괴로 위기에 처한 북한으로 하여금 남북고위급회담에 나오게 하는 동인이 된 것입니다.

남북고위급회담

임동원: 남북고위급회단의 전개과정은 '남북기본합의서'가 태어나기까지의 과정은 결코 순탄치 않았습니다. 이 합의서를 채택한 남북고위급회담은 예비회담을 거쳐 3단계로, 제8차 회담까지 무려 4년이라는 긴 시간이 걸렸습니다. 한때 회담이 중단되기도 했습니다.

1989년 2월부터 90년 8월까지 준비단계인 예비회담 단계, 제1단계인 탐색단계는 90년 9월부터 12월까지, 제1차부터 제3차 고위급회담 기간이고 제2단계 합의서 도출 단계는 제4차부터 91년 10월부터 92년 2월까지가 제6차 고위급회담 기간이며 제3단계 부속합의서 협상 단계는 92년 3월부터 12월까지, 제6차부터 제8차 고위급회담 기간을 의미합니다.

임동원 전 장관 구술회의 사진 1 (2022.11.18)

먼저 예비회담인 남북고위급회담 개최에 합의는 남북고위급회담을 위한 예비회담이 '89년 2월초부터 1년반 동안 8차례나 판문점에서 개최되어 '남북고위급회담 개최에 관한 합의서'를 채택했습니다.

그 주요 내용은, 회담 명칭을 남북고위급회담으로 하고, 제1차 회담은 '90년 9월 4일부터 서울에서, 그리고 제2차 회담을 10월 16일부터 평양에서 개최하며, 의제는 "남북간의 정치·군사적 대결 상태 해소와 다각적인 교류·협력 실시 문제"로 합의했습니다. 대표단은 장·차관급 7명으로 하되 수석대표는 총리로 하고 수행원 33명, 취재기자 50명 등 총 90명으로 구성하기로 합의했습니다.

제1단계 남북고위급회담의 탐색단계에서 남북고위급회담은 분단 45년 역사상 처음으로 남북의 총리들을 수석대표로 하는 정부 대표단이 서울과 평양을 왕래하며 '공식적인 만남'을 갖는 최초의 정부 간 공식회담이었습니다. 우리 측은 강영훈 국무총리를 수석대표로 하는 정부 관련 부처의 장·차관급으로 대표단이 구성되었습니다. 외교안보연구원장 겸 청와대 군비통제단장인 나는 외무부를 대표하여 외교 안보 군비통제 분야를 담당하는 대표로 참여하게 되었습니다. 북측은 연형묵, 정무원 총리를 단장으로 우리측과 마찬가지로 관련부처 장·차관급으로 대표단이 구성되었습니다.

온 세계의 비상한 관심이 집중된 가운데 제1차 남북고위급회담이 '90년 9월 4일부터 4일간 서울 인터컨티넨탈호텔에서, 그리고 제2차 회담이 6주 후에 평양 인민문화궁전에서 개최되었습니다. 기간 중 상대방 정상을 예방하여 환담하는 기회를 가졌어요. 2개월 후에는 제3차 회담이 서울 신라호텔에서 열림으로써 최초 4개월 동안 세 차례의 고위급회담이 열렸고, 최초의 세 차례 회담은 남과 북이 각각 기본입장을 제시하고 상대방의 의도를 파악 탐색하는 단계였습니다.

또한 쌍방은 서울과 평양을 오가면서, 한편으로는 그동안 장벽에 가려 알 수 없었던 상대방의 국력 수준을 포함한 각종 정보를 수집, 평가하는 데 힘을 기울이고, 다른 한편으로는 서로 자기 측 체제의 우월성을 과시하는 기회로 삼고자 했습니다. 사실상 서로 상대방의 정치, 경제, 사회 등에 대한 인식을 새로이 하는 계기가 되었고, 이는 향후 남북 양측의 협상태도에 중대한 영향을 미치게 됩니다.

남측은 회담 목표를 "민족공동체통일방안을 구현하기 위해 교류·협력을 통해 상호신뢰를 조성하며 공존공영의 남북관계를 발전시켜 나가는 데" 두고, 우선 '남북관계 개선을 위한 기본합의서'를 채택하고자 했습니다.

북측은 '하나의 조선' 논리에 기초하여, '2체제 연방제 통일'을 구현하는 데 그 목표를 두었고, 국제정세의 지각변동을 기회로 포착하여 1국가 2체제 2정부에 의한 '연방제통일'을 실현하자고 주장했습니다. 한편 전쟁 위협부터 제거하는 것이 급선무라며, '불가침선언'부터 채택하자고 주장했습니다.

임동원: 양측의 최초 입장 차이를 네 가지로 요약할 수 있습니다. 첫째는, 새로운 남북관계 정립과 관련된 문제로서, 남과 북은 서로 누구인가, 남과 북은 앞으로 어떤 관계를 유지해야 할 것인가 하는 문제로, 이는 통일방안과 불가분의 관계가 있는 것이었습니다.

남측은 분단 현실을 인정하고 그동안 엄존해 온 두 실체를 상호 인정·존중하는 바탕 위에 평화공존하며 '남북연합'을 구성하여 평화통일을 지향해 나가야 한다는 입장이었고, 이러한 입장에 기초하여 우선 화해와 협력을 지향하는 남북관계의 기본원칙 문제들을 총괄적으로 규정하는 '기본틀'이 될 '남북관계 개선을 위한 기본합의서'부터 채택할 것을 주장했습니다. 북측은 남측이 주장하는 '현실 인정'이니 '실체 인정'이니 하는 것은 '두개의 조선'을 확인하고 분단을 고착시키려는 분열 지향적 자세이며, 또한 1국가 1체제에 의한 통일은 '흡수통일'을 의미하는 것이라고 비난했습니다. 북측은 '서로 먹거나 먹히지 않고 통일하는 길'인 1국가 2체제에 의한 '연방제 통일'만이 실현 가능한 현실적 통일방안이라고 주장했습니다. 둘째, 다른 하나의 논쟁은 평화문제에 관한 인식과 관련된 것이었습니다. 북측은 남북간의 불신과 대결은 남침 위협이니 북침 위협이니 하는 위협 인식에 기인함으로, 정치·군사적 대결 상태를 해소하고 전쟁 위험부터 제거하는 것이 당면한 기본 과제요 급선무라고 주장했습니다. 그리고 평화를 보장하기 위하여 첫째, 남북 사이에는 '불가침 선언'을 채택하고, 둘째, 북·미 사이에는 '평화협정'을 체결하며, 세째로 남북간에 대폭적인 군비감축을 실현하고, 넷째, 남한에서 핵무기와 외국군을 철수시켜야 한다는 입장을 되풀이하며 '불가침선언'부터 채택할 것을 주장했습니다.

남측은 전쟁위험 제거와 평화 정착이 시급한 당면과제라는 데는 인식을 같이하나, 평화를 실현하기 위해서는 정치·군사적 신뢰구축이 필수적이며 그것은 다각적 교류와 협력을 통해 차분히 쌓아 나가야 한다는 입장을 견지했습니다. 그리고 북한의 불가침선언 채택 주장이 북·미평화협정 체결과 주한미군 철수를 겨냥하고 안보태세의 약화를 노리는 한 수용할 수 없다고 맞섰습니다. 또한 정전협정을 대체할 평화협정은 남북 사이에 체결해야 할 문제임을 강조했습니다.

셋째, 쌍방은 서로 상대방이 진정으로 화해하고 남북관계를 개선할 의사가 있으며 또한 협상을 성공시키고자 하는 협상의지가 있는지를 시험하고자 했습니다. 북측은 '3대 긴급과제'를 제기하여 남측의 협상 의지를 시험했는데 즉, 유엔 단독가입 반대 및 남북 단일의석 가입 실현, 팀스피리트 훈련 중지, 그리고 방북 구속자 석방 등이 그것입니다. 특히 방북 구속자, 문익환 목사와 임수경 학생의 석방 단행을 강력히 요구했습니다. 남측은 이산가족 상봉 실현, 특정 인사에 대한 비방·중상 중지, 군사 당국자간 위기 관리용 직통전화 설치, 경제 교류·협력의 즉각 개시 등 신뢰 구축 차원에서 즉각 합의 가능한 사업부터 실천에 옮길 것을 주장했습니다. 북측은 '일괄합의, 동시집행의 원칙'을 내세워 반대했고, 결국 어느 하나도 합의되지 않았습니다.

넷째, UN 가입 문제를 둘러싼 대립인데, 남측은 UN에 함께 가입하자고 제의하고 북측이 거부하면 남측이 먼저 가입하겠다고 주장했습니다. 이에 북측은 이 문제부터 긴급 협의하자고 제의하여, 첫 남북대표회담이 판문점에서 세 차례 열렸습니다. 북측은 통일이 임박했다며 "통일된 다음에 하나의 국가로 UN에 가입해야 한다. 만일 당장에 가입하려 한다면 두 개가 아니라 하나의 의석으로 가입해야 한다"는 입장을 고집하면서 협상은 결렬됐는데, 이 문제는 통일문제와 직결된 문제로서 협상으로 합의할 수 있는 문제가 아니었습니다. 양측이 접점을 찾지 못하고, 회담을 계속하기 어려워지자, 노태우 대통령은 이를 타개하기 위해 평양에 특사를 비공개로 파견했습니다. 정상회담을 개최하여 탑다운(top-down) 방식 해결을 모색했으나 성공하지는 못했습니다. 북측은 정상회담은 불가침선언을 채택하는 등 소기의 성과를 거두고, 연방제를 수용하는 등 통일문제 협의 단계에서 개최할 수 있다는 입장을 고수했습니다.

남북고위급회담 중단과 국제정세 변화

임동원: 남북고위급회담은 양측의 통일방안과 기본입장 충돌로 1991년 1월부터 10월까지 근 1년간 교착상태에 빠지게 됐고, 이 기간에 격변하는 국제정세에 직면하게 됩니다. 경색국면을 타개하고 〈남북기본합의서〉를 채택할 수 있게 된 데는, 91년 가을 한반도정세 변화를 초래하는 세 가지 사건이 중요한 의미를 갖는데, 첫 번째로 UN 동시가입으로 91년 9월 17일, 북측은 남측과 함께 UN에 동시가입합니다. 한국과 수교한 소련과 중국의 강력한 권고가 주효한 것입니다. 그렇게도 반대해온 UN 동시가입은 남북관계에서 전환의 기회를 가져오는 대단히 중요한 사건이 되는데, UN 동시가입으로, 서로 상대방을 인정하지 않던 남과 북

이 국제사회와 함께 한반도에 두 주권국가의 실체를 인정하게 된 것입니다. 북한은 더 이상 '하나의 조선론'과 즉각적인 2체제 연방제 통일을 고집하기 어렵게 됐고 또한 통일을 점진적 단계적으로 이룩해야할 '과정'으로 인식하게 되면서 새로운 남북관계 정립의 필요성을 인정하게 됩니다. 이렇게 하여 남북대화의 물꼬가 트이는 한편 '남북기본합의서'를 산출할 수 있는 기반이 마련된 것입니다.

두 번째로 주한미군의 핵무기 철수인데 때마침 1991년 9월 27일 미국이 '전 세계 배치 전술핵무기 철수 및 폐기선언'을 발표했습니다. 이어서 노태우 대통령은 한국에 핵무기가 부재함을 선언했고, 남한에서의 핵무기 철수 결정은, 북한의 입장 변화를 초래하는 요인이 되었습니다. 북한은 핵사찰 수용의 전제조건으로, 미군 핵무기 철수, '핵전쟁 연습인 팀스피리트 훈련' 중지 등을 주장해 왔습니다. 갑자기 주한미군의 핵무기 철수로 돌파구가 열리게 된 것입니다.

마지막으로 중국의 권고와 북한의 결단입니다. 북한이 협상 타결을 결단하게 된 또 다른 요인으로 중국의 권고를 들 수 있습니다. 같은 해 10월 4일부터 14일까지 중국 경제개발특구를 시찰한 김일성 주석은 중국 최고지도자로부터 세 가지의 권고를 받은 것으로 알려졌습니다. 즉 북한도 중국처럼 사회주의 체제를 유지하면서 개방과 경제개혁을 추진할 수 있을 것이다. 경제개발을 위한 자본과 기술을 도입하려면, 평화적 환경이 필수적이니 남북관계를 개선해야 할 것이다. 또한 미국이 핵무기 철수를 선언했으니, 이 호기를 활용하여 핵 개발 의혹을 해소하라는 것이었습니다. 중국 방문을 마치고 돌아온 김일성 주석은 10월 16일, 당 정치국 회의를 소집하여, 남북협상을 조속히 타결하기로 결정하는 한편 나진·선봉 지역에 경제특구를 설치하기로 결정했습니다. 또한 국제 핵 사찰을 수용하되, 핵문제를 미국과의 수교를 위한 협상카드로 활용하기로 하는 방침을 정했다고 합니다.

한편 양측의 국내 정치적 수요가 남북협상을 서두르게 한 것을 주목할 수 있습니다. 북측은 이듬해 4월에 김일성 주석 80회 생일 축하 행사를 대대적으로 거행해야 할 정치적 수요 때문에 어떻게 해서든지 팀스피리트 훈련 실시를 막아야 했고 또한 남북대화의 성과가 절실히 필요했고, 남측도 1년 여 밖에 남지 않은 대통령 임기로 인해 남북대화의 가시적 성과를 서둘러야 했습니다. 바로 이러한 이유들 때문에 남과 북은 남북협상의 타결을 서두르게 된 것입니다.

기본합의서 협상 재개

임동원: 협상의 여건이 무르익자 양측 최고지도자들의 협상 타결 의지가 굳어지고, 협상은 급진전됐습니다. 최고지도자들의 합의하려는 정치적 의지와 결단이 있을 때 협상전략이나 협상기법은 큰 문제가 되지 않았습니다. 마침내 제4차 고위급회담을 1991년 10월 평양에서 개최하기로 합의하였으며, 양측은 각각 3명의 실무협상대표를 임명하여 6인 실무대표회의를 통해 협상하기로 합의했습니다.

제4차 회담에 앞서 남측은 정원식 총리를 수석대표로 하는 새 대표단이 구성되었고, 김종휘 수석과 저를 제외하고 전원이 교체되었습니다. 6인 실무대표로 남측은 저를 비롯해 송한호, 이동복 대표, 북측은 백남준, 최우진, 김영철 대표가 마주 앉게 되었습니다.

제4차 고위급회담에 앞서 6인 실무대표회의가 판문점 남측 평화의 집과 북측 통일각을 번갈아 가며 네 차례 열렸습니다. 마침내 합의문서는 단일문건의 강령적 기본규범으로 하고, 구체적 실천방책은 부속합의서에 담기로 합의했고, 합의문서의 명칭은 '남북 사이의 화해와 불가침 및 교류·협력에 관한 합의서'로 하고, 내용 구성은 서문, 남북 화해, 남북 불가침, 남북 교류·협력, 수정 및 발효 순으로 중간 제목을 설정하여 해당 내용을 구성하기로 합의했습니다. 이 합의는

임동원 전 장관 구술회의 사진 2 (2022.11.18)

남북기본합의서와 한반도 비핵화 공동선언

본 회담에서 그대로 채택되었습니다.

제5차 회담을 앞두고 11월에 판문점에서 열린 네 차례의 6인 실무대표회의에서 쌍방은 각각 합의서안을 제시하고, 본격적으로 내용 문제에 대한 협상을 벌였습니다. 양측은 남북관계는 UN 동시가입을 통해 대외적으로는 남과 북이 2개의 주권국가이지만 대내적으로는 남북관계가 국가 간의 관계라기보다 '통일을 지향하는 과정에서 잠정적으로 형성되는 특수관계'라는 데 인식을 같이 하였습니다. 그리고 협상을 통해 양측 합의서안의 내용을 30개 조항으로 정리하였는데 이 중 8개 조항이 쟁점으로 부각되었습니다. 이 쟁점 조항들은 대부분 남측 안에만 있는 조항들이었습니다.

협상전략 확정

임동원: 한편 우리 측은 합의서 채택을 위해서는 쟁점 조항들 못지않게 중요한 문제들에 대한 입장을 확정해야만 했습니다.

첫째는 연계전략으로, 남북기본합의서 채택과 핵사찰 문제를 연계시켜야 할 것인가, 아니면 병행전략, 즉 양자를 병행 해결해야 할 것인가 하는 전략 선택의 문제이고, 둘째는 이듬해의 팀스피리트 훈련 중지 여부 문제였습니다. 이 훈련의 중지 없이 북측이 기본합의서 채택에 동의할 수 없음은 분명한 일이었습니다. 셋째는 합의서 채택과 남북정상회담 개최의 연관성 문제입니다. 사실상 우리 측은 정상회담에서 기본합의서를 서명, 채택하기를 원했습니다만, 북측은 정상회담은 연방제 통일문제를 논의할 수 있을 때 개최한다는 입장을 고수했습니다.

제5차 회담을 앞두고 남측은 이 문제들에 관한 입장을 정리했는데 즉, 핵문제를 기본합의서 채택과 연계시키지 않고 병행 해결하도록 하며, 팀스피리트 훈련 중지 문제는 북측이 국제핵사찰을 수용하면 '92년도 팀스피리트 훈련을 중지할 수 있다는 미국의 입장을 수용하기로 했습니다. 정상회담 개최 문제도 기본합의서 채택 문제와 분리시켜, 기본합의서는 이번 회담에서 채택하기로 한다는 것이었습니다.

세 가지 쟁점

임동원: 제5차 회담을 위해 서울에 도착한 북측대표단은 이번 회담에서 쟁점조항들을 타결하고 반드시 합의서를 채택하자고 제의했습니다. 첫날 회의에서 쌍방은 기조연설을 통해 쟁점사항에 대한 절충안을 제시한 결과, 이날 오후에 열린 6인 실무대표회의에서의 본격적인 협상이 용이해졌습니다.

　　6인 실무대표회의는 북측의 제의로 마이크를 사용하지 않고 또한 녹음기록도 하지 않는 자유로운 대화 형식의 비공개 회의로 진행되었습니다. 이것은 남북고위급회담 개시 이래 처음 있는 일이었고 지금까지의 관례에 의하면, 모든 남북회담은 반드시 마이크를 사용했고, 이 마이크는 각기 평양과 서울로 연결되어 협상 통제본부에서 모니터가 가능하도록 되어 있었습니다. 통상 북측대표들은 평양을 의식하여 경직된 발언을 일삼았고, 또한 평양으로부터 수시로 지령을 받아 가며 발언하기 일쑤였습니다. 북측대표들도 이번에는 어느 정도 자유로운 대화가 가능해짐으로써 협상 성공 가능성이 높아진 것이었습니다.

　　이날 6인 실무대표회의에서는 미해결의 8개 쟁점 조항들에 대한 집중적인 협상이 이루어졌습니다. 첫째, 분쟁해결 문제와 관련, 남측은 UN헌장에 따라 평화적으로 해결해야 한다고 주장했으나, 북측은 남북관계는 국가간 관계가 아니라며 반대했습니다. 'UN헌장에 따라'는 삭제하기로 합의했습니다. 둘째, 남측은 통행, 통신, 경제교류협력 등 3개 공동위원회 구성 운영을 주장했으나, 교류·협력공동위원회 1개만 구성·운영하자는 북측 주장을 수용키로 했습니다. 셋째, 남측은 신문, 라디오, TV, 출판물 등의 상호 개방을 주장했으나, 북측의 반대를 감안하여 '언론분야 교류·협력'으로 절충했습니다. 넷째, 남측은 서울 평양 상설 연락사무소 설치를 주장했으나, 북측 반대로 우선 판문점에 설치하기로 절충했습니다. 다섯째, 남측은 모든 주민의 남북 자유 왕래를 주장했으나, 북측은 법률적, 제도적 장애부터 제거해야 한다고 주장하여, '민족 구성원의 자유왕래와 접촉실현'으로 절충했습니다.

하지만 북측은 세 가지 문제를 결코 수용할 수 없다는 강경한 입장을 고수했습니다. 첫째, 북측은 "군사정전체제를 '남북 사이'의 평화체제로 전환하자"는 남측 주장을 거부했는데 "남측은 정전협정 체결 당사자가 아니며, 미국이 남조선 군대 통수권을 갖고 있는 것이 엄연한 현실이고 작전통제권도 없는 무자격자"이므로 따라서 남북 간에는 '불가침' 합의면 충분하고 평화협정은 미국과 체결할 문제라는 것이었습니다. 이에 우리 측은 "한국이 교전 당사자요, 정전협정을 준수해 온 당사자이고, 전쟁 종결 당사자이며, 평화 유지의 당사자임은 엄연한 사실이다. 북측은 도대체 앞으로 누구하고 평화를 유지하겠다는 말인가? 우리는 남북 간에 평화협정을 체결하자는 것이 아니라 전쟁을 끝내고, 정전체제를 '통일을 지향하는 평화체제'로 전환하자는 것이다"라고 반박했습니다. 둘째, 남측은 불가침의 실효성 보장 조치로 군사적 신뢰구축 조치와 군축 원칙 등에 합의할 것을 주장했으나, 북측은 "남측은 10년이나 걸린 유럽식 군사적 신뢰 구축 조치를 하자는데 그것은 군축할 생각이 없다는 것이다. 군축하면 그런 문제는 저절로 해결되는 것이다"고 주장했습니다. 셋째, 북측은 한반도에 핵무기가 없어야 한다는 데는 인식을 같이하면서도 핵문제 협의를 위한 남북 대표회담 개최에 부정적이었습니다. 핵문제는 미국과 해결할 문제라는 것이었습니다.

저녁 식사를 위해 일단 정회한 후 남측은 협상을 계속하자는 북측의 제의를 거절했습니다. 그것은 북측이 이 세 가지 쟁점 문제를 양보할 수 없을 것으로 보고 이튿날로 미루는 지연전술이었습니다.

'임동원-최우진의 심야 타결안'

임동원: 이날 밤 새벽 1시에 갑작스런 북측 최우진 대표 요청으로, 나와 최 대표의 비공식 심야 회동이 쉐라톤호텔 1706호실 최우진 대표 방에서 이루어졌습니다. 평양의 훈령을 받은 듯, 최우진 대표는 이번에 반드시 기본합의서를 채택하자며, 세 가지 쟁점 조항의 타결안을 우리가 만들어 각각 상부에 건의하자는 것이었습니다. 회담 기간 내내 원만한 협상을 위한 '문제해결사'의 역할을 수행해 온 우리는 기본합의서 채택의 소명을 다하기로 했습니다. 최우진 대표는 가장 큰 쟁점인 "정전체제의 평화체제로의 전환" 문제는 '미국과 협의할 문제'라는 종전 입장을 접고, '남북사이'로 하는 데 동의했고, 북측 요구로 '체제'라는 용어 대신 '상태'로 바꾸어 "정전상태를 '남북 사이'의 평화상태로 전환한다"고 타결하기로 했습니다. 또한 우리는 남측의 '불가침의 이행조치' 내용을 모두 포함하되 북측 체면을 고려하는 선에서 절충하기로 했습니다. 즉, 남측 안에 4개 조항, 군사적 신뢰구축, 검증, 군축, 군사공동위원회로 되어 있던 불가침의 이행조치 조항들을 하나의 조항으로 묶되 군사공동위원회의 과업으로 표현하는 타결안을 마련한 것입니다. 이 타결안이 현행 남북기본합의서 제12조입니다.

그리고 북측은 핵 문제를 협의하기 위하여 금년 12월 안에 남북대표회담을 갖자는 우리 측 제의도 받아들이기로 했다고 확인했습니다. 이렇게 마련된 세 가지 난제의 타결책을 각각 상부에 건의하여 승인되면, 즉각 6인 실무대표회의를 재개하여 기본합의서 문안을 정리하고, 본회담을 열어 채택하자는 절차 문제도 합의했습니다. 나는 이 심야 협상 결과를 즉각 2쪽으로 된 '남측 임동원–북측 최우진 대표간 심야 협상 결과'라는 제목의 보고서로 작성하여 수석대표에게 제출했고, 이는 이날 새벽 7시 반에 열린 관계장관회의와 청와대에 보고되었습니다. 관계장관회의에서 돌아온 정원식 총리는 '임동원–최우진의 심야 타결안'이 그대로 승인됐다면서, 6인 실무대표회담을 열어 합의서 문안 정리를 마무리하기로 했습니다. 이날 새벽 최우진 대표는 북측도 타결안을 승인했다고 전화로 알려왔습니다.

기본합의서 채택 및 발효

임동원: 이어서 열린 제2차 6인 실무대표회의도 제1차 때와 같이 마이크나 녹음기록 없이 화기애애한 분위기 속에 자유로운 대화 형식으로 7시간 동안 진행되었습니다. 양측 대표들은 문장 표현, 단어 하나에 신경을 쓰며 조율해 나갔으나 큰 문제없이 문안 정리를 모두 마쳤으며, 이로써 12월 11일 10시부터 시작하여 12일 18시까지 32시간에 걸친 협상이 마무리되었습니다. 12월 13일 아침에 본회담을 속개하여 양측 수석대표는 전문(前文)과 25개 조항으로 구성된 역사적인 '남북 사이의 화해와 불가침 및 교류·협력에 관한 합의서'에 서명함으로써 이 문서가 정식으로 채택되었습니다.

    2개월 후 평양에서 열린 제6차 고위급회담에서는 각각 필요한 절차를 마친 '남북기본합의서'와 '한반도 비핵화공동선언'이 정식 발효되고, '분과위원회 구성·운영에 관한 합의서'도 채택되었습니다. 또한 주석궁을 방문, 김일성 주석과 회담과 오찬 회동을 가졌습니다. 제6차 고위급회담에 이어서 계속된 분과위원회 협상을 통해 실천방책으로 '화해, 불가침, 교류' 3개의 분야별 부속합의서가 채택되었고, 이로써 화해·협력의 새로운 남북관계를 규율하는 기본규범과 실천방책이 마련된 것입니다.

북핵문제의 발단

임동원: 미국은 1991년 3월 북한의 핵개발 의혹을 제기했습니다. "북한이 87년 초부터 30MW급 원자로를 가동 중인데 이는 발전용이 아니라 군사 목적용으로 보이며, 연간 핵폭탄 1개를 제조할 수 있는 분량의 플루토늄(Pu)을 생산할 수 있을 것으로 판단된다. 또한 Pu 추출을 위한 재처리시설 건설도 완공이 임박했다."는 것이었습니다.

북한의 핵개발 의혹이 제기되자 미국 군비통제본부 본부장 리먼(Leman)을 비롯한 핵문제 전문가와 정보요원들이 수시로 내한하여 이를 어떻게 다루어나가야 할 것인지에 대해 우리 측에 교육하다시피 설명했습니다. 당시 우리는 '시인도 부인도 하지 않는다'는 NCND(Neither Confirm Nor Deny)방침에 따라 핵문제에 대해 관심을 기울이지 못했고, 사실상 아는 바가 없다시피 했습니다. 미국은 IAEA(International Atomic Energy Agency: 국제 원자력 기구)와 미국이 북한과의 대화 채널이 없는 상황에서 한국이 남북협상을 통해 비핵화공동선언을 채택하고 조속히 핵사찰을 실시하기를 강력히 요구했습니다. 군비통제 분야 남북협상대표인 나도 이들과 여러 번 간담회를 가졌습니다.

이 과정에서 한미 간 '북핵문제 협상 추진방침'에 합의하게 되는데 그 요지는 첫째, '재처리시설과 농축시설 포기'에 우선순위를 두고, 이 내용이 포함된 '비핵화공동선언'을 채택한다. 남측이 먼저 포기선언을 하고 북측의 동참을 유도하기로 한다. 둘째, 조속히 '남북 간 상호 시범사찰'을 실시한다. 미국은 조속히 재처리시설의 실태 확인을 원했는데, 마침 북한이 미군의 핵무기 철수 확인 사찰을 원했기 때문에 이를 기회로 포착하여 남북상호사찰을 실시하라는 것이었습니다. 셋째, 북한이 '핵안전조치협정'에 즉각 서명하고, IAEA의 핵사찰을 조속히 수용하도록 촉구하기로 한다. 다만 이 문제는 국제적 의무사항일 뿐 남북 간에 합의할 사항이 아니기 때문에 북측이 주장하는 팀스피리트 훈련 중지 문제와 연계시키는 것을 고려하기로 한다. 넷째, 국제사찰의 허점을 보완하기 위해 미국은 남북 간 상호사찰제도를 확립하되, '신고하지 않은' 핵시설과 핵물질, 그리고 군사시설도 사찰할 수 있는 강제사찰(Challenge Inspection)제도 확립을 희망했습니다.

남북 비핵화 협상

임동원: 우리 측은 일방적으로 '한반도 비핵화와 평화구축을 위한 선언'을 발표하고 북측이 이에 동참할 것을 촉구했습니다. 이 선언을 통해 "한국은 핵무기의 생산 보유 사용은 물론 재처리시설과 농축시설도 보유하지 않을 것"이라고 천명했습니다. 남과 북은 제5차 고위급회담에서 핵문제 협의를 위하여 12월 안에 판문점에서 대표회담을 갖기로 합의했고 이어서 노태우 대통령이 '핵부재선언'을 발표한 지 일주일 후인 91년 12월 26일부터 핵문제 협상을 위한 남북실무대표회담이 3일간 판문점에서 개최됐습니다. 이 협상에 남측에서는 수석대표인 나와 이동복 대표가 청와대 외교비서관 김재섭, 외무부 미주국장 반기문(후에 UN사무총장 역임), 국방부 군비통제관 박용옥 준장을 대동했고, 북측에서는 수석대표인 최우진과

김영철 대표가 3명의 수행원을 대동했습니다.

우리 측은 북측이 조속히 국제사찰을 수용할 것을 촉구하고, 북측이 원하는 '미군 핵시설에 대한 사찰'에 동의하니 '남북 동시 시범사찰'을 한달 내에 실시하자고 제의했습니다. 그리고 이미 제시한 바 있는 '한반도 비핵화에 관한 공동선언안'을 다시 제시하고 설명했습니다. 북측은 "남측이 '핵 부재선언'을 발표했기 때문에 우리 측은 외교부 성명을 통해 국제사찰 수용 입장을 이미 밝힌 바 있다"며, 이 문제는 북측과 국제원자력기구 간의 문제이지 남측이 간섭할 성질의 것이 아니라고 공박했습니다.

이어지는 협상에서 북측은 지금까지의 입장과는 달리, '비핵지대화' 주장을 철회하고, 우리 측 안과 매우 유사한 '비핵화에 관한 공동선언안'을 갖고 협상에 임했습니다. 북측 초안에도 남측과 마찬가지로 핵무기의 시험·제조·보유 등을 하지 않는다는 것과 핵재처리시설과 우라늄 농축시설을 보유하지 않는다는 핵심 내용이 포함되어 있었습니다. 놀랍고 고무적이었습니다.

한반도 비핵화 공동선언

임동원: 마지막 대표협상이 된 12월 31일의 회담은 6차례의 정회를 거듭한 7시간 여의 긴 협상을 통해 '한반도의 비핵화에 관한 공동선언' 산출에 성공했습니다. 이 협상은 '한반도 비핵화 공동선언'을 채택하는 데 그 목적이 있었으나, 북측은 미핵무기 철수 확인과 팀스피리트 훈련의 중지를 요구했고, 남측은 북한의 조속한 핵사찰 수용을 요구했기 때문에 이 문제들이 일괄 타결되어야 했습니다.

남북협상 대표들은 수행원들을 제외한 가운데 비밀협상을 통해 쟁점 문제를 타결했습니다. 남측은 "92년 팀스피리트 훈련 중지"를, 북측은 "가까운 시일 안에 핵안전조치협정에 서명하고, 이어 가장 빠른 시일 안에 법적 절차를 밟아 비준하며, 국제원자력기구와 합의하는 시기에 국제사찰을 받기로" 합의한 것입니다. 그리고 이 합의 내용을 일주일 후인 새해 1월 7일 10시에 쌍방 정부가 공식 발표하기로 합의했습니다. 이렇게 하여 양측 수석대표는 '한반도 비핵화 공동선언'을 채택하기로 하여 가서명하고, 제6차 고위급회담에서 채택, 발효되었습니다.

이 합의는 약속대로 이행되었습니다. 북측은 4월에 소집된 최고인민회의에서 '핵안전조치협정'을 비준하고 5월부터 국제핵사찰을 받아들였고, 북한의 핵개발 실태를 확인하고 필요한 조치가 취해졌습니다. 남북 상호사찰을 협의하는 남북핵통제공동위원회도 개최되었습니다. 한국 정부의 대북 포용정책과 '미 전술핵무기 철수', 그리고 '92년도 팀스피리트 훈련 중지' 결정이 북한으로 하여금 '남북기본합의서'와 '한반도 비핵화 공동선언 채택', 그리고 'IAEA 핵안전조치협정 서명'과 국제핵사찰을 수용케 하는 데 성공한 것입니다.

〈남북기본합의서〉의 실천

임동원: 남북기본합의서가 실천되기까지에는 8년이라는 긴 시간이 걸렸습니다. 북핵문제와 관련 93년에 팀스피트 훈련을 재개하자 북측은 93년 1월 29일 모든 남북대화 중단을 선언했습니다. 중단됐던 팀스피리트 훈련 재개가 남북대화를 중단시키고, 화해 협력을 지향하던 남북관계를 파탄시키는 결과를 초래한 것입니다. 또한 새로 집권한 김영삼 정부는 "핵을 가진 자와는 악수할 수 없다"며 '先핵해결後관계개선'을 주장하며 남북관계는 경색되고 〈남북기본합의서〉는 묵살되었습니다. 경색된 남북관계는 1998년 초 김대중 정부의 출범으로 해빙기를 맞게 되

고, '남북기본합의서'도 다시 빛을 보게 되었습니다. 김대중 대통령은 취임사에서 이렇게 천명했습니다.

"남북문제 해결의 길은 이미 열려 있습니다. '남북기본합의서'의 실천이 바로 그것입니다. 화해·협력과 불가침을 그대로 실천하면서 남북문제를 성공적으로 해결하고, 통일에의 대로를 열어 나갈 수 있을 것입니다."

김대중 정부는 '남북기본합의서' 이행을 위한 '햇볕정책'을 추진하는 한편, 다른 한편으로는 미국 클린턴 행정부와의 대북정책 공조를 통해 미·북 적대관계 해소 등 한반도 냉전구조를 해체하기 위한 '한반도 평화프로세스'를 추진했습니다. 미국도 한국과 함께 북한과의 관계 개선 노력을 경주하면서, 분단 역사상 최초의 남북정상회담을 개최하여 '6·15남북공동선언'을 채택하게 됩니다. 마침내 8년 만에 '남북기본합의서'가 본격적으로 실천에 옮겨지면서, 화해·협력의 새 시대를 열어나가게 되었습니다.

한편 북핵문제는 우여곡절 끝에 클린턴 행정부가 북한과의 협상을 통해 1994년 10월, '미·북 제네바 합의'를 채택하여 북핵 활동 동결과 미·북관계 개선을 병행 추진합니다. 핵문제 해결에 성과를 올린 미국과 북한도 미·북관계 정상화의 이정표를 담은 '미·북 공동코뮈니케'를 채택하고, 미·북 정상회담도 추진합니다. 한반도 평화프로세스가 추진되기 시작한 것입니다.

〈남북기본합의서〉의 성격과 의의

임동원: 분단사상 처음으로 대한민국과 조선민주주의인민공화국이라는 국호를 사용하여 합의한 문서인 〈남북기본합의서〉의 성격과 의의를 요약하면, 첫째, '남북기본합의서'는 남과 북이 통일을 '과정'으로 인식하는 기초 위에 남북관계의 성격을

'잠정적 특수관계'로 규정한 합의서입니다. 남과 북이 국제사회에서는 각기 주권 국가지만, "남북 사이의 관계가 나라와 나라 사이의 관계가 아닌, 통일을 지향하는 과정에서 잠정적으로 형성되는 특수관계"로 규정하는 데 합의한 것입니다. 남북관계를 특수관계로 규정함으로써, 상대방을 국가로 인정하지 않고, 분단국을 구성하고 있는 두 정치 실체 간의 관계로 규정한 것입니다. 이로써 남과 북은 각기 현행 헌법을 준수하면서 남북관계를 개선, 발전시켜 나갈 수 있게 된 것입니다. 남북 간의 교역을 민족 내부 교역으로 인정하는 근거도 여기에 있는 것입니다. 둘째, '남북기본합의서'는 통일에 이르는 제1단계인 '화해·협력 단계'에서의 남북관계를 규정하는 기본장전이라는 한시적 성격을 띠고 있는 합의서입니다. 제2단계인 남북연합 단계에서는 남북연합을 규율하는 '남북연합헌장(가칭)'이, 그리고 완전통일단계에서는 '통일헌법'이 필요하게 될 것입니다. 셋째, '남북기본합의서'는 민족문제에 대한 자주적 해결 노력의 산물로서 민족자존을 드높였습니다. '남북기본합의서'는 외세의 주선이나 관여 없이, 남과 북이 자주적으로 합의를 이루어낸 것입니다. 남과 북이 힘을 합치면 민족의 운명을 우리 스스로 개척해 나갈 수 있다는 자신감을 과시하고 민족자존을 드높였다는 데 큰 의의가 있다고 하겠습니다. 넷째, '남북기본합의서'는 2000년 '6·15남북공동선언'에 의해 실천에 옮겨지면서 2007년 '10·4남북정상선언', 2018년의 '4·27 판문점선언'과 '9·19 평양남북공동선언'으로 계승되어 오늘에 이르고 있습니다. '남북기본합의서'는 남북관계 진전 과정에 따르는 구체적 실천과제를 반영하고 있는 이 후속 합의서들의 기본틀이며, 한반도 평화프로세스의 길잡이인 것입니다.

남북한기본합의서 이행의 전망

신종대: 장관님, 말씀 잘 들었습니다. 당시 역사의 산 증인으로부터 말씀을 들을 수 있는  아주 귀한 자리가 됐습니다. 아까 말씀하신 대로 심야에 남북기본합의서가 타결되기 전까지는 이게 절대로 안 될 것이다, 이렇게 믿었다고 말씀을 하셨지 않습니까? 그러면 이렇게 타결하시면서, 이 문제를 가지고 당시 시점에서 보는 것이 중요하다, 이렇게 강조를 하셨는데요. 이렇게 타결이 안 될 거라고 생각을 했는데 타결되는 것과 동시에, 이것이 앞으로 지켜질 것인가에 대해 그때 당시에 어떻게 생각하셨는지요. 당시에 안 될 거라고 생각했는데 됐단 말이죠. 그러면 앞으로, 합의는 했는데 이행이 될 것인가, 혹시 거기에 대해서 좀 회의적인 생각을 하시진 않으셨는지, 또 뒤에 한반도 비핵화 공동선언도 마찬가지로 그때 타결을 했지만, 앞으로 과연 이것이 실천이 될 것인지, 앞으로 지켜질 것인가, 라는 것에 대해서 당시에 혹시 의구심을 갖지는 않으셨는지요.

신종대 교수

임동원: 예, 아주 좋은 질문입니다. 당시에는 합의가 실천이 될 것이다 안 될 것이다, 비관적으로 보거나 낙관적으로 보는 것 보다는, 앞으로 바람직한 발전방향을 제시하고, 우여곡절이 많고 어려운 점이 있겠지만 실천 노력을 다해야 하지 않겠느냐고 생각했죠. 쉽게 잘 되리라고는 보지 않았죠. 그럼에도 불구하고 우리가 나아갈 길이, 또 나아가야 할 방향이 어떤 것인가 하는 것을, 남과 북이 당시 시점에서는 진지하게 논의하여 합의를 보고, 그걸 실천하기 위해 최선을 다하자 하는 생각들을 갖고 있었죠.

남북대화 관련 진영간 갈등

신종대: 간단한 것 하나만 더 질문 드리도록 하겠습니다. 그때 당시 남북기본합의서가 타결되고 나서, 1992년 초에 도하 언론에 보면 정상회담, 남북정상회담이 필요하다, 이런 기사들이 좀 많이 나왔거든요. 저의 질문은, 그때 당시에 노태우 대통령이 남북정상회담에 대해서 얼마나 강력한 의지를 가지고 계셨는지, 그리고 더불어서 정부 내에서도 남북 간 정상회담이 필요하다, 이걸 적극적으로 추진을 해야 된다, 이렇게 얘기하는 분들이 있고, 이거에 대해 신중을 기해야 된다, 이런 분들 간의 어떤 갈등이라든지 이견이 없었는지 궁금합니다. 왜 이런 말씀을 드리냐 하면, 잘 아시겠지만 1970년대 초 7·4 남북공동성명이 나오고 나서도 박정희(朴正熙) 대통령은 정상회담에 대해서 별로 관심이 없었지만, 이후락(李厚洛) 부장은 강력하게 권유를 했고, 김종필(金鍾泌) 총리는 거기에 대해서 굉장히 어떤 회의론이라든지 신중론의 입장이었지 않습니까. 그런 비슷한 상황이 당시에도 있었을 것 같은데, 혹시 그때 내용에 대해서 아시는 게 있으면 말씀해 주시면 좋겠습니다.

임동원: 당시 동서냉전 종식이라는 국제정세의 지각변동을 기회로 포착하여, 남북관계를 개선하고 한반도 냉전도 종식시켜야 한다는 노태우 대통령과 정부의 의지는 확고했지요. 그리고 국민들의 통일열망 또한 지대했지요. 노태우 대통령과 대통령 측근 참모들은 남북관계 기본합의서 협상을 타결하면, 남북정상회담을 개최하여 서명 합의하는, 이런 식으로 가기를 원했어요. 그래서 어떻게든지 남북정상회담을 꼭 실현하고자 상당히 신경을 많이 썼지요. 그러나 서동권(徐東權) 안기부장이 특사로 평양에 다녀오고 난 후, 아까 말씀드렸듯이, 북측이 연합제 통일방안에 동의하지 않는 한, 또는 그 단계가 되지 않는 한, 정상회담을 할 수 없다고 주장하기 때문에, 막혀 버렸죠. 상황이 달라지기 시작한 것은 92년 중순, 대선

정국에 들어서면서 부터이지요.

팀스피리트 훈련 재개의 배경으로서 미국 정책변화

이정철: 사실 92년 10월에 한미연례안보회의에서 팀스피리트 훈련을 재개하기로 결정을
했었지 않습니까? 그런데 이제 장관님 말씀이나 책에
보면, 예년에는 그 결정을 12월에 했는데, 92년에는
10월에 당겨서 했다, 그게 매우 안타까운 장면이라고
말씀을 하셨는데요. 그것과 관련해서 장관님의 글을 쭉
보면, 92년 3월에 미국의 국방기획지침(DPG: Defense
Planning Guidance)이 나오면서 미국의 군사전략이 바
뀌었고, 그리고 당시에 국방장관이 체니(Richard B.
Cheney)였고요. 이런 흐름들이 미국의 전략변화 속에

이정철 교수

서 나온 것이기 때문에, 남북관계와 좀 무관하게 미국
의 정책변화라는 환경적 요인이 남북관계에 참 안타깝게 작동했다, 이렇게 말씀
을 하셨는데요. 그 환경 변화로 보는 게 맞는 걸까요, 아니면 어떤 보수적 입장
이 강화되면서 나타난 정책적 변화로 보는 게 맞을까요.

임동원: 이 교수님이 아주 대단히 중요한 점을 지적해 주셨어요. 당시에 우리나라에서는
그 문제가 부각되지 않았죠. 그런데 분명한 것은, 미국의 국방기본정책, 국방정
책기조, 그것은 15년을 내다보는 중장기 정책이지만, 그것이 큰 영향을 미쳤죠.
미소냉전이 끝나서 이제 소련을 적으로 생각하던 정책과 전략은 폐기되고, 미래
의 위협에 대비하는 새로운 정책과 전략을 마련한 것이지요. 냉전이 끝난 후에
가상적인 위협을 뭘로 할 것인가 하는 것을 연구하고 결정하는 데 2년 정도 걸린

것 아니겠어요? 미국은 앞으로 직면하게 될 새로운 위협을 중동 지역과 한반도 다, 이렇게 두 군데로 상정하고, 이 두 군데에서 동시에 전쟁이 일어날 경우, 두 전쟁에서 동시에 모두 승리하는 전략을 마련했지요. 한반도가 포함된 것입니다. 그 해 7월인가? 주한미군사령관이 "북한이 남북 상호사찰을 받아들이지 않는 한 팀스피리트 훈련을 재개할 준비를 하겠다." 이런 취지로 스타즈 앤드 스트라입 스(Stars and Stripes), 미군 신문에 발표했는데, 그건 이미 지난 3월에 결정된 국방 지침에 기초하여 그런 말이 나온 것이지, 일개 지역 사령관이 자기 마음대로 팀 스피리트훈련을 다시 할 수 있다고 할 수 있는 것은 아니지 않겠어요? 국방기획 지침이 영향을 주었다고 생각합니다.

이정철: 예. 그게 나중에 체니나 월포비츠(Paul D. Wolfowitz)와 같은 친구들이 네오콘(Neo-Con)으로 가는 과정인 거죠.

임동원: 체니, 월포비츠, 이런 사람들이 주도 했었죠. 소위 벌칸(The Vulcans)이라는 사람들, 군수산업체에 관련된 사람들이었죠.

그레그 대사의 역할과 변화된 상황

이정철: 네, 그 당시 그레그(Donald P. Gregg) 대사의 역할은, 그레그 대사 회고록을 보면, 본인 임기 중에 가장 자랑스러운 게 팀스피리트 훈련을 연기시킨 거다, 그렇게 그레그 대사님이 쓰셨거든요. 그런데 92년 상황에는 그레그 대사가 그런 역할을 하기는 좀 어려웠던 것이었나요?

임동원: 도널드 그레그 대사가 91년 말에, '92년도 팀스피리트 훈련' 중지에 크게 기여한 것은 사실입니다.

임동원: 김종휘 외교안보수석하고 그레그 대사가 단짝이 되어서 자주 만나고, 저도 그레

그 대사를 여러 번 만났어요. 그레그 대사가 기여한 92년 팀스피리트훈련 중지가 남북기본합의서와 한반도비핵화선언 채택을 가능케 한 것이지요.

이정철: 92년도에는 그레그 대사 같은 역할이 어려웠다는 거죠.

임동원: 92년에는 앞서 언급한 미국의 새로운 '국방기획지침'이 확정되는 등 상황이 변하면서 그레그 대사의 역할도 어려워지지 않았을까요? 그리고 92말에는 대사 임기를 마칠때 였던 것으로 압니다.

이정철: 네.

이정철: '93년도 팀스피리트 훈련'을 재개한다고 발표한 후에, 저희 기록을 보면 92년 12월에 우리 쪽에서 북한한테 12월 20일까지 북한이 핵사찰을 받으면 팀스피리트를 중단할 수 있다고 제안한 걸로 나오는데요. 장관님 쓰신 책『피스메이커』에 보면, 우리가 미국과 협상을 하자고 하니, 체니가 "군사훈련 중지에 들어가는 비용을 한국이 다 부담해라"해서 결국은 안 됐다는 건데, 그게 그렇게 확정되기 전에 12월에 북한한테 제안을 했던 건가요. 아니면 그 비용 문제는 12월 이후에 미국 쪽에서 반대를 한 건가요.

임동원: 정확한 시점을 모르겠는데, 12월 이후는 아닐 것 같은데요.

이정철: 네, 그러면 미국이 군사훈련을 중지했을 때의 비용을 한국이 부담한다라고 한 상태에서 저희가 이제 북한에 제안을 한 것이 되는 거네요.

임동원: 아, 그런가요? 그건 잘 기억 못 하겠어요.

북한의 기본합의서 합의 배경

이동률: 예, 장관님 말씀 잘 들었습니다. 장관님 말씀하시는 내용에 다 들어 있긴 한데요, 다시 한 번 확인드리고 싶은 것은, 남북고위급회담을 하기로 한, 남측과 북측의

동기나 배경이 뭔지 다시 여쭙고 싶은 것인데요. 남측의 동기는 잘 말씀을 해 주신 것 같습니다. 그럼에도 불구하고, 노태우 정부 내에서 북한에 대한 기본 시각이 당시에 북한의 붕괴 임박론과 그렇지 않다는 입장, 서로 상이한 얘기도 있었던 것 같습니다. 그런데 장관님은 점진적 변화론의 입장을 갖고 계셨던 거지요?

임동원: 그렇죠.

이동률: 그럼에도 불구하고 노태우 정부 내의 다른 분들은, 참모 중에 북한 붕괴 임박론

이동률 교수

입장도 있지 않았을까요. 그래서, 그렇게 남북대화에 임하는 상황에서 정부 내에서도 입장이 서로 다른 것은 아니었는가, 하는 질문을 좀 드리고 싶고요. 어떤 분은 당시 북한이 남북대화에 임한 게 UN 동시가입을 피해 가려고 하기 위해서 전술적으로 임한 것이다, 그런 말씀을 하신 분도 계셨거든요. 그래서 그런 견해 차이에 대해서 어떤 생각을 가지고 계신지 궁금합니다. 그리고 이제 반대로 북한은 왜 당시에 남북고위급 대화에 어떤 동기에서 어떤 목적으로 임했는지에 대해 기억하시는대로 말씀해주십시오. 당시 북한은 어쨌든 굉장한 외교적 고립에 처해 있었지 않습니까? 고립을 벗어나야 되는 상황에 있었고, 결과적으로 고위급회담이 계속 성공적으로 실천되지 못했고요. 북한이 당시에 그 고위급회담에 참여한 동기가, 장관님은 여기서 중국의 권고도 하나의 배경으로 설명하셨는데, 북한이 내부적으로는 어떤 동기에서 대화에 참여하기 시작했다고 생각하시는지 궁금합니다.

임동원: 북한의 의도가 무엇이었는가를 우리가 정확히 파악한다는 것은 어려운 일이죠. 그럼에도 불구하고 일반적으로, 북한은 동구권 붕괴, 베를린 장벽의 붕괴와 독일의 통일을 목격하면서 상당히 위협을 느끼고, 자기들이 생존하기 위해서는 어

떻게 해야 되겠는가 하는 고민을 하며, 남북대화를 통해서, 아까 말씀드렸지만, 연방제 통일을 강력히 추진해 보자, 이런 생각을 갖고 있었던 게 분명한 것 같고요.

임동원: 또 하나는, 당시에 북한은 통일 열기를 조성하기 위한 노력을 엄청나게 전개했어요. 남북 간에 통일 축구, 통일 뭐, 이런 것들이 많이 오고가고 했는데, 그 중에 상당 부분은 우리가 주도했지만, 서로가 맞아 떨어진 것이지요. 왜 그랬겠느냐. 통일 열기를 조성해서 북한 주민들을 안심시키고, 남측 동포들의 통일에 대한 열기를 고조시켜서 연방제 통일방안을 지지하게 만드는 것을 목표로 한 것이 아니었겠는가. 우리는 그때 그런 판단을 했더랬어요. 이것은 90년 남북고위급회담 시작할 당시, 또는 89년 예비회담할 당시의 상황이지요.

중국의 역할

이동률: 장관님께서 말씀하실 때, 김일성이 중국을 갔다 와서 세 가지 조언을 받았고 그 중에 남북대화 참여하라는 것이 들어 있다고요.

임동원: 그렇습니다. 그런데 그건 일단 남북대화가 중단되었다가 다시 시작할 무렵인 91년 가을이었고, 그 이전이 아니예요.

이동률: 예, 그러면 그 얘기는 그 당시에 우리가 알고 있었던 건가요. 아니면 사후적으로 나중에 우리가 알게 된 내용인가요.

임동원: 그 당시에 알았지요. 중국이 우리한테 정보를 제공해 줬어요.

이동률: 그 당시가 중국과는 수교하기 전이었습니다.

임동원: 수교하기 이전이에요. 제가 외교안보연구원장으로 있을 때입니다. 외교안보연구원에서는 7·7선언 이후, 공산권과의 관계 개선과 수교 분위기 조성을 위해 중

국, 소련, 헝가리, 이런 나라들과 자주 민간 차원의 학술회의를 개최했어요. 서울에 초청을 많이 했어요. 우리가 가서 하기도 하고요.

이 무렵 중국의 한반도 문제 전문가인 타오빙웨이(陶炳蔚)가 1991년 11월초 서울에 왔어요. 김일성대학 출신으로서 북한에서 오래 근무했던 분이고, 한반도 문제에 그 당시 중국 최고의 권위자로 알려진 분인데, 우리 외교안보연구원 초청으로 왔어요. 그런데 그 분이, 아마도 중국 당국의 지시를 받고 전달했을 것으로 보이는데, 중요한 정보를 제공해 주었어요. "지난 달에 김일성 주석이 경제특구 방문차 중국에 왔을 때, 중국의 최고 당국자를 만나서 세 가지 조언을 받고 갔다"며 그 내용을 설명하고, "귀국 직후에 북한 노동당 정치국 회의에서 이 세 가지 조언을 받아드리기로 결정했다."는 내용이 그 요지였어요. 즉각 상부에 보고했죠. 그때 다른 부처와는 달리, 청와대 김종휘 외교안보수석은 그 정보가 신뢰성이 있다고 보았어요. 그러다가 연말에 가서 그것이 정확한 정보라는 것이 밝혀졌죠, 그런 상황이 있었죠.*

UN 동시가입과 북한

김한권: 제가 간단한 질문 하나 드리겠습니다. 방금 UN 동시가입할 때, 북한이 그 시기에는 연방제 통일에 관한, 그러니까 통일의 이슈를 매우 크게, 드라이브를 걸 때다,라고 말씀해 주셨는데요. UN 동시가입을 하게 되면, 소련과 중국의 권고가 있긴 했지만, 여기 적어 주신 대로 동시가입과 함께 그 동안 굉장히 적극적으로 추진해 왔던 연방제 통일에 관한 것은 사실 포기해야 되는데, 북한의 입장에서 보면 그간 주장해 왔던 부분과 부딪히는 면이 있는 것 같습니다. 그러니까 통일

---

* 임동원, 자서전 『다시, 평화』, 폴리티쿠스, 240쪽.

에 대해 강하게 몰아붙이면서, 대외적으로는 동시가입을 함으로써 연방제 통일을 사실 무산시켜 버리는 모순이 있었던 것 같은데, 혹시 왜 그런 일이 있었는지 말씀을 부탁드립니다.

임동원: 모순이라 할 수 있겠죠. 그럼에도 불구하고 더 이상 견뎌내기가 어렵게 돼 버렸죠. 소련이 셰바르드나제(Eduard Shevardnadze) 외상을 북한에 보내서 한국과 수교하기로 결정했다고 통보하고, 또 UN 동시가입하는 것이 좋겠다는 권고도 했지만, 북한은 받아들이려 하지 않았어요. 그러나 그 후에 중국이 당 지도소조의 결정으로, '한국의 UN가입을 반대하지 않는다'는 결정을 하고, 그것을 부총리 겸 외상인 이붕(李鵬)이 평양에 가서 김일성 주석한테 직접 전했지요. 중국도 한국의 동시가입에 동의하니까, 이 기회에 북한도 함께 가입하는 것이 좋겠다는 취지로 공동가입을 권고한 것입니다. 중국의 결정에 김일성 주석이 손을 든 거예요. 북한은 곧 UN에 가입하겠다고 공식발표 합니다. 별 재간이 없는 거죠. 이미 설명 드렸듯이, UN 동시가입 결정으로 북한은 '하나의 조선론' '2체제연방제 통일론'을 더 이상 주장할 수 없게 되고, 남북기본합의서 채택이 가능하게 된 것이지요.

훈령 조작사건과 배경

이상숙: 국내정치적인 요인이 있을 것 같은데요. 92년 후반기가 되면 YS 중심의 국내정치 세력이 부상할 때인데요. 그때 선거 당시에, 김영삼 대통령 캠프 안에 남북관계에 대한 생각은 어땠는지, 또 누가 캠프 내에서 남북관계 관련 논의를 주도했는지 혹시 기억이 나시면 말씀해주십시오.

임동원: 92년 대선을 앞두고요?

이상숙: 네. 김영삼 후보 캠프에서 어떤 분이 어떤 남북관계를 생각하고 계셨는지 궁금하

네요.

임동원: 대통령 선거를 앞두고 김영삼 캠프에서는 남북관계가 긴장, 악화되는 것이 당선에 유리하다는 생각을 갖고 있었지요. 남북관계 개선을 주장하는 상대방 후보를 누르기 위해서는 남북관계 개선, 남북회담 추진이 잘 되는 것이 좋지 않다고 판단한 것이지요. 당시 새로 취임한 안기부장 누구누구가 주도했어요. 우리 대표들한테 직접 "우리의 사명은 정권 재창출이다" 그러면서 "남북대화를 서둘지 말고 속도를 조절해야 한다", 이런 투로 강조했던 것을 기억합니다. 그리고 간첩단 사건도 발표하며 정국을 긴장시켰지요.

그래서 '훈령 조작사건'도 생겨난 거예요. 제 회고록 〈피스메이커〉에 자세히 기록했습니다. 내가 여기서 그 얘기를 다시 하고 싶은 생각은 없습니다. '훈령조작 사건'과 관련해서는 나중에 감사원 조사가 진행되었고, 저도 조사를 받았어요. 그리고 감사원에서 조사결과를 발표했어요. A4 용지로 7~8페이지 되는 거예요. 거기에 자세한 것이 나와 있습니다.

한국 대북정책의 연속성

김한권: 장관님, 제가 궁금한 부분은, 우리나라의 대북정책 연속성 문제였는데요. 정권
의 특징에 따라서 대북정책의 방향성이 바뀌는 것은 이해가 되는데, 김대중 대통령 시기와 노무현(盧武鉉) 대통령 시기 때를 자세히 살펴보면 임동원 장관님께서 『피스메이커』에 쓰셨던 김대중 정부의 대북정책의 방향성이 노무현 대통령 시기로 들어가면 비슷한 점도 있지만, 상당부분 결이 달라졌습니다. 제가 보기에는 정책적 일관성에서 조금 벗어났던 것 같은데요. 특히 대외전략 차원에서, 강대국들과의 관계에서요. 혹시 이런 부분에서 차이점이 왜 나타나게 됐고, 또 거기에 대한 후속 결과론적인 평가는 어떻게 보시는지요?

김한권 교수

임동원: 그랬어요. 같은 정당, 정권인데도 불구하고 노무현 정부 들어서서 초기 1~2년 동안에는 남북관계가 잘 추진되지 못했어요. 김대중 정부는 미국 클린턴 행정부와 대북 포용정책 공조로 한반도평화프로세스를 추진했지요. 이에 반해, 노무현 정부는 조지 부시 대통령의 '클린턴 정책 전면 부정(ABC: Anything But Clinton)', 북한을 악마화하는 적대시정책과 북핵문제를 둘러싼 대북 강경정책에 영향을 많이 받았던 것 같습니다.

김한권: 김대중 정부 때에는 미국, 일본, 러시아, 중국하고 먼저 합의를 거치고 그 다음에 북한으로 정상회담을 하러 갔는데, 노무현 정부 시기에는 거꾸로 남북 간에 합의를 이룸으로써 주변 강대국들을 주도해 나가겠다, 또는 남북 간에 합의를 중심으로 주변 강대국들을 설득해 나가겠다는 것으로 이해가 되는데, 혹시 제가 잘못 알고 있으면 말씀해주십시오. 그리고 임 장관님께서 저서에 쓰신 대로 저

도 강대국들과 먼저 합의를 보는 게 현실적으로 중요하다고 생각되는데, 노무현 정부 시기에 들어와서는 왜 갑자기 남북 중심으로 바뀌었는지 어떤 이유가 있었는지요?

임동원: 노무현 정부 때 것은 제가 관여한 게 아니기 때문에 제가 답변할 수 있는 것이 아니니 양해바랍니다.

협상자의 자세와 미덕

임동원: 끝으로 한 가지 참고로 말씀드릴 것은, 저는 남북협상 진행과정에서 참으로 많은 것을 경험하고 배웠어요. 특히 협상과정에서 하버드(Harvard) 대학의 로저 피셔(Roger D. Fisher) 교수의 '협상론'을 적용하려고 적극적으로 노력했고 많이 도움이 되었어요. 그 분의 주장은 이러합니다,

"협상은 승패의 게임(zero-sum game)이 아니다. 협상의 목표는 승리가 아니라, 공동의 이익을 보장하는 슬기롭고 원만한 해결책을 창출하는 것이다. 협상은 창조다.", "협상자(negotiator)들은 인간이며, 인간은 감정의 동물이다. 협상자들 간의 이해와 존경, 그리고 우정과 신뢰의 관계가 성립되면 협상은 원만하게 그리고 효율적으로 추진될 수 있다.", "협상자들은 친구도 아니고 적도 아닌, 문제해결사들이다. 협상자는 기본입장을 관철하려는 투사가 아니라 문제해결사이다."

임동원: 북한의 최우진 대표가 나의 카운터파트(counterpart)가 되어, 우리는 협상자로서 남북고위급회담에서 중요한 역할을 하게 되었습니다.

북한 대표단이 판문점에 도착하면, 판문점에서 회담장인 서울 시내의 호텔까지 차량으로 이동하는데, 나와 최우진 대표가 매번 한 차량에 동승했어요. 한

시간 이상 걸리는 이 긴 시간이, 많은 얘기를 나눌 수 있는 좋은 기회가 되었지요. 또 평양에 갈 때는 개성역에서 기차 편으로 평양까지 가는데, 네 시간 걸리거든요. 대표들에게는 모두 독방이 배당되었어요. 이 때 최우진 대표와 나는 많은 솔직한 대화를 나눌 수가 있었어요. 공교롭게도 나와 최우진만이 이런 솔직한 대화를 나눌 수 있는 관계가 성립되고, 다른 대표들은 그렇게 되지 않았어요.

이렇게 될 수 있었던 것은, 최우진과 나는 고향과 나이가 같고, 외교관으로서의 경력 면에서도, 아프리카의 험지 이웃나라에서 같은 시기에 대사를 지냈다는 유사점이 있어 쉽게 친근감을 느끼며 비교적 솔직한 대화를 나누게 되었어요.

이 분은 스웨덴 주재대사도 지내고, UN에도 여러 번 다녀 오는 등 서방세계에 대한 이해도 괜찮은 편이었고, 남북고위급회담 예비회담 대표로 활동하며 협상을 성공시키려는 의지가 강했던 대표로 평가되고 있었어요. 특히 그는 나와 마찬가지로 외교문제와 군축문제를 담당하는 대표라는 것이 친근감을 더하게 했어요.

임동원: 그러니까 대화가 잘 되는 거예요. 상대방에게 비밀을 유지해야할 것을 제외하고는 다 소통하는 거예요. 예를 들어, 이번 회담에 나오는 북한의 입장이 어떤 것인지를 미리 어느정도 알 수가 있게 되었어요. 이렇게 입수한 정보를 토대로 우리는 대책회의를 열어, 우리 입장을 조율할 부분은 조율하게 되는 거예요. 정보가 없을 때에는 오해하고, 오판하고, 오산하기 마련인데, 정확한 정보가 어느 정도 있으면 이런 것이 해소되고 대화와 협상이 좋게 진행될 수 있는 겁니다.

임동원: '협상자들은 친구도 아니고 적도 아닌, 문제해결사들이다'라는 이 명제를 항상 염두에 두고, 이를 최우진 한테도 강조했고, 최우진도 동의하는 거예요. 우리는 문제해결사들이다, 기본입장을 관철하기 위해 싸우는 투사가 아니라 이해와 타협을 통해 문제를 해결하는 협상자들이라는 겁니다. 로저 피셔 교수가 제시한 이 방법을 준수하고자 한 것입니다.

임동원: 실제 남북고위급회담 기간 중에 처음부터 끝까지, 마지막 타결에 이르기까지 저는 최우진과 솔직한 의견 교환을 하고 비밀협상도 하면서 합의를 이끌어 냈지요. 저와 최우진이 자동차 안에서, 기차간에서 대화 나눈 내용들이 협상과 합의에 큰 도움이 되었어요. 남북의 대표들이 모두 이를 인정하고 높이 평가해 주었지요. 저와 최우진은 〈남북기본합의서〉와 〈한반도 비핵화 공동선언〉을 채택하는데 문제해결사로서의 사명을 수행했다는 자부심을 갖게 되었어요. 협상자는 문제해결사여야 한다는 것을, 경험을 통해 말씀드렸습니다. [*]

이상숙: 네, 장시간 좋은 말씀 해 주셔서 감사하고요. 장관님 말씀을 끝으로 저희 올해 회의도 이것으로 마치겠습니다. 장관님 감사합니다.

---

[*] 임동원, 자서전 『다시, 평화』, 폴리티쿠스, 231쪽.

찾아보기